财政风险解析

ANALYSIS OF FINANCIAL RISK

胡　锋／著

社会科学文献出版社
SOCIAL SCIENCES ACADEMIC PRESS (CHINA)

摘 要

本书主要对我国转轨时期财政风险的形成原因及其控制制度进行研究，这对于完善财政风险的理论分析框架和防范化解财政风险均具有重要意义。从财政风险来源看，我国财政风险具有明显的转轨性特点，它可分为一般性财政风险、转轨性财政风险和特殊性财政风险。本书按照“财政风险的衡量标准→形成机制→形成原因→制度控制”的基本思路，以转轨性和特殊性财政风险为主要对象，重点研究了以下五个问题。一是从赤字融资方式的角度，构建了财政赤字率、隐性赤字率和政府收支赤字率三种口径的赤字率指标，试图建立一个既能与国际通用口径可比，又能反映我国真实财政风险的赤字率衡量指标。政府收支赤字率是财政赤字率和隐性债务赤字率之和。二是采用隐性债务赤字的直接估算方法，得出 1980 ~ 2017 年我国三种口径的赤字率水平。其中，在 2008 年前，我国财政赤字率在 3% 以内，隐性债务赤字率在6% ~10% 波动，政府收支赤字率围绕 10% 波动。2008 年之后，三种赤字率均有较大幅度的跳升，政府收支赤字率围绕 15% 波动。政府收支赤字率 1980 ~2008 年间平均值 8.8%，2009 ~2017 年间平均值 15.2%。三是应用经济学、博弈论理论，构建了财政风险形成机制模型，证明地方政府都举债是地方政府博弈的纳什均衡，地方政府债务具有无限膨胀的内生机制，中央政府对地方举债往往采取财政机会主义。中央政府对地方政府举债规模的最大容忍度主要受举债的挤出效应的影响，偿还税率高低对其没有实质性影响。四是对影响财政风险的5个定性方面的因素进行了量化，构建了一组分析财政风险原因的模型，并进行了实证检验。研究认为，政府收支赤字率是最能反映真实赤字水平的指标；地方经济竞赛对财政风险的影响非常复杂，一方面会导致地方政府以债务积累为代价实现经济增长，另一方面在一定程度上有利于控制赤字率的过快上升。财税体制不合理和预算制度不完善也是财政风险形成的重要原因。五是从建立赤字率和债务的警戒线、改革中央与地方财税关系、改进政府激励约束机制等7个方面提出了控制财政风险的政策建议。

关键词： 财政风险　隐性赤字　政府收支赤字　财政风险控制

Abstract

This paper is on the research of the reasons that cause fiscal risks and the control system of these risks in the transitional term of China. It is of great significance that it improves the analysis framework of financial risks and prevents and reduces risks as well. Seen from the sources of risks, the financial risks in China, which have obvious transitional feature, consist of genernal fiscal risks, transitional fiscal risks and special fiscal risks. Based on the analyses of measurement criteria of risks, mechanism and cause of risks formation and control system of risks, this thesis whose attention is concentrated on transitional fiscal risks and special fiscal risks of China mainly studies the following questions:

Having considered different ways of deficit accumulation, this paper sets up a set of the deficit rate indexes which not only can be compared with the general international index, but also reflect the real financial risk level. These indexes in clude fiscal deficit rate, implicit debt deficit rate and the government revenue and expenditure deficit rate, among which the latter is the sum of the former two deficit rates.

This paper adopts the direct estimation methods of hidden debt deficit rate and gets the levels of the three deficit rates in China from 1980 to 2017. It finds that the fiscal deficit rates have been below 3 percent since 1980 to 2008, hidden debt deficit rates yo-yo'd between 6 and 10 percent and the government income and expenditure deficit rates have been oscillating about 10 pencent. All three deficit rates have jumped sharply Since 2008, and the government in come and expenditure deficit rates have been Oscillating about 15 Percent. The government income and expenditure deficitrates averaged 8.8% between 1980 and 2008, and the average betueen 2009 and 2017 was 15.2%.

Based on the economics theory and game theory, the paper builds the formation mechanism of financial risks which proves that all the local governments are in debt is the Nash equilibrium of their game. There is endogenous mechanism which is eternal expanded in this kind of debts. The central government often adopts opportunism attitude toward it. The last measure of the endurance of the central government is mainly affected by the crowding-out effect of the debts. It is of no substantial effect whether the extra taxrates that imposed on the payment of the debt is high or not.

Having quantified five qualitative aspects which are generally believed to cause fiscal risks, this article makes a set of models to analyse the reasons causing fiscal risks, which have been tested. It finds out that it is the government income and expenditure deficit rate that may best reflect fiscal risks level. The fact that the influence of local economic competition on fiscal risks is pretty complicated may lead to the ecnomic growth of local governments on the expense of the accumulation of debts on the one hand, and on the other hand, it may help control the rising deficit rate.

The irrational financial and taxation system and imperfect budget system are the main reasons that cause fiscal risks.

This paper puts forward policy proposals in controlling fiscal risks under the consideration of the following aspects: the establishment of picket line of deficit rate and debt, the reforming of the financial and taxation relationship between the central and local authorities, the improvement of assessment mechanism of government officials.

Keywords: Fiscal Risk; Hidden Deficit; Government Revenue and Expenditure Deficit; Control of Financial Risks

序

财政风险是宏观经济、财政研究领域的一个重要课题，财政的稳健关系到国家经济健康运行、政党执政地位的稳固。如何衡量财政风险确是一个棘手难题，用财政学理论上的财政赤字率来衡量我国财政风险，显然低估我国实际的财政风险，需要找到更合理的衡量指标。胡锋博士的《解析财政风险》对财政风险的衡量、形成原因以及防范对策进行了开创性的研究，取得一些符合我国实际情况的研究结论，具有很强理论价值和实践意义。

该书紧扣我国转轨时期的时代特征，认识到财政风险既来源财政预算赤字，更来源隐形赤字，财政赤字和隐形赤字之和构成政府收入赤字。发达国家隐形赤字少，为此用财政赤字能较好衡量其财政风险；而发展中国家隐形赤字大，不能简单照搬国外的经验做法。我国隐形赤字的主要来源社会保险赤字、国有经济债务赤字、地方政府债务赤字等三个方面。赤字率作为衡量财政风险的主要指标，但用财政赤字率来衡量肯定是不准确的，国内很多专家和论文也注意到这个问题，从各个角度对不同领域的隐形债务进行研究和分析。该书建立了不同口径的赤字率，对所有的隐形债务进行了梳理和分析，对其规模进行了统计或推算，然后按照一定方法，使之年度化，转变为每年新产生的隐形赤字。

本书难能可贵的是，整理计算加上合理推算了 1980－2017 年期间我国财政赤字、隐形赤字、政府收入赤字的数据，对三种赤字率走势及其关系进行了深入分析，发现在大部分年份中，隐形赤字率远高于财政赤字率。到底哪种赤字率更符合中国的实际情况，该书进行了实证检验，建立财政风险计量模型，用三种赤字对模型进行了拟合，根据模型拟合度的高低，认为政府收入赤字率模型为最优的模型，也就是说，政府收入赤字率为最能反映真实赤字水平的指标。同时，发现政府收入赤字率曲线变动趋势与隐形赤字率基本相同。这种实证分析的结论很好地解释了我国转轨时期财政风险主要来源隐形债务的实际情况。

要研究透我国转轨时期的财政风险，关键是要对地方政府、国有企业、养老等三大隐形债务形成机制进行分析。本书用经济学、博弈论等理论，构建了财政风险形成机制模型，证明了所有地方政府都举债是地方政府博弈的纳什均衡，地方政府债务具有无限膨胀的内生机制，中央政府对地方政府举债往往采取财政机会主义。按照经济学基本理论，地方政府是追求效用最大化的理性经济人，具有不断扩大自身控制权，以及寻求官员自身晋升的动力，为此地方政府举债发展经济是地方政府博弈的纳什均衡，它是地方政府效用最大化的理性选择。地方政府举债具有“你超我赶”无限膨胀的内生机制。约束地方政府举债的条件是任期内的“借债还钱”，以及税负太重导致资本流出。官员实行任期制，财政赤字是公开的、受到中央政府限制，但是隐形债务是非公开的，只要任期内还款的比例不超过一个较高的临界值，举债总是地方政府最优的选择。如果地方政府 A 隐形负债，任期内需要偿付的比例比较低；地方政府 B 采取公开负债，需要偿还的比例高一些，政府 B 为达到政府 A 同样的效用，需要大规模增加公开债务，但这会受到上级政府的限制，为此政府 B 与 A 政府一样增加隐形负债，地方政府形成竞争举债。中央政府在短期内是举债的受益者，为此中央政府极为容易采取财政机会主义，默许地方政府的隐性举债行为。中央政府对地方政府举债规模的最大容忍度主要受挤出效应的影响，偿还税率高低对其没有实质性影响。过去中国经济总体上快速发展，地方政府举债带来的增长效应，大于企业负担过重资本流出产生的挤出效应，中央政府对地方政府各种方式举债搞建设的约束比较弱。本书用该模型解释的是2008年之前的政府行为，但我们看到从2008年国际金融危机至今，各级政府的各种债务率快速上升，政府投入产出比以及全社会投入产出比不断下降，经济效率大幅度下降，这种现象进一步论证该模型的有效性。

财政风险的大小还可用宏观税负的高低来衡量。宏观税负越高的政府，其收入可持续越差。政府收入与GDP之比就是宏观税负，衡量政府收入的口径不同，宏观税负比率也不一样。本书计算了四种口径的宏观税负，分别是税收占GDP的比重、财政预算内收入占GDP的比重、财政预算内外收入占GDP的比重、政府总收入占GDP的比重等。政府总收入包括预算内、预算外收入之外，还加上社会保险基金收入、土地出让收入、没有纳入预算内外管理的罚款收费等体制外收入，它是最大口径的宏观税负指标，最能真实地反映我国企业和居民负担水平的指标。逻辑清晰，数据清楚，结论才有意义。本书计算了1995－2017年期间四种宏观税负的大小及其变化趋势。本书用政府总收入占GDP的比例来衡量宏观税负的高低，是符合中国实际的。发现与发达国家横向相比，我国最大口径的宏观税负并不高；但与自己比，宏观税负呈现一个快速增长的趋势。2016年中国政府收入占GDP的比例为36.20%，比2013年的最高值38.27%有所下降①。

财政风险既是一个赤字总量高低是否合理的问题，也是一个收入支出结构是否合理的问题。本书按照最大的政府收入支出口径，

① 周天勇、王元地．中国：增长放缓之谜［M］．格致出版社、上海三联书店、上海人民出版社，2018，P261.

对 1995－2017 年期间政府收入来源与支出结构进行了数据对比分析，得出一些非常有价值的结论。认为我国政府支出结构固化，各方面的支出呈现刚性，调整难度很大。具体表现为经济建设开支规模偏高现象难以扭转，行政管理费开支持续增长趋势难以遏制，社会事业投入比例偏低现象难以改变，压缩非财政开支比例的努力难以见效。财政支出的固化会增加财政风险，政府收入中用于经济建设和行政管理开支比例过高，并呈现刚性，很难压缩，政府为应对养老、医疗等社会事业支出快速增加的压力，必然致使财政赤字率和债务率的提高。经济建设费、行政管理费开支占比多了，改善民生的投入占比就会减少。

研究财政风险的真实来源及其真实数据，目的是为了防范和控制财政风险。本书立足于如何让最大口径赤字率、最大口径的宏观税负保持在一个合理的区间，促进经济长期的可持续增长，提出了一整套控制财政风险的政策建议。第一，建立真实的赤字率和债务率监测指标。底数不清，缺少反映我国真实财政风险的指标就是财政本身面临的一个大的风险。作者提出，财政赤字为核心赤字，应控制在 3% 以内；政府收入赤字是真实赤字，应分别控制在 10% 以内。长期来看，要消除隐形债务，财政赤字和政府赤字差距要逐渐缩小和实现统一。2030 年前，我国债务率警戒线是国债负担率控制在 40% 以内，总的债务负担率控制在 80% 以内。第二，建立政府债务的约束制度。隐形举债是地方政府竞争的公开的秘密武器，短期对地方政府和中央政府都是有利的，但长此以往，会成为财政危机、金融危机甚至经济危机爆发的导火线。既然地方政府债务是不可避免的，不如设计有效制度，推进隐形债务的显性化，建立制衡、规范和约束地方政府借债的行为，控制地方政府无节制的借债。第三，建立以民生就业为重的政府官员考核激励制度。本书论证了以经济增长速度和税收收入最大化的官员考核激励机制下的地方政府经济竞赛是政府真实赤字率和总的债务率不断上升的重要原因。要防范和化解财政风险，就要改变这一考核激励机制，过去是重点考核经济规模和税收增长的情况，现在要重点考核民生就业的情况。第四，建立有利于防范化解风险的财税体制。本书认为，中央政府总体上不存在收入不可持续风险，发债余地还很大，特别是中央政府控制着庞大的国有资产，在相当长一段时期，可以依靠出售国有资产来弥补收支缺口。政府收入不可持续的风险主要集中在地方政府。要调整和改革地方政府的卖地和收费收入结构；调整中央与地方税制，给予地方更大税收自主权；调整中央与地方事权，使事权与财权相匹配，减少地方政府收支缺口；完善转移支付制度，减少转移支付的漏损，增加转移支付的公平性。第五，改革和完善公共预算制度，建立相互制衡、完整统一、公开透明的公共财政预算体制。第六，建立国有经济部门风险的防范化解机制。重点是化解国有企业经营风险，遏制国有企业呆坏账和经营损失扩大。第七，建立完善金融风险与财政风险的隔离制度。加强宏观审慎监管，综合运用财政政策和货币政策两大调控手段，避免宏观经济的大起大落，从而产生系统性风险。完善对金融机构的风险监管机制。建立财政部门、人民银行和金融监管部门加强宏观调控和应对危机的协调机制。

本书是我的学生胡锋在其博士论文之上修改而成的。2008 年全国人大预算工委委托财政领域的专家开展“有利于科学发展的财税制度研究”的课题研究工作，我牵头负责子课题“有利于科学发展的财政风险控制制度研究”的研究工作，胡锋是课题组的主要成员。课题的研究报告获得委托方和匿名评审专家的高度肯定。后来他以此作为博士论文选题，本书可以说是他持续多年研究的一个成果，尽管完成时间在 2010 年 6 月，但现在出版还是非常有价值，有关数据已更新到 2017 年，特别是好书的价值不会随时间的流逝而消退。第一，本书研究的财政风险问题依然存在，并且是越来越严重。经过 2008 年以来的政策刺激和货币放水，地方政府隐形债务和国有企业债务根本没有控制住，全社会的债务也是超常规的增长，中国成为全世界债务率最高的国家之一。正在如火如荼开展的中美贸易战，在很大程度上会放缓人民币国际化的进程，我国高企的各种债务需要国内慢慢消化，处理不好就容易发生金融风险、经济风险，进而转化为财政风险。第二，本书研究财政风险的思路值得借鉴。本书提出了三种口径的赤字率、四种口径的宏观税负衡量指标，并且用历史数据进行论证，提出要用全口径的政府收入赤字来衡量财政风险，并在此基础上思考控制财政风险的对策。只有摸清底数，才能对症下药，这种研究方法值得肯定和推广。第三，本书研究财政风险的方法值得肯定。胡锋同志具有较为扎实的经济学功底，研究问题能够立足中国的实际，抓住事物的本质特征，运用经济学、财政学等学科的基本方法，加以改进和完善，对一些现象作出合理的解释，得出有价值的结论。本书提出三种口径的赤字，用模型来论证哪种赤字更为合理；用博弈论的方法分析地方政府举债的行为，得出地方政府具有无限膨胀的举债动机，都是作者这种研究方法的运用。第四，本书提出的政策建议值得高度重视。比如，该书呼吁中央政府一定要限制对地方政府举债采取的财政机会主义，但遗憾的是，2008 年发生了国际金融危机，以及之后中国经济内在增长速度不断下降，中央政府保持一定经济增速的压力越来越大，对地方政府举债发展经济反而视而不见，导致地方政府债务快速上升，甚至部分地方出现了一届政府卖掉几届政府的地，修了未来几十年的路，留下几代人还不完的债。

研究财政风险涉及的面非常广，要对中国经济社会和政治行政运行机制有深刻的认识和全面的了解，并能够将这种现象抽象出来，用经济学、财政学的工具给予解释，这需要深厚的理论功底和社会实践经验。胡锋在写作该博士论文时，与这一要求相比，还存在不少差距。如果作者能对地方政府举债种类、方式，地方政府的责任、财政支出压力，以及国有企业负债率高企等现象进行更加深入的观察和剖析，就会对隐形债务、财政风险形成机制有更加深刻的认识。特别是毕业后如能继续围绕财政风险主题，持续不断地开展系统的研究，也会不断完善本书的研究观点。胡锋的博士论文评阅和答辩过程中，郭庆旺教授、刘尚希教授等专家们对论文选题、研究方法、内容和行文都给予很高的评价，他们是对该书最好的肯定和推荐。

我相信，《解析财政风险》是该领域难得的一本好著作，值得翻阅和研读，特此推荐。

周天勇

2018 年国庆于北京

目 录

插图目录

表目录

1 引言

引言部分主要阐述了本研究的选题背景、研究意义，界定了财政、财政风险等基本概念，并简要介绍了研究思路和基本结构。

1.1 选题背景

财政是以国家为主体的分配，这是过去我国财政学的主流观点。财政就是公共经济学或公共部门经济，这是西方学者的主流观点。[1]目前公共财政学、公共经济学逐渐被国内接受。简单来讲，财政是政府为实现一定目的而进行的理财行为，主要形式是获取财政收入和确定财政开支。财政风险是指政府收入和支出的一个或者两个方面发生超出预期的变化，从而引发政府出现支出困难，甚至发生支付危机。21 世纪 90 年代以来，财政赤字率和债务率过高成为一些新兴国家发生金融危机的一个重要原因。2008 年，为应对国际金融危机，各国均采取积极财政政策和货币政策试图阻止经济大萧条的发生，这些政策措施的实施进一步提升了政府赤字率和债务率。美国 2009 财政年度赤字 1.42 万亿美元，相当于美国国内生产总值的 10%。美国白宫行政管理和预算局 2009 年 8 月曾预测，美国 2010 财年财政赤字可达到 1.5 万亿美元，未来 10 年，美国联邦赤字占 GDP 比例年均为 5.1%。美国不得不继续大规模举债弥补财政赤字。国会预算局预测，未来 10 年美国将新增国债 9.1 万亿美元，至 2019 财年将达17.1万亿美元。白宫估计，累积国债届时将相当于GDP的76.5%。[2]美国国债风险越来越大。2010年10月初，希腊政府突然宣布，2009年政府财政赤字率和公共债务负担率分别达到12.7%和113%，远超欧盟《稳定与增长公约》规定的3%和60%的上限。由于希腊政府财政状况急剧恶化，全球三大信用评级机构纷纷调低希腊主权信用评级，希腊政府债务发行成本不断抬高，如果没有其他的担保和救助，甚至无法发债筹集资金，希腊债务危机逐渐引爆。尽管2010年3月25日，欧盟与IMF达成救助计划，但局面仍令人失望，协议带来的信心很快丧失。3月30日，希腊债务机构发行了一种20年期、2022年到期的债券。Moneyorp的分析师写道，这一行为使得它颜面尽失。因为债务机构想通过这项新债券筹得10亿欧元，但它实际上只吸引到3.9亿欧元。3月25日援救协议达成后，10年期希腊国债对德国国债息差曾很快缩小到将近3%，但3月31日息差又上升到3.4%，[3]这次金融危机给各国财政带来的风险远没有化解。很多研究表明，经济增长波动、人口老龄化、社会养老医疗支出快速增加、政府隐性债务等都是影响财政风险的主要因素。1997年亚洲金融危机后，国内开始关注财政风险问题，并涌现出大量的研究成果。这些研究对于中国是否存在财政风险存在较大争议，对财政风险的含义、衡量标准、形成原因、防范措施等问题也是仁者见仁、智者见智。从我国经济社会发展的大背景看，导致财政风险积累的因素正在聚集，财政风险程度不断提高，因而对我国财政风险形成机制和控制制度的研究成为一个非常迫切的课题。

（1）全面分析我国财政风险成因，是防范和化解财政风险的前提。长期以来，对于我国财政风险到底有多高，争议很大。一种观点认为，我国财政赤字率和债务率与国际通行的警戒线相比，都还比较低，我国财政不存在什么风险。另一种观点认为，如果包括地方政府债务、国有企业不良资产、国有银行呆坏账、养老保障债务等各种显性债务和或有债务，我国债务率水平实际比较高。世界银行的报告曾估计我国的或有债务占 GDP 的比例在 50% 以上，我国经济学界的估计则为 45% 左右。对财政风险的不同判断，会对国家中长期经济社会发展政策的制定产生不同的影响。世界银行的一份研究报告曾经指出，“之所以缺乏证据来说明货币危机与预算赤字之间的关系，是由于官方公布的预算赤字不能准确地反映一国的实际财政状况”。“研究表明近年的货币危机并没有完全否定（用适当的方法定义和估算的）预算赤字和货币危机之间的相关性”。[4] 世界银行的该结论有助于我们全面理解上述争论。为此，在他人研究的基础上，综合运用经济学、财政学等方面的相关理论，深入分析我国财政风险的形成机制和原因，有利于准确判断我国财政风险的现状，并相应地提出政策措施，为有关部门的科学决策提供参考。

（2）我国国民经济潜在增长速度会有所下降，财政收入增长的不确定性因素增加。一般来说，财政税收政策具有反周期性作用，财政收入与国民经济增长密切正相关。在经济上升周期，财政赤字规模较小；反之，则反。改革开放四十年来，我国 GDP 在较长时期内保持近两位数的持续增长，财政收入不断创下新高。一些专家预测，中国经济将进入中等增长周期，未来很难持续保持两位数的增长。为回应社会各界对财政收入多年来高于 GDP 增速的增长是否合理的质疑，国家已推动增值税转型改革。同时，加大力度，清理和规范土地出让金、罚款收费等预算外收入。考虑这些因素，政府收入增长速度必将放缓。如果我们继续习惯于以经济、财政收入的高增长来规划未来的财政支出，特别是来实现一些政府官员不必要的雄心壮志，比如为了政绩、形象而修建的一些工程，那么财政风险会快速增加。

（3）我国将进入老龄化社会，财政支出呈现刚性增长。人口老龄化带来经济增长的下降，以及社会养老医疗保险支出的大幅度增加，是很多 OECD 国家面临的主要财政风险。到 2020 年，我国人口老龄化进程将明显加快，中国老龄化呈现出五个基本特征[5]：①老龄人口绝对数为世界之最；②人口老龄化发展速度快；③未富先衰经济压力大；④老年人口区域分布不均；⑤老龄人口高龄化趋势明显。除此之外，中国社会保障体系不健全、不完善给安排未来养老保障支出带来更大的压力。一方面，对现有基本保障体系内职工存在养老金显性欠账，另一方面，农民和非城镇职工基本养老保障水平低，政府对其养老保障隐性欠账更多，这部分往往被人们忽视。2009 年中国政府宣布新医改方案，方案明确 2009 ~ 2010 年投入 8500 亿元用于医疗改革。2017 年全国财政医疗卫生支出预算是 1.4 万亿元，是医改启动前 2008 年的 4.4 倍。从中可见，由于历史欠账过多、制度设计不科学等多方面的原因，与建设社会主义和谐社会目标相适应的人人享有的养老医疗体系需要非常巨大的财政投入，隐含较大财政风险。

（4）应对国际金融危机，扩张性财政风险不可忽视。实施扩张性财政政策，赤字扩大和债务增加，是引发财政风险的重要原因。我国是一个非常注重发挥财政作用的国家，财政的资源动用能力排在世界前列。中国运用扩张性财政政策成功应对了 1997 年亚洲金融危机，当时坚持人民币不贬值，采取对国际社会负责任的货币汇率政策。为应对 2008 年开始的国际金融危机，我国又实施了积极财政政策和适度宽松的货币政策。与其他国家相比，我国政策重点放在加大政府直接投入，中央政府宣布两年 4 万亿元投资计划，地方政府投资计划更是高达 18 万亿元。有些投资的确有利于经济长期增长和民生的改善，有些投资则完全是为了应对这场危机。在目前的情况下，政府开支快速增加，收入减少，尽管政府可以通过发行债券等方式筹集资金，但从长期看，扩张性财政风险会不断累积，财政风险控制更加值得关注。

（5）我国财政预算制度不完善，财政风险控制机制不健全。如果财政风险得不到有效防范和化解，就会演变为财政危机。在西方发达工业化国家，政府收入和支出行为比较规范、透明，预算制度相对完善。这些国家现在面临的最大财政风险，是老龄化带来的养老医疗开支的快速增长，以及货币和财政政策的变化引起的利率和债务成本的变化。第二次世界大战后，大量新兴国家独立和诞生，其中部分国家把借外债和发行公债作为促进经济增长的手段，发生了金融危机和财政危机。财政危机是财政风险不断累积的结果。隐性债务是引发这些国家财政风险的主要原因。与这些国家相比，中国正处于转轨时期，财政不统一、不完整，预算外收入支出占比高；预算制度不完善，预算的制定、执行、绩效评价、监督等方面均有很多需改进之处，隐性债务、或有债务规模巨大，财政面临较大的制度不健全的风险。

1.2　选题目的及研究意义

本研究主要目的，是全面认识我国转轨时期政府收入支出的总量和结构，对财政风险的形成机制进行深入探讨，并做出合理的解释，梳理出形成财政风险的主要因素，并主要从制度层面提出防范和控制财政风险的政策建议。这对丰富财政风险理论分析框架、完善转轨时期财政预算体制、推动经济社会体制改革、促进经济平稳健康发展等方面均具有重要意义。

（1）有利于全面认识政府收入支出及其财政风险状况。底数不清、基础不牢是制约社会各界对财政风险作出准确判断的重要原因。本书在借鉴其他学者研究成果的基础上，把政府预算内外全部收入和支出归为一般性、转轨性、特殊性收支，把政府隐性债务当作政府赤字融资方式，从而对政府真实性赤字和债务进行计算，试图对转轨时期我国财政风险状况作出全面准确的判断。

（2）有利于丰富我国财政风险分析的理论框架。发达国家对财政及财政风险问题研究成果丰富，涉及财政风险的方方面面。国外研究成果和经验做法，对我国财政风险研究具有重要的借鉴意义。但众所周知，中国是一个转型中大国，经济社会基础、发展模式、文化传统等各方面的情况与国外有很大区别，很多问题不能简单套用国外理论加以解释。财政风险问题更是如此，最基本的是国内外政府产生的理论基础存在较大差别。本书试图从转轨时期一些基本特征出发，借鉴国外一些研究成果，用一个创新的理论来解释我国财政风险的形成机制。

（3）有利于促进国民经济平稳健康运行和社会稳定。政府是公共服务型政府，是弥补市场失灵、促进社会和谐和公平正义的政府，政府财政具有资源配置功能、收入分配功能、稳定和发展功能、公平和效率功能，等等。[6]如果财政风险不能有效控制和化解，国民经济健康运行和社会稳定就难以维系。其实，财政对各种社会风险都要最后兜底，各种社会风险会演变为财政风险。财政风险不能控制，就会演变为财政危机，最终导致社会动荡，甚至政府执政权的丧失。历史上这种案例并不鲜见。本研究的一个重要目标是为防范和控制财政风险提供具有针对性、可操作性的政策建议。

（4）有利于深入推进财政预算乃至经济社会各项改革。必须跳出财政看财政风险。防范和化解财政风险，既要推动财政预算体制改革，更要推进经济社会各项改革。从我国实际看，政府收入和支出某个方面的增加或减少，是导致财政风险的直接的、表面的原因。过去的经济发展模式、以经济增长论英雄的官员激励考核机制、中央与地方事权和财权的不合理划分、预算体制不健全等才是其深层次原因。在目前经济社会各项改革遇到的阻力不断增加难以推进的情况下，以财政风险控制制度改革为突破口，也许能进一步撬动整个改革进程。

本书试图在借鉴国内外已有研究成果的基础上，紧密结合我国转轨时期政府收入支出的实际情况，对转轨时期财政风险的形成机制作出科学、合理的解释，对化解和防范财政风险提出建设性意见，无论是理论上还是实践上均具有一定的意义。

1.3 概念界定

主要介绍了转轨时期、风险、财政风险这些基本概念的一般性定义，统一这些关键词的含义，为后面的研究讨论奠定基础。

1.3.1 转轨时期

从1978年开始，我国就进入社会主义计划经济向社会主义市场经济转型时期，尽管目前社会主义市场经济体制已经初步建立，也于2001年正式加入WTO，但这一转型至今还没有结束。我们的目标是到2020年使社会主义市场经济体制更加完善。计划经济如何向市场经济转变成为国内外很多专家学者的研究对象，并形成转轨经济学。本书对“转轨时期”并不做严格的限制，泛指改革开放以来时期。从研究财政风险问题看，转轨时期具有以下几个鲜明特点。一是政府收入来源不规范、持续性差。预算外收入、体制外收入占比较高，地方政府更是如此。土地财政、罚款收费收入具有不可持续性。二是政府支出缺位和越位严重。政府支出缺位主要表现为社会事业、农村农业投入不足，社会保障欠账较多。越位主要表现为政府对国有企业投入、救助过多，地方政府存在大量直接和间接担保贷款。三是政府收入和支出结构不合理，效率不高。一方面是中央与地方政府事权与财权划分不合理，另一方面是各级政府内部财政收入和支出结构不合理。比如，行政管理支出比例过高、国民经济的宏观税负过高等。在转轨时期，财政体制总体上从不规范走向规范，财政收入和支出范围逐步合理化，财政运行逐步制度化。四是政府财政责任范围不断扩大。随着二元结构逐步转向一元经济社会，越来越多的农民转为市民，公共服务需求增加。政府对私人企业非直接担保责任增加，政府财政责任不断扩大，从2008年金融危机时英美等国对非国有银行、汽车行业的救助行为就可以看出这一点。总之，在我国转轨时期，政府收入和支出矛盾会越来越突出，财政风险会越来越大，防范和化解财政风险任务越来越艰巨。

1.3.2 风险

不同时期，人们从不同的角度来认识风险的本质。①从损失角度看风险，人们经常把风险与损失结合起来。国外较早提出风险这一概念并加以分类与描述的，是美国学者海恩斯（Haynes）。他认为："风险一词在经济学和其他学术领域中，并无任何技术上的内容，它意味着损害或损失的可能性。"②从不确定性角度看风险。最早对风险进行系统研究的是美国哥伦比亚大学学者威雷特（Allan H. Willett）[7]，他认为："所谓风险就是关于不愿发生的事件发生的不确定性之客观体现。"美国学者罗伯特·梅尔（Robert. Mher）也认为："风险是有关损失的不确定性。"普雷切特（Prit Chett ST.）认为，"风险是未来结果的变化性。当我们处于事件的结果可能不同于我们的预期的状态中，那么风险就存在了"。[8]哈林顿（Scott E. Harrington）和尼豪斯（Gregory R. Niehaus）认为，"风险通常的含义是指结果的不确定状态，或者是实际结果相对于期望值的变动。在其他情况下，风险也指期望值本身"。[9]美国著名经济学家奈特（Frank H. Knight）把可能测定的不确定性定义为严格意义上的风险，把不能用大数法则进行分析测定的不确定性定义为真正的不确定性。

③从认识风险的理论基础看，可以分为客观实体派和主观构建派两大学术流派。[10]前者是主要利用统计与概率论、保险精算学、工程技术学等方法研究风险所形成的理论流派，它对风险理论基本问题的看法是，风险是客观的不确定性，是客观的实体，可以预测。后者主要依据心理学、社会学、文化人类学与哲学研究风险形成的理论流派，它认为风险可用个人主观信念强度测度；风险不是测度问题而是建构过程的问题，因为客观本身就是问题。另外，价值观与偏好，根本无法从风险评估中免除。

我们认为，风险是指未来结果的不确定性，并且不确定性程度可以预测。它包括三层含义：①风险是客观存在的现象，因为未来的结果是客观的；②风险带来的结果是不确定的，可能带来正的收益，也可能带来负的收益（损失）；③风险是可测的，主要从客观实体派角度看风险。

1.3.3　财政风险

财政是指政府所能收集的财产以及应该承担的支出任务。对财政风险的认识要晚于对风险的认识，并且对财政风险的认识也是一个逐步深入的过程。国内关于财政风险的较早定义来自财政部的报告《国家财政困难与风险问题及振兴财政的对策研究》，它认为财政风险是指在财政发展过程中由于某些经济和社会因素影响，给财政运转造成波动和混乱的可能性，集中表现为巨额财政赤字和债务危机。国内最早研究财政风险问题的论文出现于 1997 年。[11]亚洲金融危机后，关于财政风险的研究成果大量涌现，它们对我国是否存在财政风险看法各异，其中一个重要原因是大家对财政风险认识各异。丛树海对财政风险的定义做了较为全面的综述，认为学术界主要从三个方面来认识财政风险。①从“风险”的含义入手，推导财政风险的意思。这种方法主要从风险角度看财政风险，那么财政风险必定存在。[11]因为风险是产生未来结果的不确定性，特别是出现坏的结果的不确定性。财政风险，是指财政收入损失或财政支出出现困难的可能性。这种可能性一般来讲是存在的，只是程度大小不同而已。②利用“财政困难”和“财政危机”解释财政风险。这种方法主要从结果来看财政风险。只有出现财政困难，特别出现财政危机才能说有财政风险，那么不能说我国目前或者过去存在财政风险。③将财政风险区分为广义和狭义两种，并分别加以界定。根据这种方法，财政承担责任范围不同，财政风险定义也不同。从财政自身角度看，财政风险是政府入不敷出，无力借债和偿债，以及不能维持政府机构自身运转的风险。从国家的角度看，财政风险就是国家破产的可能性。

本书主要从三个方面来分析财政风险的含义：财政收入和支出方面的不确定性；一般性财政风险、转轨性财政风险和特殊性财政风险；中央和地方财政风险。在对它们具体阐述之前，对财政风险与财政危机先做一个区别。财政危机是财政风险累积到一定程度的产物。财政危机就是政府没有办法采取正常筹资手段来应对支出需求，最终体现为政府的无力支付。

首先，从政府收入和支出的不确定性来理解财政风险的含义。风险是未来结果的变化性。财政风险是指政府收入和支出的一个或者两个方面均发生超出预期的变化，比如政府为应对开支采取了不合理的筹集收入的办法，影响了经济社会的可持续发展，政府出现支出的困难和危机。它有以下几个特点。①从最广义的角度来看政府收入和支出。政府收入包括预算内收入、预算外收入、不规范的收入（特别是土地出让收入、罚款收费收入）。政府支出包括预算内支出、养老金缺口等隐性支出，以及政府借款和担保、国有企业和国有银行的亏损等或有债务。②财政风险既可来自收入，也可来自支出，或者是这两个方面的不匹配。收入方面的风险，主要是指收入不规范（如罚款）、不可持续（如土地出让收入）、不合理（如税负比重过大）等。支出方面的风险，主要是指支出效率不高（如行政开支占比过高）、结构不合理（如公共服务支出不足）、缺口较大（如社会保障欠账）。③引入概率来衡量收入和支出的不确定性。债务是引起财政风险的主要因素。转型国家存在的大量或有债务，更是财政风险发生的重要诱因。或有债务是指在特定事件发生情况下的债务。与此相对应的是直接债务，它是指在任何条件下都存在的债务。本书引用概率把或有债务转换成直接债务。收入方面也是如此，可引用概率把不确定收入（土地出让收入、罚款收入等）转换为确定性收入。④从财政运行对经济的影响来看财政风险。财政风险一般伴随着经济风险，财政危机伴随着经济危机，为此，大部分研究主要从结果的受损来分析财政风险，比如财政支出困难。财政风险还表现为财政风险因素对经济健康运行和社会和谐的不利影响，最终导致财政收支的困难。⑤用静态和动态的收入与支出比例来衡量财政风险。另外，还要考虑财政收支的效率风险。

其次，从承担财政风险的主体看，可分为中央财政风险和地方财政风险。通过对比发现，中央财政风险和地方财政风险的来源具有很大的相似性，不同之处则体现在以下几个方面。①从一般性财政风险因素看，在收入方面，中央政府有货币融资权力而地方政府没有；在支出方面，国防开支主要是中央政府的责任。中央政府与地方政府在收入和其他支出方面的划分，更多是制度变迁的结果，既是财政行为，更是政治行为。②从转轨财政风险因素看，收入方面，中央政府具有发行特别国债的权力，而地方政府没有发债的权力；在支出方面，养老、国有企业和银行、税制改革带来的债务需中央政府和地方政府分别承担，只是承担的比例不同。③从特殊财政风险因素看，收入方面，地方政府组建开发公司筹集资金，土地财政和罚款收费更多地归地方政府支配；支出方面，下级政府的一些债务会向上转移给上一级政府，直至中央政府。在中国由于地方政府财政风险最后需要中央政府承担，本书研究的是包括地方政府财政风险在内的财政风险。加上地方政府不能出现赤字和直接发行债券，地方政府财政风险主要表现在其或有债务和隐性债务方面。

最后，从财政风险来源来理解财政风险的含义。我国财政风险明显具有转轨的特点，为此可把财政风险分为一般性财政风险、转轨性财政风险和特殊性财政风险。一般性财政风险主要包括：①中央政府负债及赤字；②汇率变动对国家外汇储备的影响；③经济周期与我国财政风险；④国际经济变动与我国财政风险；⑤灾害程度与财政风险。转轨性财政风险主要包括：①国有经济形成的财政风险，比如国有企业经营、国有银行和其他金融机构、国有建设项目等形成的坏账、政府变相和间接债务；②养老等社会保障债务，比如养老金个人账户欠账、统筹账户缺口、养老的国家责任与未来资金缺口、其他社保项目资金需求与财力不足等方面的风险；③地方债务，包括可能最终需要上一级政府负担的乡镇和村级债务、地方教育债务、党政公务消费欠账、各种担保债务、各种具有政府背景的融资平台可能出现的债务；④财税体制改革可能发生的债务。从转轨性财政风险来源看，它主要是隐性债务风险。特殊性风险主要包括：①现有卖地财政的不可持续风险，形成未来债务；②现有收费罚款财政来源的不可持续性风险。从特殊性财政风险的来源看，它主要是对未来收入的透支风险。本书重点研究转轨性财政风险和特殊性收支风险。

结合上述三个方面对财政风险的认识，我们建立了中国转轨时期财政风险表，见表1－1。

表 1－1　我国财政风险因素分析

类别	一般性财政风险	转轨性财政风险	特殊性财政风险
收入方面	1. 税收;2. 国债;3. 铸币税	4. 基本养老金等缴费;5. 转轨国债	6. 土地收入;7. 罚款收费
支出方面	1. 行政开支;2. 社会事业;3. 其他开支;4. 国债利息	5. 养老金支出;6. 基本养老体系内欠账;7. 基本养老体系外欠账;8. 国有部门债务;9. 财税体制改革债务;10. 地方政府债务,包括地方政府融资平台债务	11. 对未来收入的透支
赤字规模	一般性赤字(政府财政赤字)	转轨性赤字(主要是隐性债务赤字)	特殊性赤字(透支赤字)
债务规模	一般性债务(国债,需要直接偿还)	转轨性债务(大部分需要直接偿还)	特殊性债务(大部分不需要直接偿还)

1.4　研究思路和结构

本文按照“财政风险的衡量标准→形成机制→形成原因→制度控制”的基本思路，以转轨性和特殊性财政风险为主要对象，分析我国转轨时期财政风险主要来源、形成机制以及防范政策，见图1－1。建立财政风险的衡量标准，是研究财政风险的基础，从真实赤字率的构成可知，隐性债务是转轨时期财政风险的主要来源。财政风险的形成机制主要是从理论上对隐性债务累积与向财政风险转化的过程进行解释。接下来，从实证角度对形成财政风险的制度原因进行研究。财政风险的控制主要从制度层面提出防范和化解财政风险的政策建议。

本书第 1 章阐述选题背景和意义。第 2 章是文献综述，围绕论文研究主题，对国内外财政风险研究进行回顾和评论，为后面研究

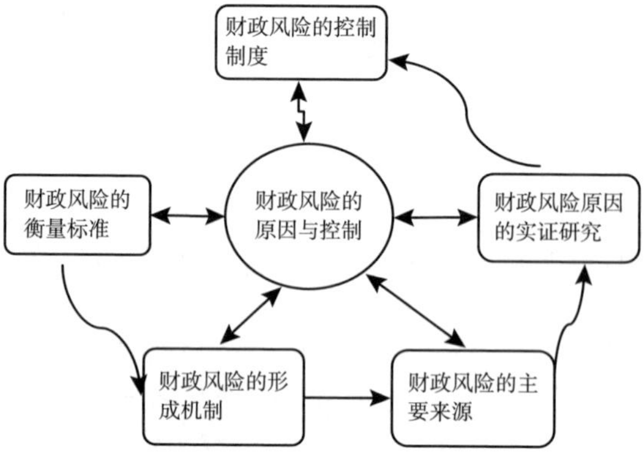

图 1－1　转轨时期我国财政风险成因与控制研究的基本思路

奠定基础。第 3 章研究财政风险的衡量指标。第 4 章构建了财政风险形成机制模型。第 5 章从实证角度分析了隐性债务构成及其规模。第 6 章从政府收入和支出两个方面分析财政风险的有关情况。第 7 章对财政风险的形成原因进行实证研究。第 8 章分析了财政风险控制制度。最后是本书的总结。

2 文献综述

发达国家对财政及财政风险问题的研究源远流长，成果丰富，相对完善。亚当·斯密在《国富论》中专门有一章阐述其“公共财政”的思想，重点研究什么样的税收是合理的。这种自由经济主义观点一直影响至今。赋税问题在财政学理论体系中占有无与伦比的地位。后来有些经济学家注重财政支出方面的研究。现在大部分财政学教材都十分重视对收入和支出的研究。[12]不过，财政学里面很少涉及财政风险问题的讨论。在20世纪30年代大萧条之前，经济学家都信奉小政府理念，对政府预算和发债的约束十分严格，主要发行应对日常性流动性不足、战争、经济周期等方面的公债，那时的财政赤字一般能够很快平衡消化。在应对大萧条中，凯恩斯经济学派顺势而生，依靠发行长期公债刺激经济增长成为普遍的做法。在西方发达国家，政府收入和支出行为比较规范、透明，预算制度相对完善，预算内收入在政府收入占比为80%～90%，约束制衡机制健全，主要用赤字率和负债率等指标来衡量财政风险，主要措施是控制债务规模，从总体上比较简单。第二次世界大战后，大量新兴国家独立和诞生，其中部分国家把借外债和发行公债作为刺激经济增长的手段，过多的债务导致了金融危机和财政危机的发生。财政危机是财政风险不断累积的结果。世界银行、国际货币基金组织等国际经济组织开始重视新兴国家和转轨国家财政风险的研究。它们注重研究这些国家不同于成熟市场经济国家的财政风险因素，比如隐性债务、或有债务。其中，最具有代表性的理论是世界银行高级经济学家白海娜（Hana Polackova Brixi）1998 年提出的政府或有债务分析框架，它引发了大量后续研究。本章共分四个部分：国外财政风险形成及控制的一般理论、国外财政风险研究综述、国内财政风险研究综述以及简要评述。

2.1 国外财政风险形成及控制的一般理论

这里对国外政府收支与财政风险形成及控制的一般理论做一简要介绍，目的是树立一个讨论我国财政风险形成机制及其制度控制的参照物。[13]

2.1.1 财政收支基本情况

国外政府收入和支出全部纳入预算管理，为此财政收入与政府收入之间、财政支出与政府支出之间的差额较少。在美国，大多数联邦政府收益都是来自税收。比如，1990 ~ 1992 年间，政府收益占 GDP 的比重为 18.8%，其中个人所得税占 GDP 的比重为 8.3%，公司所得税占比为 1.7%，社会保险税及互助金占比为 7.0%，货物销售税、不动产和捐赠税占比 1.7%。国防、社会保障、净利息支出在联邦政府开支中占有较大比重。比如，1990 ~ 1992 年间，政府开支占 GDP 比重为 23.3%，其中国防开支占 GDP 比重为 5.5%，包括医疗补助方案和社会保障在内的权利和强制性支出占比 11.3%，净利息支出占比 3.5%。政府收入与政府支出之差构成联邦政府财政赤字。同期，美国联邦政府赤字占 GDP 比重为 4.5%，其中净利息支出为 3.5%，基本赤字为 1.0%。基本赤字（或盈余）代表着不包括利息支付的全部政府开支减去全部政府收益之结果。

平衡预算赤字主要有以下几种方式：①货币融资；②举债融资；

③增加税收；④减少开支；⑤出售政府资产。因为增税和减支一般都不受选民欢迎，政府不会轻易采取这两种措施，一般在前两种措施无法奏效的情况下，才会选择它们。出售政府资产一般在其他措施无效情况下才使用。最常用的平衡预算赤字的方法是货币融资和举债融资。

2.1.2 货币融资及其风险

货币融资是指财政部向中央银行发行债券。在这种情况下，中央银行持有财政部债务的变化，会引起相应的高能货币的变化，从而在这个意义上，中央银行将债务货币化了。赤字货币化，即通过创造高能货币来对赤字进行融资，是替代公开税收的另一种做法，政府从中获得的收入被称为“铸币税”。因为高能货币增加即货币供应量的增加，通货膨胀率上升，居民为保持其名义货币购买力不变，必须根据通胀水平增加货币持有量，即要减少当前消费开支。居民减少的消费通过通货膨胀转移给政府消费。当实际产量不变时，政府通货膨胀税的收入是通货膨胀率（税率）与实际货币基础（税基）的乘积。可用以下公式表示：

$$\text{通货膨胀税收入} = \text{通货膨胀率} \times \text{实际货币基础}$$

预算赤字货币化的风险是通货膨胀率的上升，如果赤字货币化过度，就会出现恶性通货膨胀率。20 世纪 80 年代，部分拉美国家通货膨胀税的比例非常高，1983 ~ 1988 年平均通货膨胀税阿根廷 3.7%、玻利维亚 3.5%、巴西 3.5%、秘鲁 4.7%。大规模的预算赤字是 20 世纪 80 年代中期发生在拉美诸国和以色列每年高达 50% ~ 100% 甚至 500% 的极端通货膨胀必不可少的组成部分。预算赤字能否实行货币化筹资取决于中央银行与财政部的制度安排。比如，作为中央银行的美联储的政策目标是维持政府债券的固定利率时，预算赤字货币化较为直接和容易。其逻辑如下：政府赤字的增长趋于提高名义利率，如果联储有义务保持一个不变的名义利率，赤字的增加会迫使联储进行公开市场业务以避免名义利率的上升。在1941～1951年间，这个关系特别直接。

美联储有义务维持政府债券的不变名义利率的做法，在1951年由联储和财政部达成协议而最终正式取消。另外，通货膨胀带来债务贬值，从而减轻政府负担。Burnside等对1994年墨西哥、1997年韩国、2001年土耳其金融危机研究发现，这三个国家债务贬值是比铸币税更重要的政府收入来源。

2.1.3 举债融资及其风险

债务融资是指财政部向社会公众发行国债，以向公众借款的形式弥补赤字。国债又称为公债，是指政府未清偿的债务净存量，主要是指政府所欠经济中私人部门或外国人的净债务量。政府借债的一部分是用于弥补当年政府收不抵支的情况，很大部分是用于偿还到期的债券和当年应偿付的债券利息。政府预算总赤字由基本赤字和公债的利息支付两部门构成。

总赤字 = 基本赤字 + 公债利息支付

基本赤字（或盈余）代表着不包括利息支付的全部政府开支减去全部政府收益之结果。它也可称为非利息赤字。

基本赤字 = 非利息开支 − 总收益

为此：

总赤字 =（非利息开支 − 总收益）+ 公债利息支付
= 非利息开支 + 公债利息支付 − 总收益

通过以上几个等式，可更加清晰地了解公债在预算中的作用。如果有基本赤字，必定有总赤字。如果没有基本赤字，只要基本盈余不大于公债利息支付，仍然有总赤字；只有基本盈余大于公债利息支付时，总赤字才会消失。

2.1.4 赤字率和债务率

赤字率和债务率是衡量财政风险程度最常用的两个指标。正如上面分析那样，赤字率分为总赤字率和基本赤字率，分别可用以下公式表示：

总赤字率 = 总预算赤字 ÷ 国民生产总值

基本赤字率 = 基本赤字 ÷ 国民生产总值

20世纪60～90年代，美国赤字率呈现不断上升趋势。1960～1969年平均赤字率0.8%，1970～1979年为1.9%，1980～1989年为4.1%，1990～1991年为4.6%。

债务率可表述为：

债务率 = 总债务 ÷ 国民生产总值

对于赤字率和债务率的安全标准，各国不尽相同。欧盟财政趋同标准值得借鉴，即财政赤字率和政府债务率分别不能超过3%和60%。我们说中国不适用这个标准值，不是说这个指标值没有意义，而是指中国相似的统计指标没有真正反映它们在欧盟内部使用时应有的含义。中国赤字率和债务率并没有真正全面、准确地反映政府收入与支出的缺口、政府应付债务总额。这正是深入研究我国财政风险问题的重要原因。本研究总体上遵循以上财政收支理论和财政风险管理的思路，只不过据此对中国特殊情况作出合理化的解释。

2.2 国外财政风险研究综述

从笔者目前收集的资料看，国外学者对财政风险成因的研究主要集中在财政政策、或有债务、政府投资、政治制度、预算制度、收入分配制度等方面对财政风险的影响。

2.2.1 财政政策、政府担保与财政风险

在国家预算体制完善情况下，财政风险主要由预算内财政赤字、政府担保等引起，这方面因而成为部分学者的研究重点。Lloyd-Ellis Huw、Zhu Xiaodong 对加拿大过去 40 年财政赤字变化的研究认为，财政盈余变化的很大一部分是由财政政策所遭受的外部冲击引起的，而不是目前一些研究认为的 GDP 增长或失业变化引起的。[14] Forni Mario、Reichlin、Lucrezia 探讨了欧洲国家政府风险和可能的保险，他们发现财政收入的波动、财政政策的稳定性是财政风险产生的因素。[15] Sanguinetti Pablo、Tommasi Mariano 讨论了政府间转移支付与财政风险的保险问题，他们比较了集权制和联邦制下中央政府与地方政府之间风险分担和保险计划的区别，认为不同的政体将影响财政风险在中央与地方的分摊问题。[16] Burnside Craig、Eichenbaum Martin、Rebelo Sergio 就政府担保和财政机会主义行为进行了探讨，认为政府担保的贷款将导致银行的流通危机。[17] Lewis Blane D. 对印尼地方政府债务风险与地方财政能力的关系进行了探讨，认为，大多数地方政府的举债是通过中央政府代为实现的，所以在财政能力许可的情况下，地方政府借债较为容易，而债务的清偿取决于地方政府的意愿和中央政府的许可程度。[18]

2.2.2 或有债务与财政风险

20 世纪亚洲金融危机吸引了大量经济学家开始专注于财政风险的研究。其中，以 Hana Polackova Brixi、Allen Schick、Ashoka Mody 和 William Easterly 为代表的经济学家开始从“政府或有债务”视角来系统研究财政风险问题并作出突破性的理论贡献。世界银行专家白海娜创造性地提出了财政风险矩阵分析框架，比较系统和完整地阐述了政府或有债务对财政稳定性构成的巨大威胁。[19] 另外，她还

对匈牙利、泰国等部分东欧、东亚国家的或有债务问题进行了专题研究。[20][21][22]2002年她与Allen Schick编辑出版了著作《风险中的政府：或有债务与财政风险》，该书收集了关于政府或有债务与财政风险问题研究的十几篇重要文献。[23]白海娜从两个不同的角度把政府债务分成四种类型。（1）按有无法律依据，政府负债分为显性负债和隐性负债。显性负债是建立在某些法律或者合同基础之上的政府负债，政府具有清偿到期债务的法定义务。比如国债、中央政府借款、公务员工资、养老金等。隐性债务是指政府道义上的一种债务。比如公共养老金缺口、对地震等自然灾害的受害人和金融机构发生危机时对存款人的救助等。尽管这些负债不是建立在法律或合同基础之上，但对政府来说，却是不得不担负的负债。（2）按不确定性程度，政府负债分为直接负债和或有负债。直接负债是指在任何情况下都会产生的支出责任，相对比较确定。比如国债，可以根据利率和期限等因素来估算未来一定时期的偿还额度。或有债务是指基于某些特定事件的发生而带来的支出责任。比如政府担保债务，只有政府担保项目发生难以偿还担保债务的情况，并且确需政府承担支付责任的额度，才能确定债务数量。对上述两个角度的分类进行交叉组合，便可得到四种不同类型的政府债务，分别是直接显性负债、直接隐性负债、或有显性负债、或有隐性负债，具体见表2－1。白海娜等人的研究成果开创了财政风险研究的新领域，财政风险分析矩阵成为全面分析和评估政府债务的有用工具，国内很多财政风险研究都借鉴应用该工具。与此同时，也吸引了大量的后续研究，使或有债务与财政风险研究不断丰富。白海娜等人的研究侧重或有债务对财政风险的影响，较为符合很多转型国家的实际情况。这些国家通过大量引进外资，或者说是依靠外债，以及政府对基础设施大规模投资来推动经济增长，存在大量政府隐性和显性担保合同，或有债务是引致财政风险的主要方面。

表 2-1　政府财政风险矩阵

债务	直接负债（在任何条件下存在的债务）	或有债务（在特定事件发生情况下的债务）
显性负债（由法律和合约确认的政府负债）	①国家债务（中央政府借款和发行的债券） ②预算涵盖的开支（非随意性支出） ③法律规定的长期性支出（公务员工资和养老金）	①国家对非主权借款、地方政府、公共部门和私人部门实体的债务担保 ②国家对各种贷款（抵押贷款、学生贷款、农业贷款和小企业贷款）的保护性担保 ③国家对贸易和汇率的承诺担保 ④国家对私人投资的担保 ⑤国家保险体系（存款保险、私人养老金、农作物保险、洪灾保险、战争风险保险）
隐性负债（反映公众和利益集团压力的政府道义上的负债）	①未来公共养老金（与公务员养老金相对的） ②社会保障计划，如果不是由法律作出硬性规定 ③未来保健融资计划，如果不是由法律作出硬性规定 ④公共投资项目的未来日常维护承保	①地方政府或公共实体，私营实体非担保债务（义务）的违约 ②银行破产（超出政府保险以外的救助） ③实行私有化的实体债务的清偿 ④非担保养老基金、就业基金或社会保障基金（对小投资者的保护）的破产 ⑤中央银行可能的负债净值或所承担义务（外汇合约、货币保护、国际收支差额）不能履行 ⑥其他紧急财政援助（如在私人资本外逃的情况下） ⑦改善环境、灾害救济、军事拨款

资料来源：白海娜（1998），引自张海星．政府或有债务问题研究［M］．北京：中国社会科学出版社，2007：43.

另外，Kharas Mishra 研究认为，政府债务增长的原因更多来自隐性赤字而不是报告的预算赤字。[24] 隐性赤字风险主要来自利率风险以及政府的或有债务。世界银行 1999 年的一份研究报告认为，东南亚金融危机的发生表明，财政压力很大程度上来自政府的或有债务。Marcelo Selowsky 研究认为，政府预算报告赤字的减少不一定表明财政质量的提高，那种仅仅强调预算赤字的做法很可能增加而不是减少财政风险，恶化而不是改进财政的未来绩效。[25] Hemming，

Richard在解释财政脆弱度时，包含了隐性的和或有债务对政府构成的威胁。[26]

2.2.3 政府基础设施投资与财政风险

Timothy Irwin、Michael Klein、Guillermo E. Perry、Mateen Thobani探讨了基础设施由私人投资可能给政府带来的风险以及如何管理这些风险的问题。[27]鼓励私人资本投资基础设施能加快基础设施的建设，但由于私人投资风险往往最后由政府担保，因此私人很可能缺乏投资风险的防范意识，这会加大政府担保风险。Christopher M.、Lewis、Ashoka Mody 研究认为，政府在基础设施建设的财政负债方面面临金融风险、商业风险、操作风险和事件风险等，可通过在预算中对可能发生的损失进行预测并设立相应的预算资源以补偿风险可能带来的损失，使政府避免突发事件给预算带来的压力。[28]

2.2.4 经济、政治、预算制度与财政风险

Jaejoon Woo 对 1970～1990 年间 57 个发达国家和发展中国家的面板数据进行了研究，从经济层面、社会政治层面、预算制度层面选取了 40 多个影响财政赤字的指标进行理论和实证分析，认为社会政治的不稳定、收入不平等、过大的政府规模、预算决策上缺少中央集权等对财政盈余具有负面的影响；同时，尽管分散的议会制度趋向扩大财政赤字，但是弱政府或集权政府似乎与财政赤字无关。经济因素与财政风险的关系，是很多研究较为关注的主题，因为税收规模与经济增长、人均 GDP 水平高度相关，债务融资成本与利率密切相关。赤字与经济发展的关系研究，主要是考虑发展中国家的预算赤字有没有真正反映政府收支的差距。作者研究还发现，允许政府总理或者财政大臣在预算决策过程中对财政支出拥有决定性权力，以及限制议会对预算的修订权力，有利于维护财政纪律。[29]

William Easterly 等介绍了简单赤字衡量办法如何误导人们对发展中国家财政风险的认识。[30] William Easterly 研究指出，一些国家财政预算赤字调整是一种幻觉，因为这些国家是通过减少同等的政府资产或增加隐性债务来实现债务减少的目标，政府净债务没有减少。[31] 为此，准确衡量政府债务至关重要。他们认为，传统预算赤字衡量办法主要关注政府直接债务变化，没有足够关注政府资产和隐性债务的变化。公共部门净资产，即公共部门资产减去其债务，是一个更为合理的赤字衡量方法。当然，对公共部门资产负债进行全面准确衡量比较困难。Alesina 等用一种新的方法对 OECD 国家债务进行了调整。[32] Alesina 等的研究认为，预算制度包括预算方案起草、议会修改和通过、政府实施等对财政结构有直接的影响。[33]

财政制度以及与此相关的政治制度与财政风险或债务规模关系的研究，是国外财政风险研究的重点领域。财政透明是良好的财政制度的重要标准。1998 年世界银行研究报告认为，政府透明运作被广泛认为是国家财政稳定、善治和财政公平的重要前提。[34] Shi 和 Svensson 构建了一个政治代理与债务模型，认为财政透明能减少债务积累，至少在选举周期作用下是如此。[35] Alesina 和 Tabellini 研究认为，政治上集权的增加会导致债务的增加。[36] Persson 和 Svensson 研究认为，右翼政府至少从战略动机上看，比左翼政府更趋向于更高的赤字率。[37] James E. Alt、David Dreyer Lassen 在前人研究的基础上，引入政党对公共支出的偏好，发展了事关政党执政前景的债务模型，选民根据自己对公共产品和私人产品组合需求来选择政党。在这个模型中，财政透明度影响了选民的预期，反过来，选民预期会影响执政者的行为。[38] 他们认为财政透明有四个特征：①在较少的文件中提供足够多的信息，信息可获得，行为可监督；②没有武断的语言，政府财政报告的用词和分类应该是清晰、不含糊的；③独立的确定；④更具有合理性。作者根据这些特征构建了一个可复制的衡量财政透明的指数，并设计了一些指标，对部分 OECD 国家进行了数据调查，对财政透明与财政风险关系进行了检验，统计数据强有力地证明了更高程度的财政透明度与更低的公共债务和赤字是紧密相连的。

2.2.5 收入分配、老龄化与财政风险

Alesina、Rodrik 与 Persson、Tabellini 研究认为，在民主的收入分配不平等的国家，大多数人同意加大再分配的开支，这会增加财政赤字。[39][40] Jaejoon Woo 建立了一个社会两极分化与财政赤字的模型，认为两极化的社会决策在财政赤字的形成过程中扮演了关键角色。[41]在一个两部门经济社会，最初两个部门收入分配越不平等，在工业化过程中收入更加不平等，两个部门对财政支出方向的偏好就越不同。在一个高度两极化社会，政策制定者面临更大的刺激和压力为他首选的部门增加开支，从而导致更大的赤字。随着老龄化社会的到来，养老和医疗保障支出增加，财政平衡的难度加大。1997 年世界银行关于新西兰的研究报告指出，与其他 OECD 国家状况一样，新西兰国家的财政平衡面临社会老龄化带来的医疗、养老保障支出增加的压力。[42]在未来，要么增加税收，要么增加国家金融资产，以应对未来增加的支出需求。为减轻老龄化带来的财政压力和保持未来财政平衡，控制社会支出非常必要，同时提高社会私人储蓄率也是非常必要的措施。

2.2.6 财政风险的防范和控制

Allen Schick 在 Hana Polackova 等人工作的基础上，讨论了将国家预算转换成能够有效控制财政风险的方法，同时将风险的评价引入财务报表和预算决策，进而实现控制财政风险的目的。[43] Hana Polackova、Sergei Shatalov、Leila Zlaoui 等对保加利亚财政风险问题

进行了深入研究，认为财政风险的主要成因是国际利率风险、环境负债和投资需求以及缺乏财政风险监控体系，等等。他们建议，政府应努力减少债务的利率风险，正视环境保护和养老金问题中存在的隐性财政风险，建立意外事故管理体系，引入风险分担机制，制定严格的政府担保机制，以增强政府防范财政风险的能力。[44] Miguel ALmeyda、Sergio Hinojosa 在研究基础设施建设中或有负债对财政稳定的威胁时，利用微观风险评估中的 VAR 等方法，对基础设施项目中的债务风险进行评估，提出了利用期权定价公式对政府担保进行定价的具体方法。[45] Teresa Ter-Minassian、Jon Craig 在国际比较的基础上，首次将世界各国地方政府债务的控制模式进行了划分，包括市场原则、共同控制、行政控制、法规管理等类型，并总结了每种管理类型的优点、弊端以及适用条件，为一国有效地选择地方政府债务管理模式提供了参考。[46]

Lucas 和 Stokey 研究认为，金融市场工具是对冲财政风险的有效手段，面对随机性财政冲击，政府债券是最优财政政策得到执行和保持财政政策稳定的关键。[47] Bohn 提供的经验证据表明，金融市场工具帮助美国政府保持税收的稳定和财富的增加。[48] Lloyd-Ellis Huw、Zhu Xiaodong 通过建立财政风险评价框架，分析了财政振荡和财政风险管理的原因，并认为增强财政的稳定性和风险分散化可以对财政风险进行对冲。[49]

2.3 国内财政风险研究综述

从目前的资料来看，国内研究重点也主要集中在财政风险含义、形成原因、预警体系、防范对策等几个方面。从文献来源看，主要有三类。第一类是综合性课题研究成果，第二类是博士和硕士论文。这两类文献对财政风险定义、形成原因、防范政策的研究一般形成了一个完整体系。第三类是公开发表的论文，主要就财政风险某个方面展开研究。在这里主要对部分重点文献进行梳理，以便对国内研究有一个大致的了解。

2.3.1 从政府性质的角度研究财政风险

这方面的代表人物是中国财政科学研究院刘尚希教授。刘尚希、赵全厚研究认为，政府既是一个经济主体，也是一个公共主体。[50]作为后者，它具有法律上的推定义务和道义责任。隐性债务问题大部分与政府作为公共主体的假定有关。作者借用世界银行风险矩阵，对 2000 年我国债务规模进行了估算，政府直接负债规模为 58186 亿元，政府或有负债规模达到 58609 亿元。无论从存量还是从流量来观察，可用于抵御债务风险的资源是很紧张的，应该说已经到了警戒线。刘尚希教授对从公共主体来分析财政风险的方法进行了完善，构建了一个从公共主体身份出发的财政风险的理论分析框架，区别于政府以经济主体身份承担的财政风险。[51]财政风险是私人风险转化为公共风险时的产物。为此，评估财政风险应从两个方面入手，一是政府拥有的公共资源，二是政府应承担的公共支出责任和义务，就债务论债务是没有意义的。一般而言，出现以下三种情况中的任意一种都意味着财政风险：①公共资源确定，而支出责任与义务不确定；②支出责任与义务确定，而公共资源不确定；③两者均不确定。后来，刘尚希教授等围绕这一分析思路，不断拓展财政风险分析范围。一是防范财政风险应该从防范公共风险入手，采取制度创新来控制公共风险，减少政府干预公共风险的各种失误，建立风险管理机制，打破“风险大锅饭”，抑制道德风险等。二是研究宏观金融风险与政府财政责任之间关系，[52]认为宏观金融风险属于公共风险，其责任主体是政府，而微观金融风险属于个体（私人）风险，其责任主体是金融机构。政府需要建立防范和化解金融风险、金融危机的应急反应机制，并把宏观金融风险纳入国家财政风险管理框架，以避免政府财政责任变为仅仅事后埋单。三是公共债务与经济总量的关系研究，[53]认为公共债务与经济总量是一种历史的循环关系，公共债务既可以促进经济增长，扩大经济总量，也能够拖曳经济增长，相对缩小经济总量。在前一种情况下，财政风险将趋于收敛，在后一种情况下，财政风险将趋于发散。

刘尚希教授的研究抓住了转轨时期政府的双重属性，具有一定开创性和启发意义。但有三个方面值得重视：①他的研究并没有揭示转轨时期政府作为公共主体责任不断增加的原因，即随着收入提高和城市化进程推进，公共财政覆盖范围扩大和人均公共支出需求的增加；②尽管公共风险是财政风险源头，但是不得不承认政府担保、贷款、国有金融企业、国有企业亏损等形成的或有债务，是财政风险的重要来源；③从资产总量来衡量对债务的偿付能力，也不一定科学。

2.3.2 从财政政策角度研究财政风险

为应对 1997 年亚洲金融危机，我国实施了扩张性财政政策，财政扩张风险成为一些学者关注的重点。从 2000 年开始，丛树海教授组织开展了国家自然科学基金项目“中国扩张性财政政策的风险效应和控制研究”的研究工作，并出版了《财政扩张风险与控制》一书，对国内财政风险研究作了较好的综述。他们对 1998 年那轮财政扩张的乘数效应、引起的政府债务负担、引发的政府实际可支配能力和赤字风险、财政风险预警等问题进行了系统研究，认为 1998 年那轮财政扩张的实际乘数偏低、挤出效应不明显；如果连续实施扩张政策，将会给财政带来较重的债务负担，政府偿债能力可能出现不足；各级政府特别是地方政府有相当一部分隐性债务或赤字，这是造成和可能造成财政风险的现实因素。[11]刘志强则从财政政策作用机制的角度分析了财政风险的有关问题，认为扩张性风险分成赤字风险和债务风险，并分析了赤字的成本和对通货膨胀的影响，对我国的扩张性财政政策的“紧缩效应”进行了动态计量检验，指出我国的积极财政政策尚未出现紧缩效应，该政策可以继续执行。[54]

2.3.3　从债务负担率角度研究财政风险

发债是弥补财政收支缺口最常用的工具。国内研究的重点是我国国债负担水平与适度规模的问题。樊纲研究认为，政府债务、银行坏债和全部外债涵盖了一个经济中已经发生的可能导致金融危机的主要国民债务，其他一些潜在的、隐含的政府欠债，要么可以归结为以上三项中的一项，要么在经济中有着其他一些对应物。[55]因此，可用“国家综合负债”指标来衡量政府债务负担。其中，国家综合负债率＝（政府内债余额＋银行坏债＋全部外债）/按现价计算的名义 GDP。他的研究认为，与其他一些国家相比，中国经济的特点是银行坏债较大，而政府负债与外债相对较小。尽管中国银行系统的问题较多，但“国家综合负债率”总体上相对较低，1997 年底只有 47%，1998 年也不超过 50%。

贾康、赵全厚研究认为，对我国国债规模的判断形成了一个悖论，即国债依存度严重超标，而国债负担率又远未超标。[56]根据他们的研究，我国中央财政国债依存度从 1994 年起连续超过 50%，1998 年更高达 71.1%，远远高于国际上该指标的安全控制线 25%～30%。我国国债余额占国内生产总值的比重到 1998 年是 13.3%，比发达国家低得多，如美国为 52.0%（1992）、日本为 52.7%（1992）、英国为 37.2%（1991）。产生这一悖论的主要原因是，我国预算内财力集中程度低，国家财政预算内收入占 GDP 的比重远低于世界平均水平。因此，研究国债负担水平时，还需考虑因工资欠发而形成的债务、粮食采购和流通中的累积亏损、国有银行的不良贷款形成的国家隐性债务、社会保障资金债务等现实债务和或有债务。如果考虑上述债务，1998 年我国总体债务负担率已在 50% 以上。

余永定研究认为，在一定的条件下，债务负担最终会稳定在某一水平，初始的政府债务水平并不重要。[57]他认为，财政稳定概念可包含三重含义：首先，如果政府能够长期保持财政收支平衡，则政府财政处于稳定状态；其次，尽管在相当长时期内不能实现财政收支平衡，但政府却能够通过发行国债为财政赤字融资，则政府财政依然可以说处于稳定状态；最后，如果在经济中存在这样一种机制，当财政脱离稳定状态之后，经济变量之间的相互作用可以使财政状况恢复或趋于恢复稳定状态，则政府的财政状况也可以说是稳定的。马拴友等人对余永定教授的研究进行了拓展，对国债与利率、国债与通货膨胀进行了动态分析，发现至少在特定的条件和路径下，国债负担率和利率、通货膨胀率不会趋于无穷大，而是趋于某一给定水平，财政完全有可能处于稳定状态。[58]

2.3.4 从或有负债角度研究财政风险

如前所述，一些研究债务负担率的文献也涉及一些或有债务的概念，但国内对或有债务的专门研究，还是在世界银行专家白海娜提出或有债务研究框架之后才大量出现的。王金龙认为，或有债务是财政风险的重要来源，但是国内外的来源不同。[59]国外大多表现为政府未来公共投资负债、国家保险体系负债、地方政府各种形式的担保和负债等。国内目前主要表现为国有银行和非银行金融机构自身化解不了的不良资产、国有企业挂账潜亏的部分、社会保障基金的缺口部分、地方政府的担保和隐性负债等。张海星对我国政府或有债务问题进行了系统的研究，把政府或有债务定义为未纳入国家预算的现实和隐含的债务及预算内的拖欠，既包括当前政府应当承担的隐性债务，也包括未来可能转成财政负担的远期的确定和不确定性债务。他从中央政府和地方政府两个层次进行了研究，中央政府或有债务主要来自政府对国有经济部门的隐性担保、政府的社会养老金隐性负债、中央政府对地方政府债务的隐性担保、国家外债中产生的隐性和或有债务等几个方面，地方政府或有债务来源与中央大致相同，只是债务结构不同而已。[60]

2.3.5 从地方政府角度研究财政风险

从承担主体看，可分为中央政府财政风险和地方财政风险。很多研究认为，我国财政风险不在中央政府而在地方政府，因而地方财政风险应成为财政风险研究的重要领域。刘星、刘谊认为，地方财政风险是地方政府所拥有的公共资源无力履行其应承担的责任以至于给经济、社会稳定带来损害的一种可能性。[61]它可分为地方政府债务风险、地方财政收支风险、地方政府承担的公共风险。其中，地方政府债务风险，主要是指地方政府举债形成的显性债务风险，它是地方财政风险的集中体现，也是度量地方财政风险最直接的风险指标。地方政府承担的公共风险，主要包括地方自然性公共风险、地方金融风险、地方国企风险、地方社会保障风险等，类似世界银行专家提出的隐性债务风险。冯静认为，在市场经济发达的西方国家中，金融市场已成为监管和控制地方政府债务的一种天然方式，现阶段我国采取行政控制为主的债务管理模式更符合现实国情，但随着外部制度条件的成熟与完善，应逐步向法规管理和市场原则的地方债务管理模式调整。[62]

2.3.6 财政风险形成机制和控制

刘志强从政治决策、财政制度、道德风险和转轨体制等方面分析了财政风险形成机制，认为政治家、政治体制、政府官员和经济体制不健全是财政风险形成的重要原因。[54]刘星、刘谊分析了各类地方财政风险的形成机制，分别通过分析地方举债行为的合理性、地方财政收支矛盾的内在性、地方公共风险的分担机制来考察地方债务风险、收支风险和公共风险的形成机制。[61]丛树海认为，财政风险成因分为外因和内因，其中，我国现阶段财政风险的主要外部因素是经济衰退、国有企业大面积亏损、金融风险、改革成本、经济体制和分配制度；内部因素是指财政体制制度、财政职能和政府职能、政治制度，等等。他还对财政风险的传导机制进行了分析。[11]马骏、刘亚平运用“逆向软预算约束”理论来解释中国地方政府主动累积各种负债进而累积财政风险的机制，认为在目前的制度环境、官员激励机制和约束机制下，经济增长和地方政绩是以财政风险的不断增加为代价的。[63]要解决地方政府的债务问题和控制财政风险，从根本上讲，需要在财政体制之外进行努力，改革目前的干部激励机制和约束机制。赵志耘、张德勇认为地方政府或有负债的形成有六个方面原因：支出刚性、地方税收不足、财政机会主义、传统预算存在的不足、基础设施建设投入、经济发展波动等。[64]吴垠分析了制度因素与财政风险的关系，认为我国财政风险与国有化率、市场化指数、财政分权指数和交易费用率之间存在较显著的相关关系，其中，国有化率与财政风险系数表现出相反变动的趋势。[65]

2.4　简要评述

从国外财政风险的研究文献看，已有的研究涉及影响财政风险的各个方面，并且注重从理论的推理、模型的构建、实证检验进行分析，对我们开展相关研究具有积极的借鉴意义。国外这些研究主要是以市场经济体制较为完善、财政预算体制较为健全的国家为对象，并没有考虑中国转轨时期的特征对财政风险的影响。比如，国外在研究政治体制对财政风险的影响时，主要考虑从投票收益最大化分析选民行为、从选举获胜考虑政党的财政行为等，而中国官员晋升激励体制与国外根本不同。另外，国内中央和地方事权与财权的划分制度可能是影响财政风险的深层次原因之一，而在国外中央与地方关系较为顺畅。财政问题，既是一个经济问题，更是一个政治问题，很难用国外一个现成理论来解释中国的财政风险现象。

从国内财政风险研究文献看，存在以下几个方面的不足：①从笔者目前收集的资料看，还没有研究对政府收入和支出作出一个全面准确的判断和估算，从而使财政风险的研究难以建立在一个“真实世界”的基础之上；②很少有人深入研究转轨时期特征对财政风险的影响，一些研究没有把握财政风险形成的主要因素；③很少有研究构建符合经济学、财政学原理的理论模型以对转轨时期财政风险形成机制作出有力的解释。

3 财政风险的衡量：政府收支赤字和隐性债务赤字

出于研究目的不同，不同的研究会选择不一样的衡量财政风险的指标，但财政赤字率和债务率是被经常使用的指标。研究我国财政风险首先遇到的问题是，我国没有与国际上可比的衡量财政风险的赤字率和债务率指标，使人们对财政风险现状作出不正确的判断。改革开放以来，我国财政赤字率远低于欧盟安全警戒线3%。2009年为应对国际金融危机，我国财政赤字规模扩大到9500亿元，财政赤字率也控制在3%以内。这是否说明我国不存在财政风险？发达国家政府收入以财政收入为主，与此相比，我国政府收入来源更加多元，财政收入在政府收入中的占比仅为60%左右，仅仅分析财政赤字率不足以揭示财政风险的全貌。为此，本书首先构建了三种口径的赤字率指标，试图找出反映转轨时期真实赤字率水平的衡量指标，以便为后面的研究奠定基础。本书从赤字融资方式的角度，对政府收支赤字构成进行了理论分析，构建了财政赤字率、隐性赤字率和政府收支赤字率三种口径的赤字率指标。政府收支赤字率等于财政赤字率和隐性债务赤字率之和。要了解中国赤字率的真实指标，关键是要估算隐性赤字率的规模。本书介绍了隐性债务赤字率的估算方法，一是用实际债务－产出比例与假定的债务－产出比例的差距推算出隐性赤字，二是针对隐性债务赤字的主要来源，直接估算隐性债务赤字的规模。本文采取了第二种方法，在借鉴他人研究的基础上，对我国隐性债务赤字率进行测算，从而估算出 1980 年以来我国三种口径赤字率的数据。具体推算过程放在本书第 5 章“政府债务规模与结构”中，这里只引用推算结果。1980 年以来我国财政赤字率都在 3% 之内。1984 年以来我国隐性债务赤字率在 6% ~10% 之间波动。20 世纪 90 年代以来，政府收支赤字率围绕 10% 波动。债务是赤字的累积。2008 年底，政府总债务规模为 20.29 万亿元，总债务负担率为 67.5%；国债余额为 5.3 万亿元，国债负担率为 17.73%。从政府收支赤字的构成看，我国与很多转轨国家一样，通过隐性债务赤字转移财政支出压力，并同时积累了大量隐性债务。为此，我们可以初步判断，隐性债务和隐性赤字是我国转轨时期财政风险的主要来源。这部分推导出的三种口径赤字率为后面进一步寻找财政风险原因的研究奠定了基础。

3.1　财政赤字定义的争论

尽管研究角度不同，对财政赤字定义也不尽相同，但财政赤字的核心是指一年当中财政支出大于财政收入的差额。这里，我们先对国内外经常使用的有关财政赤字的定义进行简要的回顾和评价，为定义本书的赤字率指标奠定基础。

3.1.1　财政赤字和基本赤字

政府财政赤字由基本赤字和公债的利息支付两部分构成。基本赤字又称为非利息赤字，代表着不包括利息支付的全部政府开支减去全部政府收益之结果。根据该定义：

财政总赤字 = 基本赤字 + 公债利息支付

基本赤字 = 不包括利息支付的全部政府开支 - 政府总收入

从上面两个等式可求出：

财政总赤字 = 不包括利息支付的全部政府开支 - 政府总收入 + 公债利息支付

如果有基本赤字，必定有总赤字。如果没有基本赤字，只要基本盈余不大于公债利息支付，仍然有总赤字；只有基本盈余大于公债利息支付时，总赤字才会消失。

随着时间的推移，从财政赤字累积而来的债务越高，利息支付数额越大，甚至其在政府财政开支中的占比就会越高，从而推动形成更大的赤字。比如，美国1960～1969年间国债利息开支占GDP的1.3%，1990～1992年间上升到3.5%。1960～1969年间美国基本赤字率为-0.5%，加上利息开支，总赤字率为0.8%。1990～1992年间美国基本赤字率为1.1%，总赤字率为4.6%。[13]2002年以前，我国把国债利息支出作为国债支出列支，国债利息规模对赤字没有影响；2002年后把国债利息支出作为财政开支列支，国债利息支付水平直接影响赤字率的高低。

3.1.2 硬赤字和软赤字

硬赤字和软赤字是财政实践中两种不同的计算赤字和盈余的口径。其中：

硬赤字 =（财政收入 + 债务收入）-（财政支出 + 债务支出）
软赤字 = 财政收入 - 财政支出

这两种赤字口径的差别在于是否将债务收入和债务支出计算在内。硬赤字口径中，把债务收入计入正常财政收入，相应地债务还本付息也计入正常支出。软赤字口径中，债务收入不列为财政收入，相应地债务的偿还也不计入财政支出，但利息的支付却列入财政支出。世界各国的处理方法不尽相同。苏联历来把公债列为正常财政收入而不作为弥补赤字的来源。美国一向不把公债收入作为国家收入，而明确作为弥补赤字的来源。日本则把公债分为建设公债和赤字公债，仅把赤字公债列入国家收入中作为弥补赤字的来源。国际货币基金组织编制的有关文献把国内外债务收入同弥补赤字联系在一起。1994 年前，我国财政部公布的赤字都是硬赤字。弥补硬赤字有两种途径，一是通过向银行借款或透支予以弥补，二是通过发行新的国债予以弥补。如果存在硬赤字，即债务净收入不足以弥补财政支出与财政收入的缺口，就要通过向银行借款和透支来弥补。也就是说，1994 年公布的财政赤字，其实是向银行透支的规模。比如，1992 年硬赤字绝对数为 236.6 亿元，占 GDP 比重为 1.19%，它表示当年财政向中央银行透支的规模。

目前国际上通用的是软赤字口径，也就是 3.1.1 部分介绍的第一种财政赤字的计算方法，政府财政赤字由基本赤字和公债的利息支付两部分构成。财政赤字（软赤字）= 财政支出 + 公债利息支出 - 财政收入。软赤字也等于硬赤字（向银行透支的部分）和国债弥补的部分（当年新发国债 - 当年偿还旧债）之和。一般来说，软赤字会大于硬赤字。我国 1992 年软赤字绝对数 467.71 亿元，占 GDP 比重为 2.4%。也就是 1992 年财政赤字中有 231.11 亿元是通过发行国债来弥补，还有 236.6 亿元通过向银行透支弥补。[6] 1994 年后，依照《预算法》财政部不能再向人民银行透支，国家不允许财政搞硬赤字，只能依靠发行国债来弥补财政赤字。同时，我国也把债务收入和债务支出分别从财政收入和财政支出中剔除，以更清楚地反映财政收支状况。现在财政部每年向全国人民代表大会报告的预算赤字和决算赤字均是软赤字。

3.1.3　把政府净增贷款列入财政赤字

这是国际货币基金组织的计算方法，也是国际上比较通用的计算方法。根据它们定义：

财政赤字（或盈余）=（总收入 + 无条件赠款）-（总支出 + 净增贷款）

其中：

总收入 = 税收收入 + 非税收入

无条件捐赠 = 外国政府和本国其他组织捐赠 + 国际组织捐赠

净增贷款 =（政府出于公共政策目的的贷款 - 向政府的还款）+（政府出于公共政策目的取得的参股 - 政府对这些证券的出售）+（对国内其他各级政府的贷款 - 还款）+（对国内金融公共企业的贷款 - 还款）+（对国内金融机构的贷款 - 还款）+（对外贷款 - 还款）

用上述方法计算出来的财政赤字数额，只是一种数学计算的结果，仅仅说明了当年财政收支的执行结果，揭示不了这种结果对经济运行的具体影响，也不能进行国际比较。[66]尽管如此，这种方法对于理解发展中国家的财政赤字还是有帮助的，因为如果不把净增贷款列为财政赤字，这些国家会通过增加各种贷款掩盖财政赤字，比如现在中国地方政府的一些做法，还有发生过主权债务危机的希腊等国的做法。

3.1.4 公共部门借款要求、业务赤字和无利息赤字

这是世界银行经济专家的观点。"公共部门借款要求"是指所有政府实际支出超过其收入的总额，全部超支必须由偿还旧债以后的新借款来弥补。其实，这种观点就是把弥补财政发行的国债计入政府收入，把债务支出计入政府支出，相当于国内过去讲的硬赤字。"公共部门借款要求"体现的就是发债规模，它会影响对外赤字、通货膨胀、国内利率和就业等。[67]政府支出中包括消费支出（指非固定资本支出）和固定资本支出、利息支出、资金转移和补贴；政府收入主要包括政府税收，以及使用费、公共资产收益、资产转移、公营公司业务盈余和公共资产出售额。尽管公共部门借款要求是全面衡量政府财政赤字的标准，但是在那些高通胀的国家里，公共部门借款要求不能真实反映其债务的实际价值。在这种情况下要引入"业务赤字"的概念来反映政府实际债务的变化。所谓业务赤字，就是公共部门借款要求减去利息支付中根据通货膨胀校正的部分。按

照世界银行的规定，从业务赤字中排除所有的利息支付，就得出“无利息赤字”，也就是“基本赤字”概念。由于无利息赤字反映了现时活动如何使政府部门的净负债状况改善或恶化，因此它为人们估价政府赤字的维持能力提供了重要信息。总之，公共部门借款要求反映了政府对国内或国外融资的需要，业务赤字消除了因通货膨胀率引起的扭曲，基本赤字表明了政府现时的政策取向以及对所负债务的影响。[68]

3.1.5 隐性赤字

隐性赤字是很多国家财政风险的主要来源。Easterly 和白海娜分别提供了一些政府表面上控制赤字，但实际上将大量赤字转换为隐性负债的例子。[69]所谓隐性赤字是指财政应支未支、应付未付和由其他部门垫作财政性开支的款项。这种情况在中国现阶段比较普遍，比如国有银行大量的呆坏账、社会保障应支未支部分等。这些支出早晚要由财政负担，如果把这部分支出考虑进来，将额外增加一部分赤字，但这种赤字没有在财政的账上反映出来，所以称作隐性赤字。关于中国隐性赤字的规模，目前尚无可靠的统计数据。

同时，还会经常使用预算赤字和决算赤字。预算赤字是在编制预算时支出大于收入的差额，是计划安排的赤字。决算赤字是预算执行结果的赤字，是实际财政支出大于实际财政收入的部分。此外，还有结构性赤字和周期性赤字。结构性赤字主要是指财政政策引起的赤字，周期性赤字主要是指经济周期波动引起的赤字。

总之，财政赤字最核心的思想是指一年当中财政支出大于财政收入的差额。国债收入和支出、国债利息支付等归类方式不同，会形成不同的财政赤字口径。目前一个通常的统计方法，是不把国债收入和支出计入财政收入和支出，但把国债利息支付作为当期财政支出。基本赤字是指不包括利息支付的财政开支减去财政收入之结果，基本赤字也称为“无利息赤字”。基本赤字加上国债利息支付构成了总财政赤字。这种统计方法计算的财政赤字，相当于我国原来所说的“软赤字”。如果把国债收入和支出直接计入财政收入和支出，这样计算出的财政赤字相当于我国原来所说的“硬赤字”，目前很少有国家继续采用这种统计方法。在发达国家，财政收入在政府收入中占比非常高，财政收入约等于政府收入。运用上述定义来计算财政赤字的前提是政府收入和支出在统计上是完整的。为此，研究中国财政赤字须考虑以下两个方面特殊性。第一，我国政府收入来源多样化，财政收入仅占政府收入的60%；政府总支出更加错综复杂，根本无法准确统计。财政收入仅仅是我国政府收入的一部分，预算外收入、养老金收入、土地出让收入、体制外收入（没有纳入预算内外管理的罚款收费）等非预算收入是政府收入的重要来源。2008年后四项收入共计3.76万亿元，相当于财政收入的61.4%。第二，中国存在财政“隐性赤字”。隐性赤字是指财政应支未支、应付未付的政府开支，比如社保的欠账、国有银行呆坏账的处置，这些支出迟早要由财政负担。真实赤字应该包括隐性赤字。为此，我们首先要按照国际上通行的财政赤字的定义，结合我国的实际，对转轨时期的财政赤字和政府收支赤字进行分类。

3.2 关于政府收支赤字构成的理论分析

结合中国实际情况，从政府总收入与政府总支出出现赤字如何融资的角度，来分析政府收支赤字的构成情况。政府收支赤字是本书试图用来表示我国转轨时期真实赤字的衡量指标。从政府总收入与政府总支出入手来分析政府收支赤字的来源及其融资方式。

结合中国的实际情况可知，政府总收入 *TR* 包括预算内和预算外

收入 IB、社会保险收入 IP、国有部门非税收入 IE、土地出让金收入 IL 和体制外收入 IF，可表示为：

$$TR = IB + IP + IE + IL + IF \quad (3-1)$$

政府总支出 TE 包括预算内和预算外支出 EB、社会保险支出 EP、国有经济单位的投资和补贴支出 EE、非预算内外资金用于经济建设支出 EN 和行政费用支出 EM，可表示为：

$$TE = EB + EP + EE + EN + EM \quad (3-2)$$

根据赤字的定义，如果政府总收入小于政府总支出，就会发生政府收支赤字。为此有：

$$Bg = (IB - EB) + (IP - EP) + (IE - EE) + (IL + IF - EN - EM) \quad (3-3)$$

从上式右边四个括号内的内容可知，政府收支赤字 Bg 来源四个部分，分别是财政预算赤字、社会保障隐性赤字、国有经济隐性赤字和地方政府隐性债务赤字。

从赤字融资方式来看，政府收支赤字有四种融资方式，见图 3－1。①国债融资。财政部向公众发行债券，属于国债融资。②货币融资。财政部向中央银行发行的债券，属于货币融资，就是赤字货币化，它直接导致中央银行高能货币的增加。③隐性债务融资。隐性债务是隐性赤字的融资方式，隐性赤字就是把赤字隐藏起来的做法。希腊等国主权债务危机的爆发，进一步验证了世界银行早期对这些国家做法的预警，即这些国家采取隐匿债务的方式以达到欧盟的标准存在较大的风险。④国有资产变现融资。主要是指国有股权转让收入、国有资产变现收入等，在很大程度上，土地出让收入也属于该赤字融资方式。为此有：

$$Bg = \Delta D_p + \Delta D_f(\Delta H) + \Delta D_i + \Delta A \quad (3-4)$$

其中，ΔD_p 为 t 年国债融资，ΔD_f 为 t 年的货币融资（有 $\Delta D_f =$

ΔH，ΔH 为新增加的高能货币），ΔD_i 为 t 年隐性债务融资，ΔA 为 t 年国有资产变现融资，称之为透支收入融资。

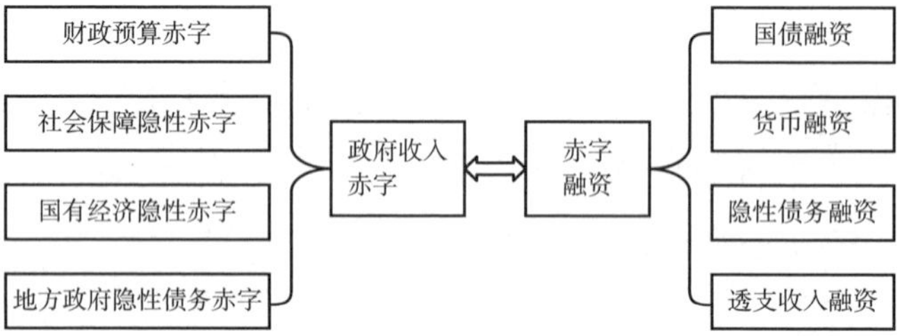

图 3－1　政府收支赤字与赤字融资

3.3　财政赤字、隐性赤字与政府收支赤字

下面结合赤字融资方式，对其进行具体分析。首先要说明的是，上述四种赤字融资方式与四种赤字并不是一一对应关系。

（1）财政预算赤字（B_b）

财政预算赤字是指一般性赤字，用 B_b 代表，可表示为：

$$B_b = IB - EB = \Delta D_p + \Delta D_f \qquad (3-5)$$

其中，IB 为预算内和预算外收入，包括税收收入和非税收入；EB 为预算内外支出，包括财政支出中的国防费、经济建设费、行政管理费等，还包括财政资金用于养老金补助、国有企业亏损补贴等。一般性预算赤字融资主要采取国债融资和货币融资两种方式。这里需要说明的是，并不是所有的货币融资收入 ΔD_f 都用于弥补财政预算赤字。不同货币发行的方式，致使货币税收入归政府不同的部门所有。

（2）社会保障隐性债务赤字（B_p）

$$B_p = IP - EP = \Delta D_{ip} + \Delta D_{ep} \qquad (3-6)$$

社会保障隐性债务主要集中在养老保险和医疗保险。这里以基本养老保险为例进行说明。其中，IP 为养老金收入，包括养老保险基金收入和财政补贴收入。养老保险基金收入是以社会保障费的形式，由各级劳动和社会保障部门征收；财政补贴由中央和地方财政逐年安排，主要用于填补空账、提高社会保险水平所需的支出以及公务员和部分事业单位养老保险支出。EP 为应该有的基本养老金支出和储备，政府有责任建立一个与经济社会发展水平相适应的社会保障体系，尽量扩大保险覆盖面和提供让养老金领取者过上有尊严的、后顾无忧的生活的保障水平，这样一种社会保障体系的支出，就是这里所指的应该有的养老金支出。应该有的支出远远大于现实中的支出，两者的差距是养老保险的隐性债务的重要来源。因为目前社会保障只涵盖 2 亿多人，远远低于应有的覆盖面。政府对应该享有而实际上没有保障的人群的欠账，称之为政府对现有养老体系之外人员的养老保障欠账，用 D_{ep} 表示。D_{ip} 为政府对现有养老体系参保人员的欠账，它来源于两个方面：一是国有企业下岗分流职工、非国有企业职工、农民等群体尽管享有社会保障，但是保障水平明显偏低，政府对这些人存在隐性债务；二是政府对养老保险个人账户的欠账。养老保险的支付责任在未来，必须提取足够的责任准备金。由于转轨过程中各个方面的原因，出现了个人账户“空账”运行，本质上养老保险的责任准备金提取不足，也是政府对现有参保人员的欠账。ΔD_{ip} 和 ΔD_{ep} 代表 t 年新增加债务。

（3）国有经济隐性债务赤字（B_e）

$$B_e = IE - EE = \Delta D_e \tag{3-7}$$

其中，IE 为从国有部门获得的收入，包括政府作为所有者从国有部门的利润分红、股权转让收入、国有资产变现收入等；EE 为政府作为国有企业和国有银行的所有者，为保持国有经济单位可持续发展以及履行对国有经济单位职工隐性担保的责任，应该对国有经济单位的投入以及对亏损的直接补贴，比如技改投入、资本金的补充、下岗职工的补偿等方面支出。D_e 是指由政府承担的国有部门的各种隐性债务之和，ΔD_e 为 t 年新增加的国有部门的隐性债务。长期以来，国有企业处于亏损状况。最近几年，国有企业出现较大幅度盈利，但是这些利润主要在国有企业内部循环，部分用于国有企业的再投资，部分用于弥补其他国有企业的亏损。其实，如果考虑国有经济的隐性债务，国有经济是亏损的。国有经济赤字 B_e 也是一种隐性债务融资。

（4）地方政府隐性债务赤字（B_m）

$$B_m = (IL + IF) - (E_s + E_e) = \Delta D_s + \Delta D_c \tag{3-8}$$

地方政府债务主要来源两大部分：一是地方政府在公共服务方面的债务，包括教师和公务员工资拖欠、教育和党政公务消费方面欠账；二是地方政府搞经济建设的债务，包括对私人部门项目建设和贷款的担保可能引发的债务、具有政府背景的地方融资平台的贷款等，后者成为地方债务的主要来源。部分经济建设支出和预算内的公共服务的欠账已由地方政府的土地出让收入和体制外收入偿还，剩余的部分构成政府债务赤字 B_m。在式（3－8）中，IL 为土地出让金收入，IF 为体制外收入。这两项收入主要归地方政府支配，除支付土地征收、罚款收入人员工资和管理费用外，主要用于经济建设支出以及填补预算内的公共服务的欠账。E_s 为地方政府公共服务支出和收入的总缺口；E_e 为地方政府扣除预算内资金之外的经济建设总支出，包括政府直接贷款和担保贷款形成的支出。D_s 为地方政府在公共服务方面的债务，D_c 为地方政府搞经济建设而形成的显性和或有债务。ΔD_s 和 ΔD_c 是 t 年的新增加债务。

（5）隐性债务赤字（B_h）

$$B_h = B_p + B_e + B_m = \Delta D_{ip} + \Delta D_{ep} + \Delta D_e + \Delta D_s + \Delta D_c \tag{3-9}$$

我国转轨时期的隐性赤字 B_h 由社会保障隐性债务赤字、国有经济隐性债务赤字和地方政府隐性债务赤字三部分组成。

（6）透支收入赤字（B_o）

$$B_o = \Delta A \tag{3-10}$$

通过变卖国有资产筹集资金是很多发展中国家采取的弥补赤字的方式，ΔA 为 t 年国有资产减少部分。改革开放以来，我国国有资产处置、矿产资源开采权出让成为地方政府收入的重要来源。从表面上看，透支收入赤字不需要政府偿还，但是如果从政府总的资产负债表来看，国有资产变卖后，政府总资产在下降，资产盈余减少。随着国有资产的减少，透支收入弥补赤字的方式具有不可持续性。

（7）政府收支赤字（B_g）

$$B_g = B_b + B_h + B_o = \Delta D_p + \Delta D_f + \Delta D_{ip} + \Delta D_{ep} + \Delta D_e + \Delta D_s + \Delta D_c + \Delta A \tag{3-11}$$

从式（3－11）可知，政府收支赤字由一般预算赤字、隐性赤字和透支赤字构成，分别由国债融资、货币融资、隐性债务融资和透支收入融资筹集收入。政府收支赤字是全面反映转轨时期赤字水平的指标。

通过上面的分析可知，在转轨国家，财政赤字仅仅是政府实际赤字的一部分，还有大部分赤字以隐性赤字和透支赤字的方式存在。

3.4 政府实际债务与国债规模

债务是赤字的累积。不同口径的赤字对应着不同口径的债务。国债是财政预算赤字累积的结果。政府实际债务，或者说政府总债务，是政府收支赤字累积的结果。政府收支赤字由财政预算赤字、隐性赤字、透支赤字构成。由于透支赤字导致的政府净资产的减少，数据上无法统计，本书暂不予考虑。通过式（3－3）～（3－11）有关方程，可求出：

$$\frac{TR_t}{Y_t}-\frac{TR_e}{Y_t}=\frac{D_{pt}}{Y_t}-\frac{Y_{t-1}}{Y}\frac{D_{pt-1}}{Y_{t-1}}+\frac{H_t}{Y_t}-\frac{Y_{t-1}}{Y}\frac{H_{t-1}}{Y_{t-1}}+\frac{D_{it}}{Y_t}-\frac{Y_{t-1}}{Y}\frac{D_{it-1}}{Y_{t-1}}+\frac{A_t}{Y_t}-\frac{Y_{t-1}}{Y}\frac{A_{t-1}}{Y_{t-1}} \quad (3-12)$$

式中有下标 t 和 $t-1$ 的变量分别代表第 t 年和 $t-1$ 年的数据。其中，$D_i=D_{ip}+D_{ep}+D_e+D_s+D_c$，即它是各种隐性债务之和。$H$ 为高能货币。通过对式（3－12）处理，可得：

$$\frac{D_{pt}+H_t+D_{it}}{Y_t}=B_{gt}+\frac{Y_{t-1}}{Y_t}\left(\frac{D_{pt-1}+H_{t-1}+D_{it-1}}{Y_{t-1}}\right)+\frac{A_{t-1}-A_t}{Y_t} \quad (3-13)$$

其中，B_{gt}为政府收支赤字率，并有 $B_{gt}=(TR_t-TR_e)/Y_t$。假定第 t 年和 $t-1$ 年的政府总债务分别为 D_{gt}和 D_{gt-1}，并有 $D_{gt}=D_{pt}+H_t+D_{it}$，为此有：

$$\frac{D_{gt}}{Y_t}=B_{gt}+\frac{Y_{t-1}}{Y_t}\frac{D_{gt-1}}{Y_{t-1}}+\frac{A_{t-1}-A_t}{Y_t} \quad (3-14)$$

第 t 年政府总债务－产出比主要取决政府收支赤字率、$t-1$ 年的政府总债务－产出比例、经济增长速度和透支收入－产出比等。根据同样的原理，我们可以根据财政预算赤字求出政府公开的债务－产出比。政府总债务－产出比与公开的债务－产出比之间的差距，就应是隐性债务－产出比。

3.5 政府收支赤字和隐性赤字的估算方法

政府收支赤字是隐性赤字和财政预算赤字之和。财政预算赤字可从统计资料获取，要了解政府真实的赤字水平，关键是要对隐性赤字进行推算或估算。本书先简要介绍一下世界银行有关专家推荐的一种方法，然后对本书的估算方法作出说明。

3.5.1 用债务率变化推算隐性赤字

某个时点的债务是过去多年赤字的积累。可以用历年预算赤字率和货币融资规模来推算假定的债务－产出比例。世界银行每年都会发布世界各国实际的债务－产出比例。实际的债务－产出比例与假定的债务－产出比例之差，就是隐性赤字。Homi Kharas、Deepak K. Mishra 从理论上对这种方法进行了推导，并选取部分发达国家和发展中国家的数据进行了实证检验。[70] 假设一个国家赤字可同时用内债、外债、货币等方式融资，其预算平衡方程为：

$$B_t + X_t = E(D_t^e - D_{t-1}^e) + (D_t^d - D_{t-1}^d) + (H_t - H_{t-1}) \tag{3-15}$$

B_t 为以本国货币计价的财政预算赤字，X_t 以本国货币计价的财政预算之外的政府支出，D_t^e 是以外国货币比如美元计价的外债总规模，E 为名义汇率，D_t^d 为以本国货币计价的内债总规模，H_t 是本国的基础货币。

式（3－15）两边都除以名义国民生产总值，可得：

$$\begin{aligned}\frac{B_t}{P_tY_t} + \frac{X_t}{P_tY_t} = &\left(\frac{ED_t^e}{P_tY_t} - \frac{P_{t-1}Y_{t-1}}{P_tY_t}\frac{ED_{t-1}^e}{P_{t-1}Y_{t-1}}\right) + \\ &\left(\frac{D_t^d}{P_tY_t} - \frac{P_{t-1}Y_{t-1}}{P_tY_t}\frac{D_{t-1}^d}{P_{t-1}Y_{t-1}}\right) + \left(\frac{H_t - H_{t-1}}{P_tY_t}\right)\end{aligned} \tag{3-16}$$

假定国家外债－产出比 $d_t^e = ED_t^e/P_tY_t$，内债－产出比 $d_t^d = D_t^d/P_tY_t$，预算－产出比 $b_t = B_t/P_tY_t$，预算外支出－产出比 $x_t = x_t/P_tY_t$，高能货币变量－产出比 $s_t =$ （$H_t - H_{t-1}$）$/P_tY_t$，g 为名义 GDP 的增长率，π 为通货膨胀率，ε 为本币的名义贬值率。经过一系列推算，可得：

$$\begin{aligned}d_t - d_{t-1} = &\left(\frac{-g}{1+g+\pi}\right)d_{t-1} + \left(\frac{\varepsilon - \pi}{1+g+\pi}\right)d_{t-1}^e + \\ &\left(\frac{-\pi}{1+g+\pi}\right)d_{t-1}^d - s_t + b_t + x_t\end{aligned} \tag{3-17}$$

d_t 为总债务（内债外债之和）－产出比。从式（3－17）可知，实际债务－产出比的变化可分解为以下六个部分：①实际产出增长的贡献；②实际汇率的贡献；③国内通货膨胀的贡献；④惯例上的预算赤字的贡献；⑤铸币税收入的贡献；⑥预算外活动的贡献。其中，①＋④＋⑤就是假定的债务－产出比例的主要来源；②＋③＋⑥就是隐性赤字的来源。

假定通货膨胀率 $p=0$，实际汇率 $e=0$，预算外支出 $x_t=0$，也就是控制隐性赤字来源的因素。从式（3－17）可得出假定的债务－产出比例：

$$d_t^b = \left(\frac{1}{1+g}\right)d_{t-1}^b - s_t + b_t \tag{3-18}$$

其中，d_t^b 是第 t 年假定的债务－产出比例，它是从财政预算赤字推算出来的。从式（3－18）可知，预算赤字和铸币税是假定的债务－产出比的两个来源。由于 g 是名义产出增长率，把 d_{t-1}^d 不断展开并代入上式，可求出：

$$d_t^b = \frac{1}{Y}\left[D_0 + \sum_{i=1}^{i=t} B_i - \sum_{i=1}^{i=t}(H_i - H_{i-1})\right] \tag{3-19}$$

已知基年的债务规模，以及基年到第 t 年的预算赤字和高能货币发行规模，就可求出因预算赤字转化而来的假定的债务－产出比。Homi Kharas、Deepak K. Mishra 选取了 20 世纪 80～90 年代中后期，美国、瑞典、西班牙、挪威、芬兰、奥地利、澳大利亚等 7 个发达国家和阿根廷、巴西、智利、印度尼西亚、苏丹、朝鲜、马来西亚、墨西哥、菲律宾、南非、泰国、土耳其、匈牙利、委内瑞拉等 14 个发展中国家的有关数据，对这些国家隐性赤字进行估算。他们研究认为，样本发达国家的实际的债务－产出比例和假定的债务－产出比例非常接近，样本期间隐性赤字率（隐性债务－产出比例）平均每年仅为 0.3%；而样本发展中国家实际的债务－产出比例和假定的债务-产出比例存在巨大的差异，并且两者几乎没有趋于一致的迹象，样本期间隐性赤字率平均每年为2.6%。可见，隐性赤字在发达国家一般比发展中国家要小。

Homi Kharas、Deepak K. Mishra 的另一篇文章分析了印度尼西亚、菲律宾、马来西亚、韩国和泰国等东亚五国在1997年亚洲金融危机前（1992~1996），债务-产出比例的变化及其来源。[69]他们研究认为，这些国家的债务-产出比例不断下降，但是其下降幅度要小于第①~⑤项所作出的贡献，主要是因为预算外活动对债务-产出比例的贡献为正。比如，样本期间，马来西亚的债务-产出比例下降了38.83%，其中第①项产出增长的贡献是使债务-产出比下降25.97%，第②项实际汇率的贡献是使该比例下降6.68%，第③项赤字的贡献是使该比例下降9.55%，第④项通货膨胀的贡献是使该比例下降10.13%，第⑤项铸币税收入的贡献是使该比例下降21.31%，而第⑥项预算外支出活动的贡献是使该比例上升36.82%。预算外支出活动是隐性债务和赤字增加的主要原因。

3.5.2 隐性赤字的直接估算

用债务率来推算隐性赤字率的方法建立在政府的各种债务之上，尽管不在预算赤字上体现，但必须体现在国家的实际债务量的假设之上，进而定义实际债务-产出比例与用预算赤字为基础估算出的债务-产出比例之差为隐性赤字。隐性赤字主要来源于通货膨胀、汇率变化以及预算外支出三个方面。运用这种方法估算我国的隐性赤字有较大的局限性。一是我国很多隐性债务既没有体现在预算赤字形成的债务上，也没有体现在实际的债务上，比如地方政府的债务、养老保险的债务、国有经济的债务等。很多转轨国家都存在这种现象。二是把预算外支出全部作为赤字看待，需要用隐性赤字进行补偿也似乎不妥。因为相当大规模的预算外支出是以预算外的收入为支撑的，甚至预算外收入成为弥补财政预算赤字的来源。三是尽管我们可以选取几个时点，对实际债务－产出比例和假定的债务－产出比例进行估算，求出隐性债务赤字规模，但是本书主要目的是推算出改革开放以来历年的真实赤字率，为研究导致财政风险的原因奠定基础。为此，我们在厘清隐性赤字来源的基础上直接对隐性赤字的规模进行推算，然后按照一定方法，使之年度化，转变为每年新产生的隐性赤字。

从式（3－11）可知，我国转轨时期的隐性赤字主要来源于社会保险赤字、国有经济债务赤字、地方政府债务赤字三个方面。隐性赤字估算的总体思路是，分别计算三个领域发生的债务总额，包括已经偿还的债务和截至某个时点的债务余额，特别是要分析政府对已偿还债务的融资方式。从赤字融资方式来分析隐性赤字，既能对各种隐性赤字构成进行划分，又能解决由于政府收入和支出统计数据不全而不能对其计算的问题。本书从赤字融资方式对隐性赤字进行推算的基本思路是：结合他人已有的一些研究，对各种赤字融资规模进行推算，并且采取一定方式对这些融资进行年度化，进而得出其赤字率，见表3－1。由于隐性债务估算较为复杂，为此本书把具体估算过程放在第5章单列出来，这里直接引用第5章的结果。

表3－1　1980～2017年隐性债务赤字及其构成

单位：亿元，%

年份	①地方政府债务赤字	②养老保险债务赤字	③国有经济债务赤字	④隐性债务赤字	⑤地方政府债务赤字率	⑥养老保险债务赤字率	⑦国有经济债务赤字率	⑧隐性债务赤字率
1980	91.35	—	118.37	209.72	2.01	—	2.50	4.61
1981	68.4	—	117.00	185.40	1.40	—	2.39	3.79
1982	84.84	—	152.41	237.25	1.59	—	2.86	4.46
1983	123.7	—	165.67	289.37	2.07	—	2.78	4.85
1984	236.23	—	212.84	449.07	3.28	—	2.95	6.23

续表

年份	1 地方政府债务赤字	2 养老保险债务赤字	3 国有经济债务赤字	4 隐性债务赤字	5 地方政府债务赤字率	6 养老保险债务赤字率	7 国有经济债务赤字率	8 隐性债务赤字率
1985	343.48	—	437.73	781.21	3.81	—	4.86	8.66
1986	247.1	—	553.67	800.77	2.40	—	5.39	7.79
1987	348.92	—	606.22	955.14	2.89	—	5.03	7.92
1988	580.61	—	761.60	1342.21	3.86	—	5.06	8.92
1989	392.97	—	721.49	1114.46	2.31	—	4.25	6.56
1990	346.35	—	834.72	1181.07	1.86	—	4.47	6.33
1991	628.94	—	1001.15	1630.09	2.89	—	4.60	7.48
1992	1032.79	—	1463.62	2496.41	3.84	—	5.44	9.27
1993	1688.83	—	2214.78	3903.61	4.78	—	6.27	11.05
1994	2593.63	—	2515.00	5108.63	5.38	—	5.22	10.60
1995	2578.88	—	3122.37	5701.25	4.24	—	5.14	9.38
1996	2172.95	—	3346.33	5519.28	3.05	—	4.70	7.75
1997	1681.65	—	3836.47	5518.12	2.13	—	4.86	6.99
1998	1265.52	789.94	4024.41	6079.87	1.50	0.94	4.77	7.20
1999	1255.41	965.25	3715.76	5936.42	1.40	1.08	4.14	6.62
2000	2163.15	959.16	3719.04	6841.35	2.18	0.97	3.75	6.90
2001	2390.96	1083.62	4647.68	8122.26	2.18	0.99	4.24	7.41
2002	2482.94	1351.29	5515.57	9349.80	2.06	1.12	4.58	7.77
2003	3555.55	3640.70	7060.67	14256.92	2.62	2.68	5.20	10.50
2004	5467.74	3807.98	7050.66	16326.38	3.42	2.38	4.41	10.21
2005	5407.59	3563.06	7786.95	16757.60	2.95	1.94	4.25	9.15
2006	6681.76	3920.37	8371.65	18973.77	3.15	1.85	3.95	8.95
2007	10498.67	4412.62	9923.55	24834.85	4.08	1.71	3.86	9.65
2008	10228.24	4873.43	11528.29	26629.96	3.40	1.62	3.83	8.86
2009	30758.45	6270.59	24092.20	61121.24	8.81	1.80	6.90	17.51
2010	11500.98	7607.61	25116.43	44225.03	2.78	1.84	6.08	10.71
2011	21290.49	8648.23	25402.93	55341.65	4.35	1.77	5.19	11.31
2012	30900.00	10210.03	28760.04	69870.07	5.72	1.89	5.32	12.93
2013	34000.00	12471.96	32424.17	78896.13	5.71	2.10	5.45	13.25
2014	42200.00	14086.83	36045.90	92332.72	6.55	2.19	5.60	14.34
2015	31000.00	16630.31	41078.53	88708.84	4.50	2.41	5.96	12.87
2016	12200.00	19608.13	46453.10	78261.23	1.64	2.64	6.25	10.52
2017	34000.00	21631.55	50100.63	105732.18	4.11	2.62	6.06	12.78

注：该表数据来源与计算详见本书第5章相关表格。

3.6 三种赤字的规模和结构的实证分析

三种赤字分别指财政赤字、隐性赤字和政府收支赤字。每种口径的赤字与 GDP 的比例就是该口径的赤字率。比如，财政赤字率就是财政赤字与当年 GDP 的比率。表 3－2 列出了财政赤字、隐性赤字和政府收支赤字及其对应的赤字率。图 3－2 是三种口径赤字率的变动趋势。从图 3－2 可以清晰地看到，我国财政赤字率一直处于较低的水平，政府收支赤字率主要来源为隐性赤字率。下面对三种口径的赤字和赤字率进行具体分析。

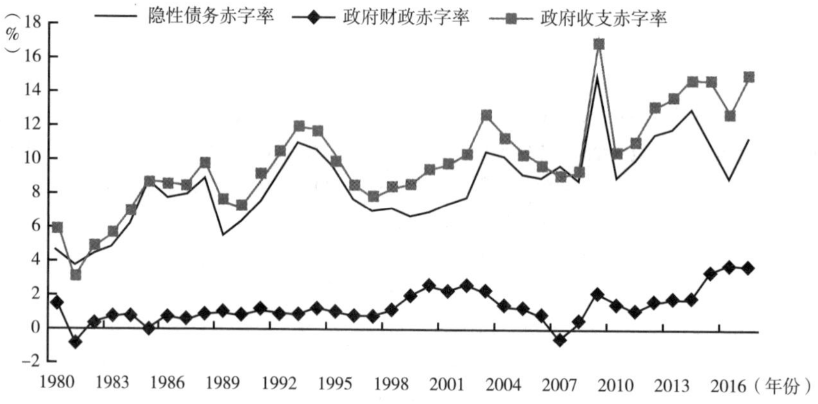

图 3－2　1980～2017 年三种口径赤字率变动趋势

表 3－2　财政赤字、隐性赤字和政府收支赤字比较

单位：亿元，%

年份	政府财政赤字	隐性债务赤字	政府收支赤字	政府财政赤字率	隐性债务赤字率	政府收支赤字率
1980	68.9	209.72	278.62	1.52	4.61	6.13
1981	－37.38	185.40	148.02	－0.76	3.79	3.03
1982	17.65	237.25	254.90	0.33	4.46	4.79
1983	42.57	289.37	331.94	0.71	4.85	5.57

续表

年份	政府财政赤字	隐性债务赤字	政府收支赤字	政府财政赤字率	隐性债务赤字率	政府收支赤字率
1984	58.16	449.07	507.23	0.81	6.23	7.04
1985	-0.57	781.21	780.64	-0.01	8.66	8.66
1986	82.9	800.77	883.67	0.81	7.79	8.60
1987	62.83	955.14	1017.97	0.52	7.92	8.44
1988	133.97	1342.21	1476.18	0.89	8.92	9.81
1989	158.88	1114.46	1273.34	0.94	6.56	7.49
1990	146.49	1181.07	1327.56	0.78	6.33	7.11
1991	237.14	1630.09	1867.23	1.09	7.48	8.57
1992	258.83	2496.41	2755.24	0.96	9.27	10.23
1993	293.35	3903.61	4196.96	0.83	11.05	11.88
1994	574.52	5108.63	5683.15	1.19	10.60	11.79
1995	581.52	5701.25	6282.77	0.96	9.38	10.33
1996	529.56	5519.28	6048.84	0.74	7.75	8.50
1997	582.42	5518.12	6100.54	0.74	6.99	7.72
1998	922.23	6079.87	7002.10	1.09	7.20	8.30
1999	1743.59	5936.42	7680.01	1.94	6.62	8.56
2000	2491.27	6841.35	9332.62	2.51	6.90	9.41
2001	2516.54	8122.26	10638.80	2.29	7.41	9.70
2002	3149.51	9349.80	12499.31	2.62	7.77	10.39
2003	2934.7	14256.92	17191.62	2.16	10.50	12.66
2004	2090.42	16326.38	18416.80	1.31	10.21	11.52
2005	2280.99	16757.60	19038.59	1.24	9.15	10.39
2006	1662.53	18973.77	20636.30	0.78	8.95	9.74
2007	-1540.43	24834.85	23294.42	-0.60	8.65	9.05
2008	1110.13	26629.96	27740.09	0.37	8.86	9.23
2009	7396.76	61121.24	68518.00	2.12	17.51	19.63
2010	6495.00	44225.03	50720.03	1.57	10.71	12.28
2011	5190.00	55341.65	60531.65	1.06	11.31	12.37
2012	8502.50	69870.07	78372.57	1.57	12.93	14.50
2013	10601.00	78896.13	89497.13	1.78	13.25	15.04
2014	11312.00	92332.72	103644.72	1.76	14.34	16.09
2015	23551.00	88708.84	112259.84	3.42	12.87	16.29
2016	28289.00	78261.23	106550.23	3.80	10.52	14.33
2017	30763.00	105732.18	136495.18	3.72	12.78	16.50

注：财政赤字数据来源于历年的《中国统计年鉴》，隐性债务赤字数据来源于表3-1，政府收支赤字是财政赤字和隐性债务赤字之和。

3.6.1 财政赤字和财政赤字率

政府财政赤字是政府财政支出与政府财政收入之差。国债融资和货币融资是弥补赤字最重要的方式。国债融资是向公众发行政府债券，货币融资是向中央银行发行政府债券，直接导致基础货币的增加，相当于铸币税流向财政部。1995年我国制定实施的《中央银行法》禁止中央财政直接向人民银行透支。在这之前，中央政府通过人民银行直接借钱弥补收支缺口。1985年财政借款占人民银行总资产的10%，1986~1993年一直维持在11%以上。大量铸币税用于弥补财政赤字。从这个角度来看，财政赤字率应该等于预算财政赤字率和铸币税占GDP的比重之和。但不是所有的铸币税都用于弥补赤字。比如1986~1993年，大量铸币税以中央银行对国有银行贷款的方式流向国有银行，人民银行当时对国有银行的贷款和财政借款两项占总资产的比例维持在80%左右。1995年之后，财政部主要通过向社会公众发行国债筹集资金弥补财政收支缺口。如果这些国债最后被人民银行购买，本质上还是货币融资。受《中央银行法》的限制，1993~2001年，人民银行持有的政府债券绝对值变化不大，但在其总资产中的占比呈现下降趋势。在此期间，外汇资产大幅度增加。2007年、2008年人民银行持有的政府债券突然增加，2006年余额为2856.4亿元，2007年、2008年余额分别为16317.7亿元、16233.9亿元。[71] Homi Kharas，Deepak K. Mishra 隐性赤字计算方法，是把所有铸币税收入用于弥补财政赤字。从中国实际情况看，不能简单地认为铸币税收入全部被用于填补财政赤字。

每年新发行国债规模远远大于当年的赤字规模，因为大部分国债被用于偿还到期国债，在2000年之前，还需要用新国债偿还到期国债利息。2000年以后，把国债利息支出作为一般性财政支出给予列支，国债支出只包括还本部分。为方便计算，假定1980~2008年政府财政赤字全部通过发行国债来弥补，即国债赤字等于政府财政赤字、国债赤字率等于政府财政赤字率。

从图3－2和表3－2可知，改革开放以来，只有1981年、1985年和2007年存在财政盈余，其他年份均是财政赤字。在应对1997年亚洲金融危机之前，除极少数年份外财政赤字率都在1%之内。1998年开始实施扩张性财政政策，财政赤字率逐年上升，2002年达到2.62%。从2002年起，经济进入一个新的快速增长周期，财政赤字率逐渐下降，2007年财政盈余率为0.60%。为应对国际金融危机，从2008年开始实施积极财政政策和适度宽松货币政策，财政赤字率上升到0.37%，2014年为1.76%。可见，改革开放以来的很长一段时间，我国财政赤字率远远低于国际警戒线3%，这也是很多学者认为我国不存在财政风险的主要依据。2015年，我国财政赤字率突破3%，达到3.42%，2016、2017年分别是3.80%和3.72%。

3.6.2 隐性赤字和隐性赤字率

在转型国家，隐性债务是减轻财政开支压力的主要方式。政府隐性赤字远远大于同期财政赤字。比如，2006年隐性债务赤字高达1.9万亿元，是当年财政赤字的11.4倍。与此相对应，2006年隐性债务赤字率高达8.95%，财政赤字率仅为0.78%。从图3－2的隐性债务赤字率曲线可知，从1984年开始，隐性赤字率在6%～10%间波动。1984～1994年十年间，总体呈不断上升趋势，1994为波峰，达到10.6%。之后有所下降，1999年后又开始不断上升，到2003年达到10.5%的高点。2008年隐性赤字率呈现一个上升的趋势，2017年为12.78%。

隐性赤字率由地方政府债务赤字率、社会保险隐性债务赤字率、国有经济债务赤字率三部分构成，见图3－3。1980年～2008年间，三大隐性赤字率的变化特点是：国有经济债务赤字率在很多年份超过4%，从1994年开始，保持总体下降的趋势。国有经济债务赤字率在隐性赤字率占比最大，很多年份它在隐性赤字中的占比超过50%。地方政府债务大部分年份在2%～4%，并从1998年以后呈现总体上升态势。本书对1998年后养老保险隐性债务进行了统计，随着财政对养老保险补贴的增加，养老保险隐性债务率从2003年开始有所下降。1998年之后，在地方债务赤字率和国有经济赤字率没有发生多大变化的情况下，正是由于养老保险隐性债务率的带动，政府收支赤字率才发生大幅度的提高。

2008年为应对国际金融危机，加大政府对经济的刺激力度，地方政府债务隐性赤字，国有经济隐性赤字均快速回升。随着养老保险制度的全覆盖，以及退休人员的增加，从2013年开始，养老保险隐性赤字回升到2%以上。2017年隐性赤字率为12.78%，其中地方政府债务隐性率赤字4.11%、养老保险隐性赤字2.62%、国有经济隐性赤字6.06%。

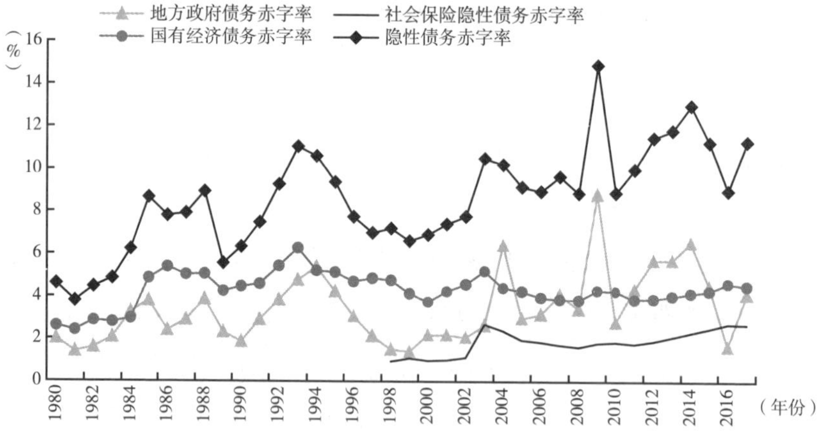

图3－3　1980～2017年隐性债务赤字率及其构成

3.6.3　政府收支赤字和政府收支赤字率

政府收支赤字是政府总收入与总支出之差。由于无法获得政府总支出数据，只能从赤字融资方式推导政府收支赤字。它等于财政赤字和隐性债务赤字之和。政府收支赤字率就是政府收支赤字与总产出的比率。为此，我们初步认为，政府收支赤字率是最能反映我国转轨时期真实赤字率的指标。当然，到底何种口径赤字率最能反映真实赤字率的水平，本书还会进一步讨论。由于在大部分年份中，隐性赤字率远高于财政赤字率，为此，政府收支赤字率曲线变动趋势与隐性赤字率基本相同，见图 3－2。1980～2008 年，政府收支赤字率最低值为 1981 年的 3.03%，最高值为 2002 年 12.66%。

3.7　政府债务种类及其规模测算

根据债务未来可能的偿还方式，可把我国的政府债务分为两种：需未来直接偿还的债务和需未来间接偿还的债务。从债务的赤字来源看，可把政府债务分为总债务和国债。

第一，需未来直接偿还的债务。国债是这种类型债务最为典型的代表，国债最终需财政还本付息。另外，对机关事业单位干部和国有企业职工养老保险欠账需直接偿还。第二，需未来间接偿还的债务。这些债务可能不需要政府直接偿还，而是通过政府收入下降，或者是增加企业和居民负担等方式偿还。比如，对农民工养老保险的欠账，政府可通过推迟建立该制度而使这些债务转嫁给农民工本身及其子女。另外，对于已经偿还的债务，也可分为已经直接偿还的债务和已经间接偿还的债务。比如，近年来不断增加的财政对社会保险补贴就是对职工养老保险债务的直接偿还。国家为支持国有银行改制注入的资本金也是已直接偿还的债务。1999 年从四大国有商业银行剥离的不良资产 1.12 万亿元是已经间接偿还的债务。

表 3－3 是 2008 年政府债务规模及构成。

表3－3　2008年政府债务规模及构成

单位：亿元

类别	国债	国有商业银行债务	国有企业债务	地方政府债务	养老保险债务	需未来偿还的债务
需未来直接偿还的债务	53300	900.89	32000	38786.4	4172.84	129160.13
需未来间接偿还的债务	—	6543.78	35221	28563.7	3372.08	73700.56
合　计	53300	7444.67	67221	67350.1	7544.92	202860.69

（1）国有银行已经直接偿还的债务为支持国有银行改制注入的资本金，已经间接偿还的债务为1999年从四大国有商业银行剥离的不良资产。同时，假设2008年农业银行改制剥离的不良资产的估计损失额6543.78亿元可未来间接偿还，假定按20%损失率计算的现有国有商业银行的不良贷款的损失额900.89亿元需未来直接偿还。

（2）假设国有企业需要未来直接偿还的债务为减少国有企业负债率所需资本金、安置富余人员支出和剥离企业办社会的支出，共计32000亿元，国有资产流失和损失、国有企业破产形成的呆坏账、改善技术装备支出等共计35221亿元，均可通过间接方式偿还。

（3）2008年地方政府债务规模67350.1亿元，占GDP的22.4%。假设地方政府的直接债务38786.4亿元需直接偿还，地方政府或有债务实际偿债额28563.7亿元可通过间接方式偿还。

（4）在养老隐性债务融资中剔除了财政已经支付的养老保险债务，因为财政对社会保险的补贴已经列入财政支出。但是在计算养老保险债务时，还需要考虑这部分支出。以2007年为例，需要政府直接偿还的养老金债务主要有三部分，即财政补贴3132.3亿元、机关事业单位职工养老金的隐性债务671.5亿元、企业职工养老金的隐性债务369.04亿元，三项共计4172.84亿元。农民和农民工隐性债务共计3372.08亿元，可以通过间接方式偿还。比如，可通过推迟建立农民工和农民社会养老保险制度，把这些养老责任推给农民和农民工及其后代。

综上所述，2008 年底政府总债务规模为 202860.69 亿元，政府总债务负担率为 67.5%。其中，需未来直接偿还的债务为 129160.13 亿元，直接债务负担率为 42.96%；需未来间接偿还的债务为 73700.56 亿元，间接债务负担率为 24.51%。由于过去国有企业、地方政府和养老保险等债务的规模无法测算，不能推算出已经直接偿还和间接偿还的债务规模。2008 年底国债余额为 53300 亿元，国债负担率 17.73%，占需直接偿还债务的 41.27%。国债负担率并没有全面反映政府债务负担率，因为转轨国家政府采用隐性欠债、透支等方式弥补当前收支缺口，形成了未来债务。

4 地方政府债务累积与财政风险

本书运用经济学的厂商理论、博弈论理论、效用理论、均衡理论等，对地方政府举债发展经济进而导致债务累积和财政风险的形成机制进行深入分析，论证了所有地方都举债是地方政府博弈的纳什均衡，所有地方都举债发展经济是地方政府效用最大化的理性选择。地方政府举债具有“你超我赶”无限膨胀的内生机制，两个地方政府的最优债务比例主要受地方政府之间的债务偿还税率差距、行政管理水平差距的影响。中央政府在短期内是举债的受益者，因此中央政府极易采取财政机会主义，默许地方政府的隐性举债行为。中央政府对地方政府举债规模的最大容忍度主要受挤出效应的影响，偿还税率高低对其没有实质性影响。该模型同样可以用于解释国有经济隐性债务、社会保险隐性债务和地方政府土地财政等方面的行为。

4.1 问题的提出

从 20 世纪 90 年代起，世界银行等机构的一些研究陆续指出，隐性债务是转轨国家财政风险的主要来源。2010 年希腊等国爆发的主权债务危机表明，欧盟一些成员国为达到欧盟赤字率和债务率的规定，存在隐藏债务的做法。长期以来，我国财政赤字率和国债负担率分别控制在 3% 和 20% 以内，但考虑隐性赤字和隐性债务，真实赤字率高达10%，总债务率超过60%。因此，隐性债务和或有债务是我国目前财政风险的主要来源。为什么很多国家不愿意公开真实赤字率和债务率？欧盟成员国是为了达到加入欧盟的条件，一些发展中国家是为了发展经济，我国究竟是什么原因呢？一些文献对此进行了探讨。有的认为，财政分权致使地方政府财权与事权不匹配以及收不抵支，只能依靠举债过日子。马骏和刘亚平指出，东部地区政府的负债规模比中西部地区政府大，并且东部地区政府的或有负债的规模也比中西部政府大。[63]地方政府更多的是为实现自身的政策目标主动举债，而不是被动举债。也有研究直接或间接从官员激励机制的角度分析了地方政府的财政行为及其风险。周黎安构建了一个地方官员政治晋升博弈模型，分析了地方官员的晋升激励对地区间经济竞争和合作的影响。但他认为，我国地方官员的财政与经济激励不足以解释行政性分权和财政包干改革以来我国严重的地方保护主义现象。[72]刘剑雄认为中国政府官员的选拔和晋升具有政治锦标赛特征，不同的官员评价机制会激励出不同的官员行为方式。上级政府考核下级政府官员的主要维度有“政治忠诚”“经济绩效”“辖区民意”，而不仅仅是经济发展成绩。[73]马骏和刘亚平2005年的一个研究，从“逆向软预算约束”理论的视角，构建了一个地方政府主动累积债务进而累积财政风险的解释性框架，认为淘汰制和年龄限制的干部晋升机制、分税制导致财力下降和事权增大、上下级激励机制同构性导致上级约束软化以及社会约束软化和债权人约束软化，加上责任机制导致权责利分离，共同促使地方政府突破预算约束，采取财政机会主义，进而导致债务积累和财政风险增大。他们认为，在目前的制度环境、官员激励机制和约束机制下，经济增长和地方政绩是以财政风险的不断增加为代价的。[63]马骏和刘亚平试图用一个模型去描述我国财政风险形成机制，但正如作者自己所说，这一解释框架仍未形成明确的假设，它的有效性仍需进一步检验。另外，还有一些文献，对财政风险原因的研究只停留在对影响财政风险直接因素的归纳总结上，并没有对其背后的机制作深入分析。

结合现有的研究文献，我们认为分析财政风险形成机制应遵循以下思路：政府行为→政府财政行为→政府收入支出行为和举债行为→政府财政风险。由于在转轨各个阶段，政府财政行为面临不同的约束条件，政府收支行为也会有所改变，财政风险来源也有所不同。本书运用标准经济学的厂商理论、博弈理论、效用理论、均衡理论等，在地方经济竞争中引入债务偿还函数和债务的挤出函数，构建了一个地方政府竞相举债追求效用最大化的模型，对地方政府举债发展经济的行为进行了分析，论证了举债发展经济是地方政府效用最大化的理性选择。这种理性行为的必然结果是债务累积和财政风险的不断增加。本书需论证的假设主要有：①在一定条件下，地方政府举债能增进其效用，在地方政府举债和不举债战略中，所有地方政府均举债是地方政府竞争的纳什均衡；②在一定条件下，地方政府举债能增进中央政府的效用，这是中央政府能在一定程度内容忍地方政府举债的主要原因；③地方政府举债规模主要受行政管理水平、财政政策挤出程度和债务偿还因子大小等方面的影响，这也是中央政府控制地方政府举债行为的主要手段。

4.2 模型的基本假设

本部分首先将国家经济社会结构、政府行为及其财政行为、官员考核晋升机制、财税体制等方面的制度用经济学方法描述出来，并根据宏观经济学、财政学理论构建了地方政府举债的挤出函数和偿还函数。

4.2.1 政府行为及其财政行为

政府行为取决于政府的性质。马克思主义理论认为，国家和政府是实现阶级统治的工具。西方国家普遍认为，政府是公共契约的产物。在中国，政府是人民的政府，由各种政府机构组成。从中央政府到地方政府，都是由众多的机构和部门、官员和干部组成的。从方法论上看，政府机构中官员干部的个人行为会极大地影响政府的行为，而政府要通过制度控制个人行为。为此，对政府行为作出两个方面的假定：①政府不断扩大自身控制权；②政府官员寻求自身晋升。这两个方面既有联系，又有区别。晋升本身就是扩大控制权。如果政府官员还有晋升机会，会适度地控制在物质资源、人力资源、已有权力等方面的支配权。如果政府官员没有晋升机会，会尽力扩大已有权力的支配范围。

在很大程度上，政府行为决定政府的财政行为。政府官员在其任期内的主要财政行为有以下三个方面。①追求机构人员膨胀。用 gc 表示政府规模。从地方政府及其部门的主要官员看，机构越大，人员越多，表明其权力越大。同时，作出更大政绩的概率越高，晋升机会概率越大。另外，在中国就业压力巨大的情况下，安排人员就业是很大的权力。从政府机构普通员工看，由于其收入相对固定和平均，人员越多，偷懒机会越多，为此并不反对机构人员增加。财政开支必须首先满足不断膨胀的机构的正常运转和干部人员吃饭的需求。②政府任期内支配资源最大化。用 gr 表示政府支配资源。这是实现机构人员膨胀、扩大控制权的必要做法。中央政府通过1994 年分税制改革强化了中央财政收入，地方政府在现有财政收入分配格局下只能大力发展有利于增加地方税收的经济，大力获取预算外和体制外收入。③追求晋升的政绩。gu 表示官员晋升。中国实行权力自上而下地分配，上一级政府掌控下一级政府官员的任免。

晋升的标准主要由上一级政府决定。正如提出理性政治人假说的唐斯所指出的那样，政治家和政党也是追求自身利益最大化的行为主体，其最大的利益就是获得最大化的政治支持和上台当权执政。[12]地方政府效用函数应该是上述三者的加权数，其中官员晋升占有非常高的比重。为简化分析，我们以中央政府对地方政府考核函数作为地方政府效用函数。

4.2.2 官员激励机制与政府效用函数

假设国家由中央政府和若干平级的地方政府构成，且仅为二级政府。采取中央集权制，地方政府主要官员的升迁由中央政府决定。中央政府负责对地方政府官员的考核，根据考核结果决定地方政府官员能否得到升迁，地方官员之间存在升迁竞争。两级政府均是社会福利最大化和自身利益最大化的组织，即中央政府效用函数是经济总量和税收收入某种组合的最大化，并按照该标准考核地方政府的主要官员。中央政府考核激励机制决定了地方政府效用函数，即地方政府也以经济总量和税收收入最大化为目标。为此，假设地方政府效用函数为：

$$U_i = \lambda_1 Y_i + \lambda_2 R_i \tag{4-1}$$

式中，$i=1, 2, ...,$ 代表不同的地方政府，下文同。U_i、Y_i、R_i 分别代表地方政府 i 的效用、经济总量、税收收入，λ_1 和 λ_2 分别为经济总量和税收在地方政府效用函数中的权重，它主要由中央政府确定。

中央政府效用函数为：

$$U_C = \eta_1 \sum_{i=1}^{n} Y_i + \eta_2 \sum_{i=1}^{n} R_{ci} \tag{4-2}$$

式中，R_{ci}代表中央政府从地方政府 i 获得的税收，U_C 代表中央政府效用，η_1 和 η_2 分别代表经济总量和中央政府税收在中央政府效用函数中的权重。

4.2.3 资源禀赋与财政税收体制

在资源禀赋方面，假设资本和劳动力在全国各地自由流动和迁徙，不考虑流动和迁徙成本，但为封闭经济体，与其他国家经济体没有资本和劳动力的流动。K 代表全国资本总量，K_i 代表流入地方 i 的资本量。L 代表全国劳动力总量，L_i 代表流入地方 i 的劳动力。为此有：

$$K = \sum_{i=1}^{n} K_i \qquad L = \sum_{i=1}^{n} L_i \tag{4-3}$$

在财税体制方面，中央政府与地方政府采取分税制，税种和税率由中央政府决定。对产品征收比例税 t_1，地方政府分成比例为 p_1；对劳动所得征收所得税 t_2，地方政府分成比例为 p_2；对资本所得征收所得税 t_3，地方政府分成比例为 p_3。中央政府在三种税收中的分成比例分别为 $1-p_1$、$1-p_2$ 和 $1-p_3$。

中央政府税收收入主要用于提供全国性和均等化的公共产品和公共服务，均等地惠及所有地区的企业和劳动者，并且假设中央政府没有行政管理开支。这种假设能保证中央支出对资本、劳动力在各省之间流动不产生影响。

地方政府税收收入主要用于三个部分的支出：①公共服务开支，比如为本区域居民提供医疗、教育、就业、社会治安、社会保障、救济，等等，用 G_i 代表；②行政管理开支 M_i；③基础设施建设，或者直接投资办企业。因为下文假设地方政府债务主要用于基础设施建设，为分析方便，假设税收收入不投入该项支出。这种假设并不影响本书的分析结论。由于地方政府不允许出现预算赤字，税收收入必须等于税收支出，为此有：

$$\phi_i = G_i/R_i \qquad 1-\phi_i = M_i/R_i \tag{4-4}$$

其中，ϕ_i 是地方政府 i 的公共服务支出在其税收中的占比；$1-\phi_i$ 是其行政管理费支出在其税收中占比，该比例由地方政府的管理理念、管理水平决定。

4.2.4 地方政府举债方式

地方政府竞争是我国改革开放以来经济持续增长的主要动力之一。在不允许出现预算赤字的情况下，地方政府竞争的主要手段有税收优惠、隐性担保、地方融资平台举债、养老和医疗保障欠账等，这些手段均是地方政府在目前激励机制、财税体制、预算体制下追求利润最大化的行为。为方便分析，我们先重点分析地方政府举债方式及其规模与地方政府效用最大化的关系。

（1）公开发行市政债券。这是国外地方政府的主要赤字融资方式。尽管长期以来我国不允许地方政府出现赤字和举债，但为应对国际金融危机冲击以及地方财政支出的困难，2009 年中央政府代发地方政府债券 2000 亿元，变相放开了地方不能举债的规定。假设地方政府 i 发行市政债券规模为 B_i，并且全部用于基础设施建设，也就是为地方提供公共产品 P_i，并且有：

$$B_i = P_i \tag{4-5}$$

（2）地方政府对企业贷款担保。长期以来，中央政府和地方政府分别对中央国有企业和地方国有企业的贷款实行隐性担保，国有企业经营不善形成的不良资产，最后由财政出资给予解决。政府对国际组织各种贷款提供担保。贷款担保形成的是或有债务，其规模主要取决于企业经营行为。

（3）地方融资平台直接融资举债。20 世纪 90 年代，上海等地开始成立具有政府背景的城建公司作为地方政府的融资平台，开始搞城市经营。这种模式最大的好处是，在现有金融资源主要由中央政府及其金融机构控制的情况下，地方政府能以此为平台，用较低成本获得城市发展所需的资金。目前，全国各地的地方政府都成立了各种名义的融资平台，争夺发展的金融资源。2009 年，全国 10.6 万亿信贷资金，有相当一部分进入融资平台。融资平台可能形成的不良资产，是目前金融风险和财政风险的最大来源。融资平台的债务也是或有债务，主要取决于投资项目经营的好坏。

（4）公共服务欠账。主要是指地方政府降低养老、医疗、教育等方面的支出规模和减少覆盖人群。典型的做法就是把农民工排除在城市公共服务的服务对象之外。这种做法，相当于对企业收入和资本所得给予税收优惠。我国税收自主权全部集中在中央政府，地方政府除申请设立经济特区、经济技术开发区等享受税收优惠之外，主要靠公共服务欠账变相给资本和企业提供税收优惠。

（5）税收优惠。主要是向中央政府要一些政策，给予一定区域内一些领域的企业税收优惠。

归纳以上几种举债方式，大致可以分为两种，第一种是公开举债，第二种是隐性举债。

4.2.5 地方政府债务偿还函数

它可表示为：

$$Z_i = \theta B_i / Y_i = \begin{cases} 0 & \theta = 0 \quad \text{任期内不需偿还} \\ \theta B_i / Y_i & 0 < \theta < 1 \quad \text{任期内部分偿还} \\ B_i / Y_i & \theta = 1 \quad \text{任期内全部偿还} \end{cases} \tag{4-6}$$

其中，θ 为偿还系数，Z_i 为筹集偿还债务的资金而另外征收的税收的税率，简称为债务偿还税率。由于中央政府不允许地方政府举债，为此假设地方政府变相增加税收来筹集偿还债务的资金。地方政府主要向企业摊派筹集偿付债务的资金，这相当于向当地企业额外征收收入税 Z_i，并且不与中央政府分成。Z_i 的大小主要取决于

地方经济收入 Y_i 和债务规模 B_i，以及偿还系数 θ。根据债务偿还的时间和官员任期的关系，可分为三种偿还方式。①$\theta=0$，地方债务无须在官员任期内偿付，全部留给下一任。为分析方便，假设地方官员任期为一年。在这种情况下，地方政府无须额外向企业、劳动力和资本征税，筹集偿债资金，即 $Z_i=0$。这种情况属于隐性举债，无须偿还。②$0<\theta<1$，地方债务在官员任期内偿付一部分。③$\theta=1$，地方债务需在官员任期内全部偿付，即 $Z_i=B_iY_i$。举债规模越大，债务偿还税率 Z_i 越高。这种情况属于公开举债，由于任期内不能出现赤字，因此需在任期内全部偿还。

4.2.6 地方政府举债的挤出函数

它可表示：

$$K_n = K - \rho\sum_{i=1}^{n} B_i = \begin{cases} K & \rho = 0 \quad \text{无挤出} \\ K - \rho\sum_{i=1}^{n} B_i & 0 < \rho < 1 \quad \text{部分挤出} \\ K - B & \rho = 1 \quad \text{完全挤出} \end{cases} \tag{4-7}$$

其中，K_n 为挤出后的资本总量，ρ 为地方债务的挤出因子。这个函数是根据财政政策挤出效果而构建的。挤出效应主要是指政府支出增加引起利率上升，从而导致私人投资的减少和产出的下降。挤出效应的大小，主要受利率的政府支出弹性、投资的利率弹性等因素的影响。一般来说，在经济衰退和复苏期，存在过剩的劳动力和资本，财政政策挤出效应较少；而在经济繁荣期，资本和劳动力利用较为充分，财政政策挤出效应较大。可用宏观经济学 *IS－LM* 模型对挤出效应的大小进行更为技术性的分析。根据挤出程度，可分为三种情况：①$\rho=0$，无挤出效应，资本总量不变，政府举债搞经济建设不会影响私人投资；②$\rho=1$，具有完全挤出效应，地方政府举多少债，就挤出多少私人投资；③$0<\rho<1$，具有部分挤出效应。

地方政府举债还挤出部分私人投资。挤出效用的大小主要取决于国家宏观经济所处的运行周期：在经济萧条周期，挤出效应较少；在经济繁荣周期，挤出效应较大。

4.3 地方经济发展水平与中央和地方政府的效用

为简化分析，假设只有两个地方政府 i 和 j。根据它们是否举债，可分为三种情况：第一种情况，两个地方政府都不举债；第二种情况，一个地方政府举债另一个不举债，可假设地方政府 i 举债和 j 不举债；第三种情况，两个地方政府均举债。先求出每种情况下地方政府和中央政府的效用，然后进行比较分析。这里是一种静态分析，即假设地方政府在每种组合下的举债规模是固定不变的。

4.3.1 地方政府 i 和 j 均不举债

这里主要用经济学厂商利润最大化理论求出在均不举债的情况下衡量地方 i 和 j 经济发展水平的指标及其效用表达式。

（1）假设地方 i 和 j 代表性厂商的生产函数为：

$$
\begin{aligned}
Y_i^1 &= AK_i^{1\alpha}L_i^{1\beta}G_i^x \\
Y_j^1 &= AK_j^{1\alpha}L_j^{1\beta}G_j^x
\end{aligned}
\tag{4-8}
$$

式中，Y_i^1 和 Y_j^1 分别代表地方 i 和 j 均不举债时的产出；K_i^α 是地方 i 的资本 K_i^1 的 α 次方，其他指标相应地类推。在均不举债情况下，对资本、劳动力、税收、效用等各种指标用上标 1 标注。下文不再一一说明。

（2）地方 i 和 j 的厂商利润函数 Π_i^1 和 Π_j^1：

$$\Pi_i^1 = (1-t_1)AK_i^{1\alpha}L_i^{1\beta}G_i^x - (1-t_2)w^1L_i^1 - (1-t_3)r^1K_i^1 \tag{4-9}$$

$$\Pi_j^1 = (1-t_1)AK_j^{1\alpha}L_j^{1\beta}G_j^x - (1-t_2)w^1L_j^1 - (1-t_3)r^1K_j^1 \tag{4-10}$$

其中，假设产品价格为 1，没有写入函数之中了。w^1 和 r^1 分别代表劳动力的工资率和资本的投资报酬率。

（3）资本总量和劳动力总量分别为：

$$K = K_i^1 + K_j^1, L = L_i^1 + L_j^1 \tag{4-11}$$

由于劳动力和资本自由流动，在充分就业和资本充分利用的情况下，通过厂商利润最大化，可求出地方 i 和 j 的资本和劳动力的流入量以及工资率和投资回报率等指标。

（4）地方 i 的资本量 K_i^1 和劳动力 L_i^1 分别为：

$$K_i^1 = \frac{G_i^{\frac{x}{1-\alpha-\beta}}K}{G_i^{\frac{x}{1-\alpha-\beta}} + G_j^{\frac{x}{1-\alpha-\beta}}}, \quad L_i^1 = \frac{G_i^{\frac{x}{1-\alpha-\beta}}L}{G_i^{\frac{x}{1-\alpha-\beta}} + G_j^{\frac{x}{1-\alpha-\beta}}} \tag{4-12}$$

（5）地方 j 的资本量 K_j^1 和劳动力 L_i^1 分别为：

$$K_j^1 = \frac{G_j^{\frac{x}{1-\alpha-\beta}}K}{G_i^{\frac{x}{1-\alpha-\beta}} + G_j^{\frac{x}{1-\alpha-\beta}}}, \quad L_j^1 = \frac{G_j^{\frac{x}{1-\alpha-\beta}}L}{G_i^{\frac{x}{1-\alpha-\beta}} + G_j^{\frac{x}{1-\alpha-\beta}}} \tag{4-13}$$

（6）劳动力工资率 w^1 和资本的投资回报率 r^1 分别为：

$$w^1 = \frac{(1-t_1)\beta AK^{\alpha}L^{\beta-1}}{(1-t_2)(G_i^{\frac{x}{1-\alpha-\beta}} + G_j^{\frac{x}{1-\alpha-\beta}})^{\alpha+\beta-1}} \tag{4-14}$$

$$r^1 = \frac{(1-t_1)\alpha AK^{\alpha}L^{\beta}}{(1-t_3)(G_i^{\frac{x}{1-\alpha-\beta}} + G_j^{\frac{x}{1-\alpha-\beta}})^{\alpha+\beta-1}} \tag{4-15}$$

（7）地方 i 和 j 的经济总量 Y_i^1 和 Y_j^1 分别为：

$$Y_i^1 = AK_i^{1\alpha}L_i^{1\beta}G_i^x = \frac{AK^{\alpha}L^{\beta}G_i^{\frac{x}{1-\alpha-\beta}}}{(G_i^{\frac{x}{1-\alpha-\beta}} + G_j^{\frac{x}{1-\alpha-\beta}})^{\alpha+\beta}} \tag{4-16}$$

$$Y_j^1 = AK_j^{1\alpha}L_j^{1\beta}G_j^x = \frac{AK^{\alpha}L^{\beta}G_j^{\frac{x}{1-\alpha-\beta}}}{(G_i^{\frac{x}{1-\alpha-\beta}} + G_j^{\frac{x}{1-\alpha-\beta}})^{\alpha+\beta}} \tag{4-17}$$

（8）地方政府 i 和 j 税收 R_i^1 和 R_j^1 分别为：

$$R_i^1 = \pi_1 t_1 AK^{1\alpha} L_i^{1\beta} G_i^x + \pi_2 t_2 w^1 L_i^1 + \pi_3 t_3 r^1 K_i^1$$

$$= \frac{\pi_1 t_1 AK^\alpha L^\beta G_i^{\frac{x}{1-\alpha-\beta}}}{(G_i^{\frac{x}{1-\alpha-\beta}} + G_j^{\frac{x}{1-\alpha-\beta}})^{\alpha+\beta}} + \frac{(\pi_2 t_2 w^1 L + \pi_3 t_3 r^1 K) G_i^{\frac{x}{1-\alpha-\beta}}}{G_i^{\frac{x}{1-\alpha-\beta}} + G_j^{\frac{x}{1-\alpha-\beta}}} \quad (4-18)$$

$$R_j^1 = \pi_1 t_1 AK^{1\alpha} L_j^{1\beta} G_j^x + \pi_2 t_2 w^1 L_j^1 + \pi_3 t_3 r^1 K_j^1$$

$$= \frac{\pi_1 t_1 AK^\alpha L^\beta G_j^{\frac{x}{1-\alpha-\beta}}}{(G_i^{\frac{x}{1-\alpha-\beta}} + G_j^{\frac{x}{1-\alpha-\beta}})^{\alpha+\beta}} + \frac{(\pi_2 t_2 w^1 L + \pi_3 t_3 r^1 K) G_j^{\frac{x}{1-\alpha-\beta}}}{G_i^{\frac{x}{1-\alpha-\beta}} + G_j^{\frac{x}{1-\alpha-\beta}}} \quad (4-19)$$

（9）中央政府从地方 i 和 j 获得税收分别为 R_{ci}^1 和 R_{cj}^2：

$$R_{ci}^1 = (1-\pi_1) t_1 AK_i^\alpha L_i^\beta G_i^x + (1-\pi_2) t_2 w^1 L_i + (1-\pi_3) t_3 r^1 K_i$$

$$= \frac{(1-\pi_1) t_1 AK^\alpha L^\beta G_i^{\frac{x}{1-\alpha-\beta}}}{(G_i^{\frac{x}{1-\alpha-\beta}} + G_j^{\frac{x}{1-\alpha-\beta}})^{\alpha+\beta}} + \frac{[(1-\pi_2) t_2 w^1 L + (1-\pi_3) t_3 r^1 K] G_i^{\frac{x}{1-\alpha-\beta}}}{G_i^{\frac{x}{1-\alpha-\beta}} + G_j^{\frac{x}{1-\alpha-\beta}}} \quad (4-20)$$

$$R_{cj}^1 = (1-\pi_1) t_1 AK_j^\alpha L_j^\beta G_j^x + (1-\pi_2) t_2 w^1 L_j + (1-\pi_3) t_3 r^1 K_j$$

$$= \frac{(1-\pi_1) t_1 AK^\alpha L^\beta G_j^{\frac{x}{1-\alpha-\beta}}}{(G_i^{\frac{x}{1-\alpha-\beta}} + G_j^{\frac{x}{1-\alpha-\beta}})^{\alpha+\beta}} + \frac{[(1-\pi_2)\ t_2 w^1 L + (1-\pi_3) t_3 r^1 K] G_j^{\frac{x}{1-\alpha-\beta}}}{G_i^{\frac{x}{1-\alpha-\beta}} + G_j^{\frac{x}{1-\alpha-\beta}}} \quad (4-21)$$

（10）地方政府 i 和 j 的效用函数 U_i^1 和 U_j^1 分别为：

$$U_i^1 = \frac{\left[(\lambda_1 + \lambda_2 \pi_1 t_1) + \lambda_2 (1-t_1)\left(\frac{\pi_3 t_3 \alpha}{1-t_3} + \frac{\pi_2 t_2 \beta}{1-t_2}\right)\right] AK^\alpha L^\beta G_i^{\frac{x}{1-\alpha-\beta}}}{(G_i^{\frac{x}{1-\alpha-\beta}} + G_j^{\frac{x}{1-\alpha-\beta}})^{\alpha+\beta}} \quad (4-22)$$

$$U_j^1 = \frac{\left[(\lambda_1 + \lambda_2 \pi_1 t_1) + \lambda_2 (1-t_1)\left(\frac{\pi_3 t_3 \alpha}{1-t_3} + \frac{\pi_2 t_2 \beta}{1-t_2}\right)\right] AK^\alpha L^\beta G_j^{\frac{x}{1-\alpha-\beta}}}{(G_i^{\frac{x}{1-\alpha-\beta}} + G_j^{\frac{x}{1-\alpha-\beta}})^{\alpha+\beta}} \quad (4-23)$$

（11）中央政府效用函数 U_c^1 为：

$$U_c^1 = \eta_1 (Y_i^1 + Y_j^1) + \eta_2 (R_{ci}^1 + R_{cj}^1)$$

$$= \left\{\eta_1 + \eta_2 (1-\pi_1) t_1 + \eta_2 (1-t_1)\left[\frac{(1-\pi_2) t_2 \beta}{(1-t_2)} + \frac{(1-\pi_3) t_3 \beta}{(1-t_3)}\right]\right\}$$

$$(G_i^{\frac{x}{1-\alpha-\beta}} + G_j^{\frac{x}{1-\alpha-\beta}})^{1-\alpha-\beta} AK^\alpha L^\beta \quad (4-24)$$

4.3.2 地方政府 i 举债和 j 不举债

假设把全国地方政府分为两类：第一类是不听话的地方政府 i，违背中央不允许出现赤字的规定进行举债；第二类是听话的地方政府 j，老老实实不借债。根据前面的假设，可以同样求出在这种情况下相关变量的表达式。用上标 2 表示这种情况下的各种变量。

（1）假设地方 i 和 j 代表性厂商的生产函数为：

$$Y_i^2 = AK_i^{2\alpha} L_i^{2\beta} G_i^x P_i^\gamma \qquad Y_j^2 = AK_j^{2\alpha} L_j^{2\beta} G_j^x \tag{4-25}$$

与第一种情况相比，地方 i 的生产函数增加了举债转化而来的基础设施 P_i，其产出弹性系数为 γ。由于地方 j 不举债，其生产函数与第 1 种情况相同。由于地方 i 的举债，致使两个地方的资本和劳动力流入量不同于第一种情况，因此用上标 2 表示，下文同。

（2）地方 i 和 j 的厂商利润函数 $\prod_i^2$ 和 $\prod_j^2$ 分别为：

$$\Pi_i^2 = (1 - t_1 - \tau_i) AK_i^{2\alpha} L_i^{2\beta} G_i^x P_i^\gamma - (1 - t_2) w^2 L_i^2 - (1 - t_3) r^2 K_i^2 \tag{4-26}$$

$$\Pi_j^2 = (1 - t_1) AK_j^{2\alpha} L_j^{2\beta} G_j^x - (1 - t_2) w^2 L_j^2 - (1 - t_3) r^2 K_j^2 \tag{4-27}$$

由于地方 i 举债，考虑债务偿还因素，把额外征收的收入税的税率 Zi 引入其厂商利润最大化函数，见式（4－26）。

（3）社会私人资本总量 K_n 为：

$$K_n = K - \rho B_i = K_i^2 + K_j^2 \tag{4-28}$$

考虑地方 i 举债的挤出效应，社会私人资本总量从均不举债的 K 降低到 $K - \rho B_i$。被挤出部分 ρB_i 是指由于地方政府 i 举债所导致的私人资本的减少量。如果举债没有挤出效应，私人资本总量不发生改变，即 $K_n = K$。

另外，劳动力总量不发生变化，其均衡方程为：$L = L_i^2 + L_j^2$。

通过厂商利润最大化能求出两个地方的资本量和劳动力流入量以及工资率和投资回报率等变量。

（4）地方 i 的资本和劳动力流入量 K_i^2 和 L_i^2 分别为：

$$K_i^2 = \frac{[(1-t_1-\tau_i)G_i^x P_i^\gamma]^{\frac{1}{1-\alpha-\beta}}(K-\rho B_i)}{[(1-t_1-\tau_i)G_i^x P_i^\gamma]^{\frac{1}{1-\alpha-\beta}}+[(1-t_1)G_j^x]^{\frac{1}{1-\alpha-\beta}}} \tag{4-29}$$

$$L_i^2 = \frac{[(1-t_1-\tau_i)G_i^x P_i^\gamma]^{\frac{1}{1-\alpha-\beta}}L}{[(1-t_1-\tau_i)G_i^x P_i^\gamma]^{\frac{1}{1-\alpha-\beta}}+[(1-t_1)G_j^x]^{\frac{1}{1-\alpha-\beta}}} \tag{4-30}$$

（5）地方 j 的资本和劳动力流入量 K_j^2 和 L_j^2 分别为：

$$K_j^2 = \frac{[(1-t_1)G_j^x]^{\frac{1}{1-\alpha-\beta}}(K-\rho B_i)}{[(1-t_1-\tau_i)G_i^x P_i^\gamma]^{\frac{1}{1-\alpha-\beta}}+[(1-t_1)G_j^x]^{\frac{1}{1-\alpha-\beta}}} \tag{4-31}$$

$$L_j^2 = \frac{[(1-t_1)G_j^x]^{\frac{1}{1-\alpha-\beta}}L}{[(1-t_1-\tau_i)G_i^x P_i^\gamma]^{\frac{1}{1-\alpha-\beta}}+[(1-t_1)G_j^x]^{\frac{1}{1-\alpha-\beta}}} \tag{4-32}$$

（6）劳动力工资率 w^2 和资本投资回报率 r^2 分别为：

$$w^2 = \frac{\beta A(K-\rho B_i)^\alpha L^{\beta-1}}{(1-t_2)\{[(1-t_1-\tau_i)G_i^x P_i^\gamma]^{\frac{1}{1-\alpha-\beta}}+[(1-t_1)G_j^x]^{\frac{1}{\alpha+\beta-1}}\}^{\alpha+\beta-1}} \tag{4-33}$$

$$r^2 = \frac{\alpha A(K-\rho B_i)^{\alpha-1} L^{\beta}}{(1-t_3)\{[(1-t_1-\tau_i)G_i^x P_i^\gamma]^{\frac{1}{1-\alpha-\beta}}+[(1-t_1)G_j^x]^{\frac{1}{\alpha+\beta-1}}\}^{\alpha+\beta-1}} \tag{4-34}$$

（7）地方 i 和 j 的税收收入 R_i^2 和 R_j^2 分别为：

$$R_i^2 = (\pi_1 t_1 + \tau_i)AK_i^{2\alpha}L_i^{2\beta}G_i^x P_i^\gamma + \pi_2 t_2 w^2 L_i^2 + \pi_3 t_3 r^2 K_i^2 \tag{4-35}$$

$$R_j^2 = \pi_1 t_1 AK_j^{2\alpha}L_j^{2\beta}G_j^x + \pi_2 t_2 w^2 L_j^2 + \pi_3 t_3 r^2 K_j^2 \tag{4-36}$$

（8）中央政府从地方政府 i 和 j 获得税收 R_{ci}^2 和 R_{cj}^2 分别为：

$$\begin{aligned} R_{ci}^2 &= (1-\pi_1)t_1 AK^{2\alpha}L_i^{2\beta}G_i^x P_i^\gamma + (1-\pi_2)t_2 w^2 L_i^2 + (1-\pi_3)t_3 r^2 K_i^2 \\ &= \frac{(1-\pi_1)t_1(1-t_1-\tau_i)^{\frac{\alpha+\beta}{1-\alpha-\beta}}A(K-\rho B_i)^\alpha L^\beta (G_i^x P_i^\gamma)^{\frac{1}{1-\alpha-\beta}}}{\{[(1-t_1-\tau_i)G_i^x P_i^\gamma]^{\frac{1}{1-\alpha-\beta}}+[(1-t_1)G_j^x]^{\frac{1}{1-\alpha-\beta}}\}^{\alpha+\beta}} \\ &+ \frac{[(1-\pi_2)t_2 wL + (1-\pi_3)t_3 r(K-\rho B_i)][(1-t_1-\tau_i)G_i^x P_i^\gamma]^{\frac{1}{1-\alpha-\beta}}}{[(1-t_1-\tau_i)G_i^x P_i^\gamma]^{\frac{1}{1-\alpha-\beta}}+[(1-t_1)G_j^x]^{\frac{1}{1-\alpha-\beta}}} \end{aligned} \tag{4-37}$$

$$\begin{aligned} R_{cj}^2 &= (1-\pi_1)t_1 AK_j^{2\alpha}L_j^{2\beta}G_j^x + (1-\pi_2)t_2 w^2 L_j^2 + (1-\pi_3)t_3 r^2 K_j^2 \\ &= \frac{(1-\pi_1)t_1(1-t_1)^{\frac{\alpha+\beta}{1-\alpha-\beta}}A(K-\rho B_i)^\alpha L^\beta G_j^{\frac{\chi}{1-\alpha+\beta}}}{\{[(1-t_1-\tau_i)G_i^x P_i^\gamma]^{\frac{1}{1-\alpha-\beta}}+[(1-t_1)G_j^x]^{\frac{1}{1-\alpha-\beta}}\}^{\alpha+\beta}} \end{aligned}$$

$$+\frac{[(1-\pi_2)t_2wL+(1-\pi_3)t_3r(K-\rho B_i)][(1-t_1-\tau_1)G_i^xP_i^\gamma]^{\frac{1}{1-\alpha-\beta}}}{[(1-t_1-\tau_i)G_i^xP_i^\gamma]^{\frac{1}{1-\alpha-\beta}}+[(1-t_1)G_j^x]^{\frac{1}{1-\alpha-\beta}}} \quad (4-38)$$

(9) 地方政府 i 的效用函数 U_i^2 和地方政府 j 的效用函数 U_j^2 分别为：

$$U_i^2=[\lambda_1+\lambda_2(\pi_1t_1+\tau_i)]AK_i^{2\alpha}L_i^{2\beta}G_i^xP_i^\gamma+\lambda_2(\pi_2t_2w^2L_i^2+\pi_3t_3r^2K_i^2)$$
$$=\left\{\frac{[\lambda_1+\lambda_2(\pi_1t_1+\tau_i)]}{(1-t_1-\tau_i)}+\lambda_2\left(\frac{\pi_3t_3\alpha}{(1-t_3)}+\frac{\pi_2t_2\beta}{(1-t_2)}\right)\right\}$$
$$\frac{(1-t_1-\tau_i)^{\frac{1}{1-\alpha-\beta}}A(K-\rho B_i)^\alpha L^\beta+(G_i^xP_i^\gamma)^{\frac{1}{1-\alpha-\beta}}}{\{[(1-t_1-\tau_i)G_i^xP_i^\gamma]^{\frac{1}{1-\alpha-\beta}}+[(1-t_1)G_j^x]^{\frac{1}{1-\alpha-\beta}}\}^{\alpha+\beta}} \quad (4-39)$$

$$U_j^2=[\lambda_1+\lambda_2(\pi_1t_1+\tau_i)]AK_j^{2\alpha}L_j^{2\beta}G_j^xP_j^\gamma+\lambda_2(\pi_2t_2w^2L_j^2+\pi_3t_3r^2K_j^2)$$
$$=\left\{\frac{(\lambda_1+\lambda_2\pi_1t_1)}{(1-t_1)}+\lambda_2\left[\frac{\alpha\pi_3t_3}{(1-t_3)}+\frac{\beta\pi_2t_2}{(1-t_2)}\right]\right\}$$
$$\frac{A(K-\rho B_i)^\alpha L^\beta[(1-t_1)G_j^x]^{\frac{1}{1-\alpha-\beta}}}{\{[(1-t_1-\tau_i)G_i^xP_i^\gamma]^{\frac{1}{1-\alpha-\beta}}+[(1-t_1)G_j^x]^{\frac{1}{1-\alpha-\beta}}\}^{\alpha+\beta}} \quad (4-40)$$

(10) 中央政府效用函数 U_c^2 为：

$$U_x^2=\eta_1(Y_i^2+Y_j^2)+\eta_2(R_{ci}^2+R_{cj}^2)$$
$$=\left\{\begin{array}{l}[\eta_1+\eta_2(1-\pi_1)t_1][(1-t_1-\tau_i)^{\frac{\alpha+\beta}{1-\alpha-\beta}}(G_i^xP_i^\gamma)^{\frac{1}{1-\alpha-\beta}}+(1-t_1)^{\frac{\alpha+\beta}{1-\alpha-\beta}}(G_j^x)^{\frac{1}{1-\alpha-\beta}}]\\+\eta_2\left[\frac{(1-\pi_2)t_2\beta}{(1-t_2)}+\frac{(1-\pi_3)t_3\alpha}{(1-t_3)}\right]\{[(1-t_1-\tau_i)G_i^xP_i^\gamma]^{\frac{1}{1-\alpha-\beta}}+[(1-t_1)G_j^x]^{\frac{1}{1-\alpha-\beta}}\}\end{array}\right\}$$
$$\frac{\eta_2A(K-\rho B_i)^\alpha L^\beta}{\{[(1-t_1-\tau_i)G_i^xP_i^\gamma]^{\frac{1}{1-\alpha-\beta}}+[(1-t_1)G_j^x]^{\frac{1}{1-\alpha-\beta}}\}^{\alpha+\beta}} \quad (4-41)$$

4.3.3 地方政府 i 和 j 均举债

为实现竞争均衡，两个地方政府最后均会举债。根据同样原理，求出在此种情况下地方 i 和 j 的相关变量，并用上标 3 标出。

(1) 假设地方 i 和 j 代表性厂商的生产函数 Y_i^3 和 Y_j^3 分别为：

$$Y_i^3=AK_i^{3\alpha}L_i^{3\beta}G_i^xP_i^\gamma \quad Y_j^3=AK_j^{3\alpha}L_j^{3\beta}G_j^xP_j^\gamma \quad (4-42)$$

(2) 地方 i 和 j 的厂商利润函数 Π_i^3 和 Π_j^3 分别为：

$$\Pi_i^3=(1-t_1-\tau_i)AK_i^{3\alpha}L_i^{3\beta}G_i^xP_i^\gamma-(1-t_2)w^3L_i^3-(1-t_3)r^3K_i^3 \quad (4-43)$$
$$\Pi_j^3=(1-t_1-\tau_j)AK_j^{3\alpha}L_j^{3\beta}G_j^xP_j^\gamma-(1-t_2)w^3L_j^3-(1-t_3)r^3K_j^3 \quad (4-44)$$

（3）社会私人资本总量为：

$$K_n = K - \rho(B_i + B_j) = K_i^3 + K_j^3 \tag{4-45}$$

考虑地方 i 和 j 举债的挤出效应，社会私人资本总量从均不举债的 K 降低到 $K-\rho(B_i+B_j)$。如果举债没有挤出效应，私人资本总量不发生改变，即 $K_n = K$。

劳动力总量不变，但是分布会发生改变。其均衡方程为：$L = L_i^3 + L_j^3$。

通过厂商利润最大化分析，可以求出两个地方的资本和劳动力数量以及工资率和资本投资回报率。

（4）地方 i 的资本和劳动力流入量分别为：

$$K_i^3 = \frac{[(1-t_1-\tau_i)G_i^x P_i^\gamma]^{\frac{1}{1-\alpha-\beta}}(K-\rho B_i-\rho B_j)}{[(1-t_1-\tau_i)G_i^x P_i^\gamma]^{\frac{1}{1-\alpha-\beta}}+[(1-t_1-\tau_j)G_j^x P_j^\gamma]^{\frac{1}{1-\alpha-\beta}}} \tag{4-46}$$

$$L_i^3 = \frac{[(1-t_1-\tau_i)G_i^x P_i^\gamma]^{\frac{1}{1-\alpha-\beta}}L}{[(1-t_1-\tau_i)G_i^x P_i^\gamma]^{\frac{1}{1-\alpha-\beta}}+[(1-t_1-\tau_j)G_j^x P_j^\gamma]^{\frac{1}{1-\alpha-\beta}}} \tag{4-47}$$

（5）地方 j 的资本和劳动力流入量分别为：

$$K_j^3 = \frac{[(1-t_1-\tau_j)G_j^x P_j^\gamma]^{\frac{1}{1-\alpha-\beta}}(K-\rho B_i-\rho B_j)}{[(1-t_1-\tau_i)G_j^x P_j^\gamma]^{\frac{1}{1-\alpha-\beta}}+[(1-t_1-\tau_j)G_j^x P_j^\gamma]^{\frac{1}{1-\alpha-\beta}}} \tag{4-48}$$

$$L_j^3 = \frac{[(1-t_1-\tau_j)G_j^x P_j^\gamma]^{\frac{1}{1-\alpha-\beta}}L}{[(1-t_1-\tau_i)G_i^x P_i^\gamma]^{\frac{1}{1-\alpha-\beta}}+[(1-t_1-\tau_j)G_j^x P_j^\gamma]^{\frac{1}{1-\alpha-\beta}}} \tag{4-49}$$

（6）劳动力工资率 w^3 和资本投资回报率 r^3 分别为：

$$w^3 = \frac{\beta A(K-\rho B_i-\rho B_j)^\alpha L^{\beta-1}}{(1-t_2)\{[(1-t_1-\tau_i)G_i^x P_i^\gamma]^{\frac{1}{1-\alpha-\beta}}+[(1-t_1-\tau_i)G_j^x P_j^\gamma]^{\frac{1}{1-\alpha-\beta}}\}^{\alpha+\beta-1}} \tag{4-50}$$

$$r^3 = \frac{\alpha A(K-\rho B_i-\rho B_j)^{\alpha-1} L^{\beta}}{(1-t_3)\{[(1-t_1-\tau_i)G_i^x P_i^\gamma]^{\frac{1}{1-\alpha-\beta}}+[(1-t_1-\tau_i)G_i^x P_i^\gamma]^{\frac{1}{1-\alpha-\beta}}\}^{\alpha+\beta-1}} \tag{4-51}$$

（7）地方政府 i 和 j 税收分别为：

$$R_i^3 = (\pi_1 t_1 + \tau_i) A K_i^{3\alpha} L_i^{3\beta} G_i^x P_i^\gamma + \pi_2 t_2 w^3 L_i^3 + \pi_3 t_3 r^3 K_i^3 \tag{4-52}$$

$$R_j^3 = (\pi_1 t_1 + \tau_j) A K_j^{3\alpha} L_j^{3\beta} G_j^x P_j^\gamma + \pi_2 t_2 w^3 L_j^3 + \pi_3 t_3 r^3 K_j^3 \tag{4-53}$$

（8）中央政府从地方政府 i 和 j 获得税收 R_{ci}^3 和 R_{cj}^3 分别为：

$$\begin{aligned} R_{ci}^3 &= (1-\pi_1) t_1 A K_i^{3\alpha} L_i^{3\beta} G_i^x P_i^\gamma + (1-\pi_2) t_2 w^3 L_i^3 + (1\pi_3) t_3 r^3 K_i^3 \\ &= \frac{(1-\pi_1) t_1 (1-t_1-\tau_i)^{\frac{\alpha+\beta}{1-\alpha-\beta}} A (K-\rho B_i-\rho B_j)^\alpha L^\beta (G_i^x P_i^\gamma)^{\frac{1}{1-\alpha-\beta}}}{\{[(1-t_1-\tau_i) G_i^x P_i^\gamma]^{\frac{1}{1-\alpha-\beta}} + [(1-t_1-\tau_j) G_j^x P_j^\gamma]^{\frac{1}{1-\alpha-\beta}}\}^{\alpha+\beta}} \\ &+ \frac{[(1-\pi_2) t_2 w L + (1-\pi_3) t_3 r (K-\rho B_i-\rho B_j)] (1-t_1-\tau_i)^{\frac{1}{1-\alpha-\beta}} (G_i^x P_i^\gamma)^{\frac{1}{1-\alpha-\beta}}}{[(1-t_1-\tau_i) G_i^x P_i^\gamma]^{\frac{1}{1-\alpha-\beta}} + [(1-t_1-\tau_i) G_j^x P_j^\gamma]^{\frac{1}{1-\alpha-\beta}}} \end{aligned} \tag{4-54}$$

$$\begin{aligned} R_{cj}^3 &= (1-\pi_1) t_1 A K_j^{3\alpha} L_j^{3\beta} G_j^x P_j^\gamma + (1-\pi_2) t_2 w^3 L_j^3 + (1\pi_3) t_3 r^3 K_j^3 \\ &= \frac{(1-\pi_1) t_1 (1-t_1-\tau_j)^{\frac{\alpha+\beta}{1-\alpha-\beta}} A (K-\rho B_i-\rho B_j)^\alpha L^\beta (G_j^x P_j^\gamma)^{\frac{1}{1-\alpha-\beta}}}{\{[(1-t_1-\tau_i) G_i^x P_i^\gamma]^{\frac{1}{1-\alpha-\beta}} + [(1-t_1-\tau_j) G_j^x P_j^\gamma]^{\frac{1}{1-\alpha-\beta}}\}^{\alpha+\beta}} \\ &+ \frac{[(1-\pi_2) t_2 w L + (1-\pi_3) t_3 r (K-\rho B_i-\rho B_j)] (1-t_1-\tau_j)^{\frac{1}{1-\alpha-\beta}} (G_j^x P_j^\gamma)^{\frac{1}{1-\alpha-\beta}}}{[(1-t_1-\tau_i) G_i^x P_i^\gamma]^{\frac{1}{1-\alpha-\beta}} + [(1-t_1-\tau_j) G_j^x P_j^\gamma]^{\frac{1}{1-\alpha-\beta}}} \end{aligned} \tag{4-55}$$

（9）地方政府 i 和 j 效用函数 U_i^3 和 U_j^3 分别为：

$$\begin{aligned} U_i^3 &= [\lambda_1 + \lambda_2(\pi_1 t_1 + \tau_i)] A K_i^{3\alpha} L_i^{3\beta} G_i^x P_i^\gamma + \lambda_2 (\pi_2 t_2 w^3 L_i^3 + \pi_3 t_3 r^2 K_i^3) \\ &= \left\{\frac{[\lambda_1 + \lambda_2(\pi_1 t_1 + \tau_i)]}{(1-t_1-\tau_i)} + \lambda_2\left[\frac{\alpha\pi_3 t_3}{(1-t_3)} + \frac{\beta\pi_2 t_2}{(1-t_2)}\right]\right\} \\ &\quad \frac{A(K-\rho B_i-\rho B_j)^\alpha L^\beta [(1-t_1-\tau_i) G_i^x P_i^\gamma]^{\frac{1}{1-\alpha-\beta}}}{\{[(1-t_1-\tau_i) G_i^x P_i^\gamma]^{\frac{1}{1-\alpha-\beta}} + [(1-t_1-\tau_j) G_j^x P_j^\gamma]^{\frac{1}{1-\alpha-\beta}}\}^{\alpha+\beta}} \end{aligned} \tag{4-56}$$

$$\begin{aligned} U_j^3 &= [\lambda_1 + \lambda_2(\pi_1 t_1 + \tau_j)] A K_j^{3\alpha} L_j^{3\beta} G_j^x P_j^\gamma + \lambda_2 (\pi_2 t_2 w^3 L_j^3 + \pi_3 t_3 r^2 K_j^3) \\ &= \left\{\frac{[\lambda_1 + \lambda_2(\pi_1 t_1 + \tau_j)]}{(1-t_1-\tau_j)} + \lambda_2\left(\frac{\alpha\pi_3 t_3}{(1-t_3)} + \frac{\beta\pi_2 t_2}{(1-t_2)}\right)\right\} \\ &\quad \frac{A(K-\rho B_i-\rho B_j)^\alpha L^\beta [(1-t_1-\tau_j) G_j^x P_j^\gamma]^{\frac{1}{1-\alpha-\beta}}}{\{[(1-t_1-\tau_i) G_i^x P_i^\gamma]^{\frac{1}{1-\alpha-\beta}} + [(1-t_1-\tau_j) G_j^x P_j^\gamma]^{\frac{1}{1-\alpha-\beta}}\}^{\alpha+\beta}} \end{aligned} \tag{4-57}$$

（10）中央政府效用函数 U_c^3 为：

$$\begin{aligned} U_c^3 &= \eta_1 (Y_i^3 + Y_j^3) + \eta_2 (R_{ci}^3 + R_{cj}^3) \\ &= \frac{[\eta_1 + \eta_2(1-\pi_1) t_1] A (K-\rho B_i-\rho B_j)^\alpha L^\beta [(1-t_1-\tau_i)^{\frac{\alpha+\beta}{1-\alpha-\beta}} (G_i^x P_i^\gamma)^{\frac{1}{1-\alpha-\beta}} + (1-t_1-\tau_j)^{\frac{\alpha+\beta}{1-\alpha-\beta}} (G_j^x P_j^\gamma)^{\frac{1}{1-\alpha-\beta}}]}{\{[(1-t_1-\tau_i) G_i^x P_i^\gamma]^{\frac{1}{1-\alpha-\beta}} + [(1-t_1-\tau_j) G_j^x P_j^\gamma]^{\frac{1}{1-\alpha-\beta}}\}^{\alpha+\beta}} \\ &+ \frac{\eta_2 A (K-\rho B_i-\rho B_j) \alpha L^{\beta-1}}{\{[(1-t_1-\tau_i) G_i^x P_i^\gamma]^{\frac{1}{1-\alpha-\beta}} + [(1-t_1-\tau_j) G_j^x P_j^\gamma]^{\frac{1}{1-\alpha-\beta}}\}^{\alpha+\beta-1}} \\ &\quad \left\{\frac{(1-\pi_2) t_2 \beta}{(1-t_2)} + \frac{(1-\pi_3) t_3 \alpha}{(1-t_3)}\right\} \end{aligned} \tag{4-58}$$

4.4　地方政府的博弈与均衡

这部分主要分析不同情况下地方政府的竞争策略及其最优解。基本结论是，所有地方都举债是地方政府竞争的纳什均衡解。

4.4.1　地方政府博弈战略式

如果考虑挤出效应和偿还因子，地方政府完全信息静态博弈共有 17 种战略组合，具体见表 4－1。从地方政府是否举债看，战略组合可分为三大类。

第一类：两个地方都不举债，包括战略组合 17。不举债当然就无挤出，也不需要偿还。

表 4－1　地方政府静态博弈的战略组合

类别	战略组合	地方政府 i			地方政府 j		
		是否举债	是否挤出	是否偿还	是否举债	是否挤出	是否偿还
两个地方举债、有挤出	1	+	+	+	+	+	+
	2	+	+	+	+	+	－
	3	+	+	－	+	+	+
	4	+	+	－	+	+	－
两个地方举债、无挤出	5	+	－	+	+	－	+
	6	+	－	+	+	－	－
	7	+	－	－	+	－	+
	8	+	－	－	+	－	－
地方 i 举债和地方 j 不举债	9	+	+	+	－	+	－
	10	+	+	－	－	+	－
	11	+	－	+	－	－	－
	12	[illegible]		－	－	－	－
地方 i 不举债和地方 j 举债	13	－	+	－	+	+	+
	14	－	+	－	+	+	－
	15	－	－	－	+	－	+
	16	－	－	－	+	－	－
两个地方都不举债	17	－	－	－	－	－	－

注：“＋”号表示是，“－”号表示否。

第二类：一个地方政府举债一个地方政府不举债，包括战略组合9～16。其中，9～12为地方政府i举债，地方政府j不举债；13～16为地方政府j举债，地方政府i不举债。

以举债是否需要偿还为标准，把需要偿还的归为公开举债，不需要偿还的归为隐性举债，为此可把战略9～12分为两类：①地方政府i公开举债，包括战略9、11；②地方政府i隐性举债，包括战略10、12。

第三类：两个地方政府都举债，包括战略组合1～8。其中，1～4有挤出效应，5～8没有挤出效应。

以举债是否需要偿还为标准，可把战略1～8分为四类：①两个地方都公开举债，即需要偿还，包括战略1、5；②地方i公开举债需要偿还，地方j隐性举债不需要偿还，包括战略2、6；③地方i隐性举债不需要偿还，地方j公开举债需要偿还，包括战略3、7；④两个地方都隐性举债，包括战略4、8。

4.4.2 地方政府博弈的均衡

在上述17种战略组合中，哪种战略组合是最优的选择呢？为分析方便，先用矩阵表直观地描述地方政府i和j是否举债发展经济的博弈战略表达式，见表4-2。表中A_{11}代表两个地方均举债的战略组合，代表第三类战略组合，相对应的战略结果为（U_i^3，U_j^3），其中U_i^3和U_j^3分别代表地方政府i和j在均举债下的效用。A_{12}代表地方政府i举债和地方政府j不举债的战略组合，代表第二类战略组合，相对应的战略结果为（U_i^{2+}，U_j^{2-}），其中U_i^{2+}和U_j^{2-}分别代表地方政府i和j的效用。A_{21}代表地方政府i不举债和地方政府j举债的战略组合，相对应的战略结果为（U_i^{2-}，U_j^{2+}），它与（U_i^{2+}，U_j^{2-}）相对称。A_{22}代表地方政府i和j均不举债的战略组合，代表第一类战略组合，相对应的战略结果为（U_i^1，U_j^1），U_i^1和U_j^1分别代表地方政府i和j的效用。

表 4－2　地方政府 i 和 j 静态博弈表达式

类别	地方政府 j			
			举债	不举债
地方政府 i	举债	A_{11}	(U_i^3, U_j^3)	$A_{12}(U_i^{2+}, U_j^{2-})$
	不举债	A_{21}	(U_i^{2-}, U_j^{2+})	$A_{22}(U_i^1, U_j^1)$

根据4.3部分的结论，对地方政府不同战略组合的结果，即地方政府的效用进行对比分析。

（1）在地方政府 j 举债情况下，地方政府 i 举债的效用 U_i^3 和不举债的效用 U_i^{2-} 的比较。

根据式（4－40）U_j^2 的结果，运用对称性理论推算 U_i^{2-} 为：

$$U_i^{2-} = \left\{\frac{(\lambda_1 + \lambda_2 \pi_1 t_1)}{(1-t_1)} + \lambda_2\left[\frac{\alpha\pi_3 t_3}{(1-t_3)} + \frac{\beta\pi_2 t_2}{(1-t_2)}\right]\right\} \frac{A(K-\rho B_j)^{\alpha} L^{\beta}[(1-t_1)G_i^{\chi}]^{\frac{1}{1-\alpha-\beta}}}{\{[(1-t_1-\tau_j)G_j^{\chi}P_j^{\gamma}]^{\frac{1}{1-\alpha-\beta}} + [(1-t_1)G_i^{\chi}]^{\frac{1}{1-\alpha-\beta}}\}^{\alpha+\beta}} \tag{4-59}$$

根据上式和式（4－56）可推算出 U_i^3 与 U_i^{2-} 之差 ϕ_i^{3-2-}，有：

$$\phi_i^{3-2-} = U_i^3 - U_i^{2-}$$

$$= (\lambda_1 + \lambda_2 \pi_1 t_1) A L^{\beta} \left\{ \frac{(K-\rho B_i-\rho B_j)^{\alpha}(1-t_1-\tau_i)^{\frac{\alpha+\beta}{1-\alpha-\beta}}[G_i^{\chi}P_i^{\gamma}]^{\frac{1}{1-\alpha-\beta}}}{\{[(1-t_1-\tau_i)G_i^{\chi}P_i^{\gamma}]^{\frac{1}{1-\alpha-\beta}} + [(1-t_1-\tau_i)G_j^{\chi}P_j^{\gamma}]^{\frac{1}{1-\alpha-\beta}}\}^{\alpha+\beta}} - \frac{(K-\rho B_j)^{\alpha}(1-t_1)\frac{\alpha+\beta}{1-\alpha-\beta}[G_i^{\chi}]^{\frac{1}{1-\alpha-\beta}}}{\{[(1-t_1)G_j^{\chi}]^{\frac{1}{1-\alpha-\beta}} + [(1-t_1-\tau_j)G_j^{\chi}P_j^{\gamma}]^{\frac{1}{1-\alpha-\beta}}\}^{\alpha+\beta}} \right\}$$

$$+ \lambda_2\left[\frac{\alpha\pi_3 t_3}{(1-t_3)} + \frac{\beta\pi_2 t_2}{(1-t_3)}\right] A L^{\beta}$$

$$\left\{ \frac{(K-\rho B_i-\rho B_j)^{\alpha}[(1-t_1-\tau_i)G_i^{\chi}P_i^{\gamma}]^{\frac{1}{1-\alpha-\beta}}}{\{[(1-t_1-\tau_i)G_i^{\chi}P_i^{\gamma}]^{\frac{1}{1-\alpha-\beta}} + [(1-t_1-\tau_i)G_j^{\chi}P_j^{\gamma}]^{\frac{1}{1-\alpha-\beta}}\}^{\alpha+\beta}} - \frac{(K-\rho B_j)^{\alpha}[(1-t_1)G_i^{\chi}]^{\frac{1}{1-\alpha-\beta}}}{\{[(1-t_1)G_j^{\chi}]^{\frac{1}{1-\alpha-\beta}} + [(1-t_1-\tau_j)G_j^{\chi}P_j^{\gamma}]^{\frac{1}{1-\alpha-\beta}}\}^{\alpha+\beta}} \right\}$$

$$+ \lambda_2 \tau_i A L^{\beta} \frac{(K-\rho B_i-\rho B_j)^{\alpha}(1-t_1-\tau_i)^{\frac{\alpha+\beta}{1-\alpha-\beta}}[G_i^{\chi}P_i^{\gamma}]^{\frac{1}{1-\alpha-\beta}}}{\{[(1-t_1-\tau_i)G_i^{\chi}P_i^{\gamma}]^{\frac{1}{1-\alpha-\beta}} + [(1-t_1-\tau_i)G_j^{\chi}P_j^{\gamma}]^{\frac{1}{1-\alpha-\beta}}\}^{\alpha+\beta}} \tag{4-60}$$

（2）在地方政府 j 不举债的情况下，地方政府 i 举债的效用 U_i^{2+} 和不举债下的效用 U_i^1 的比较。根据式（4－39）和（4－22）可推算出 U_i^{2+} 与 U_i^1 之差 φ_i^{2-1-}，有：

$$\begin{aligned}\varphi_i^{2-1-} &= U_i^2 - U_i^{1-}\\ &= \left\{\frac{[\lambda_1 + \lambda_2(\pi_1 T t_1 + \tau_i)]}{(1 - t_1 - \tau_i)} + \lambda_2\left(\frac{\pi_3 t_3 \alpha}{(1 - t_3)} + \frac{\pi_2 t_2 \beta}{(1 - t_2)}\right)\right\}\\ &\quad \frac{(1 - t_1 - \tau_i)^{\frac{1}{1-\alpha-\beta}} A(K - \rho B_i)^{\alpha} L^{\beta} (G_i^{\chi} P_i^{\gamma})^{\frac{1}{1-\alpha-\beta}}}{\{[(1 - t_1 - \tau_i) G_i^{\chi} P_i^{\gamma}]^{\frac{1}{1-\alpha-\beta}} + [(1 - t_1) G_j^{\chi}]^{\frac{1}{1-\alpha-\beta}}\}^{\alpha+\beta}}\\ &\quad - \frac{[\lambda_1 + \lambda_2 \pi_1 t_1 + \lambda_2(1 - t_1)(\frac{\pi_3 t_3 \alpha}{1 - t_3} + \frac{\pi_2 t_2 \beta}{1 - t_2})] A K^{\alpha} L^{\beta} G_i^{\frac{\chi}{1-\alpha-\beta}}}{(G_i^{\frac{\chi}{1-\alpha-\beta}} + G_j^{\frac{\chi}{1-\alpha-\beta}})}\end{aligned} \tag{4－61}$$

根据对称性原理，可以求出：在地方政府 i 举债情况下，地方政府 j 举债的效用 U_j^3 和不举债下的效用 U_j^{2-} 的之差 φ_j^{3-2-}；在地方政府 i 不举债情况下，地方政府 j 举债的效用 U_j^2 和不举债下的效用 U_j^1 的之差 φ_j^{2-1-}。

根据纳什均衡的定义，一个战略构成纳什均衡战略的唯一条件是它是参与人对于其他参与人均衡战略的最优选择。如果 φ_i^{3-2-} 和 φ_i^{2-1-} 都大于零，它表示无论地方政府 j 是否举债，地方政府 i 的最优选择是举债。同样，如果 φ_j^{3-2-}、φ_j^{2-1-} 都大于零，它表示无论地方政府 i 是否举债，地方政府 j 的最优选择是举债。因此只要 φ_i^{3-2-}、φ_i^{2-1-}、φ_j^{3-2-}、φ_j^{2-1-} 都大于零，就可以得出两个地方政府均举债战略 A_{11} 是纳什均衡。由于存在挤出效应和债务偿还因子，致使我们很难从式（4－60）和（4－61）直接得出 φ_i^{3-2-} 和 φ_i^{2-1-} 大于零的结论。为此，地方政府 i 和 j 均举债是否是纳什均衡需要分不同的情况进行进一步分析。

第一种情况：无挤出效用，债务无须偿还。$\rho = 0$，$\tau_i = \tau_j = 0$，式（4－60）简化为：

$$\begin{aligned}\varphi_i^{3-2-} &= U_i^3 - U_i^{2-} \\ &= \frac{(1-t_1)AK^{\alpha}L^{\beta}}{[(G_i^x P_i^{\gamma})^{\frac{1}{1-\alpha-\beta}} + (G_i^x)^{\frac{1}{1-\alpha-\beta}}]^{\alpha+\beta}} \\ &\left[\frac{\lambda_1 + \lambda_2\pi_1 t_1}{1-t_1} + \lambda_2(\frac{\alpha\pi_3 t_3}{1-t_3} + \frac{\beta\pi_2 t_2}{1-t_2})\right][(G_i^x P_i^{\gamma})^{\frac{1}{1-\alpha-\beta}} - (G_i^x)^{\frac{1}{1-\alpha-\beta}}]\end{aligned} \tag{4-60-1}$$

由于 $G_i^x P_i^{\gamma} > G_i^x$，因此有 $U_i^3 > U_i^{2-}$。也就说，在举债没有挤出效应和无须偿还的情况下，在地方政府 j 选择举债战略时，地方政府 i 的最优战略是举债。

在这种情况下，式（4 -61）简化为：

$$\begin{aligned}\varphi_i^{2-1} &= U_i^2 - U_i^1 \\ &= [(\lambda_1 + \lambda_2\pi_1 t_1) + \lambda_2(1-t_1)\left(\frac{\pi_3 t_3\alpha}{1-t_3} + \frac{\pi_2 t_2\beta}{1-t_2}\right)] \frac{[(G_i^x P_i^{\gamma})^{\frac{1}{1-\alpha-\beta}} - G_i^{\frac{x}{1-\alpha-\beta}}]AK^{\alpha}L^{\beta}}{(G_i^{\frac{x}{1-\alpha-\beta}} + G_j^{\frac{x}{1-\alpha-\beta}})^{\alpha+\beta}}\end{aligned} \tag{4-61-1}$$

由于 $G_i^x P_i^{\gamma} > G_i^x$，因此有 $U_i^2 > U_i^1$。也就说，在这种情况下，在地方政府 j 选择不举债战略时，地方政府 i 的最优战略是举债。

通过前面的分析可知，在债务无挤出效用和无须偿还的情况下，无论地方政府 j 是否举债，地方政府 i 的最优选择是举债。根据对称性原理可知，无论地方政府 i 是否举债，地方政府 j 的最优选择是举债。可见，地方政府 i 和 j 均举债是完全信息静态博弈的纳什均衡。所有地方政府均举债是由所有地方政府的最优战略组成的，在给定其他地方政府举债的情况下，没有任何一家不举债。为便于观察，特别是为更清楚了解存在挤出效应和偿还因子的情况下，地方政府的竞争均衡结果，我们采用数据模拟方法来进行检验。表 4 -3 列出了经济发展基本变量，其含义与前文的假设一样，不再作具体说明。在下文模拟中，如这些变量的模拟取值不改变，就再不特别指出。

表 4 -4 是根据表 4 -9 第 2、3、5 行的结果改写的。假设地方政府 i 和 j 的公共管理水平相等，都为3；如举债，其规模为8。从表 4 -

4 可求得，（举债，举债）是其纳什均衡。这里我们就证明了本书的第一个假设，得出本书的命题 1：在债务无挤出效用和无须偿还（比如隐性举债）的情况下，无论对方是否举债，自身最优的战略是举债，地方政府 i 和 j 均举债是地方政府完全信息静态博弈的纳什均衡。

表 4－3　模拟模型基本变量的取值

α	β	A	χ	γ	K	L	η_1	η_2	λ_1
0.5	0.3	1	0.1	0.1	100	200	40%	60%	40%
t_1	π_1	$1-\pi_1$	t_2	π_2	$1-\pi_2$	t_3	π_3	$1-\pi_3$	λ_2
20%	30%	70%	10%	70%	30%	10%	50%	50%	60%

表 4－4　无挤出无偿还下博弈的战略支付

类别	地方政府 j		
地方政府 i		举债	不举债
	举债	（17.81，17.81）	（24.35，8.61）
	不举债	（8.61，24.35）	（14.47，14.47）

第二种情况：有挤出效应，但债务无须偿还。

（1）在一定债务规模之内，（举债，举债）依然是地方政府竞争的纳什均衡解。根据表 4－9 的第 2、8 和 14 行的结果写出表 4－5 的内容，它是 $\rho=0.5$ 情况下地方政府博弈战略支付表，举债规模 8 个单位，（举债，举债）依然是其纳什均衡解。因为挤出效应带来私人资本量的减少所产生的负效应，始终由两个地方政府共同承担，在对方不举债的情况下，自己举债会大幅度增加自身的效用；即使对方也举债，在很大程度上效用也是增加的。从第 7 至 9 行的结果可知，在地方债务为 8 时，挤出效应的高低对博弈的均衡解不会产生实质性影响。因为发生完全挤出效应时，两个地方效用为 16.33，还是高于均不举债的 14.47。

表 4-5 举债有挤出无偿还下博弈的战略结果

类别	地方政府 j		
地方政府 i		举债	不举债
	举债	(17.09,17.09)	(23.85,8.43)
	不举债	(8.43,23.85)	(14.47,14.47)

(2) 随着举债竞争加剧，会出现囚徒困境。两个地方都举债，举债规模越大，受挤出效应的影响，其效用会逐渐下降，地方政府的举债竞争会出现囚徒困境。表 4-6 是完全挤出效应下，举债规模为 30 时两个地方博弈的战略支付表，见表 4-9 的第 12 行。由于（举债，举债）效用小于（不举债，不举债）的效用，这是典型的囚徒困境。如果地方政府举债规模达到 30 时，其效用会小于不举债时的效用。（举债，举债）是该囚徒困境的纳什均衡解。

表 4-6 举债有挤出无偿还下博弈的囚徒困境

类别	地方政府 j		
地方政府 i		举债	不举债
	举债	(12.86,12.86)	(25.90,4.73)
	不举债	(4.73,25.90)	(14.47,14.47)

(3) 囚徒困境出现的临界点（债务规模）高低与挤出效应大小成负相关。囚徒困境出现的条件是举债效用小于或等于不举债的效用，$U_i^3 \leqslant U_i^1$。在债务无须偿还情况下，从 $U_i^3 = U_i^1$ 可求出：

$$\frac{(K-\rho B_i-\rho B_j)^{\alpha}[G_i^x P_i^{\gamma}]^{\frac{1}{1-\alpha-\beta}}}{\{[G_i^x P_i^{\gamma}]^{\frac{1}{1-\alpha-\beta}}+[G_j^x P_j^{\gamma}]^{\frac{1}{1-\alpha-\beta}}\}^{\alpha+\beta}}=\frac{K^{\alpha}G_i^{\frac{x}{1-\alpha-\beta}}}{(G_i^{\frac{x}{1-\alpha-\beta}}+G_j^{\frac{x}{1-\alpha-\beta}})^{\alpha+\beta}} \quad (4-64)$$

如果两个地方举债水平相等，公共管理水平相等，并且 $P_i = B_i$，则有 $(K-2\rho P)\ \alpha P_i^{\ \gamma} = K^{\alpha}$，还是很难直接从该式对挤出效用和举债规模的关系作出直接判断。

从模拟结果看，当 ρ =1 时，发生囚徒困境临界值是每个地方举债 24 个单位，债务率 77.1%（表 4 –9 第 11 行）。当 ρ =0.5 时，发生囚徒困境临界值是每个地方举债 56 个单位，债务率高达 179.7%（表 4 –9 第 13 行）。

通过以上分析，我们可以得出命题 2：在债务有挤出效应但无须偿还条件下，所有地方政府均举债依然是地方博弈的纳什均衡解。但是随着举债规模超过某个临界值，举债博弈会出现囚徒困境。临界值的高低与挤出效应的大小呈负相关。

第三种情况：有挤出效应，债务需要偿还。

如果偿还税率为 25.8%，债务规模为 8，挤出效应为 100% 时，战略组合支付表见表 4 –7，资料来源于表 4 –9 第 17 行。从模拟结果看，随着偿还税率提高，地方政府 i 在（举债，不举债）战略组合中的效用是逐渐递减的，见表 4 –9 第 18 行。当偿还税率小于临界值 25.8% 时，（举债，举债）是纳什均衡；当偿还税率大于临界值 25.8% 时，（举债，举债）和（不举债，不举债）都是其纳什均衡。在该临界值下，地方政府 i 在（举债，不举债）战略下的债务率为 33.6%，偿还因子为 76.78%，这是任期内债务偿还的比例。为此可以得出命题 3：在有挤出效应和债务需要偿还条件下，当债务偿还因子较低时，（举债，举债）是其纳什均衡；但债务偿还因子提升到较高水平时，（举债，举债）和（不举债，不举债）是其纳什均衡。

表 4 –7　举债有挤出需偿还下的博弈战略结果

类别	地方政府 *j*		
		举债	不举债
地方政府 *i*	举债	(21.53,21.53)	(14.48,18.42)
	不举债	(18.42,14.48)	(14.47,14.47)

第四种情况：无挤出效应，但债务均需要偿还。

假设两个地方偿还因子相同，这相当于公开举债。表4－8是挤出效应为零，债务偿还税率为27%，举债规模为8时的战略支付表。从表4－8可知，在该博弈中，有两个纳什均衡：（举债，举债）和（不举债，不举债）。在模拟中发现，当偿还税率小于27%时，（举债，举债）就会成为唯一的纳什均衡。在该临界值下，地方政府 i 在（举债，不举债）战略下的债务率为34.3%，偿还因子为78.71%。地方政府随着债务规模扩大，从一个纳什均衡变成两个纳什均衡的临界税率也相应地提高，当债务规模扩大到20时，临界税率提高到33.9%。

表4－8 举债无挤出都偿还下的博弈战略结果

类别	地方政府 j		
地方政府 i		举债	不举债
	举债	(23.76,23.76)	(14.31,19.69)
	不举债	(19.69,14.31)	(14.47,14.47)

为此我们可以得出命题4：在无挤出效应，债务需要偿还的条件下，当债务偿还因子较低时，两个地方均举债是其纳什均衡；但债务偿还因子较高时，两个地方都举债和都不举债是其纳什均衡。偿还税率的高低与债务规模相关。

4.4.3 地方政府博弈与均衡的小结

如果考虑债务的挤出效应和偿还因子，地方竞争的战略组合会大大增加。上面通过完全信息静态博弈分析，得出了四个关于地方政府博弈与均衡的结论，可进一步归纳为：在债务偿还因子较低（大约低于70%）时，（举债，举债）是地方博弈唯一的纳什均衡；

当债务偿还因子较高（大约超过70%）时，（举债，举债）和（不举债，不举债）都是地方博弈的纳什均衡。也就是说，所有地方都举债是地方政府不会吃亏的战略组合。在现实中存在以下两种情况：①如果允许地方政府举债，那么地方政府每年都会依靠发行新债来偿还到期债务和利息，当年债务偿还比例不可能超过70%；②如果不允许地方政府公开举债，地方政府只能隐性举债，那么其举债当期偿还的债务会更少一些。如果我们考虑上述两种情况，可以得出结论：都举债是地方政府博弈的唯一纳什均衡。

表4-9　地方政府博弈均衡的影响因素分析

1	ρ	τ_i	τ_j	B_i	B_j	G_i	G_j	U_i^k	U_j^k	P_i^k/Y_i^k
2	0	0	0	0	0	3	3	14.47	14.47	0.00%
3	0	0	0	8	0	3	3	24.35	8.61	15.13%
4	0	0	0	4	4	3	3	16.62	16.62	11.08%
5	0	0	0	8	8	3	3	17.81	17.81	20.68%
6	0	0	0	20	20	3	3	19.52	19.52	47.18%
7	0.1	0	0	8	8	3	3	17.67	17.67	20.85%
8	0.5	0	0	8	8	3	3	17.09	17.09	21.56%
9	1	0	0	8	8	3	3	16.33	16.33	22.57%
10	1	0	0	20	20	3	3	15.12	15.12	60.91%
11	1	0	0	24	24	3	3	14.34	14.34	77.09%
12	1	0	0	30	30	3	3	12.86	12.86	107.44%
13	0.5	0	0	56	56	3	3	14.36	14.36	179.66%
14	0.5	0	0	8	0	3	3	23.85	8.43	15.45%
15	1	0	0	8	0	3	3	23.35	8.26	15.45%
16	1	0	0	30	0	3	3	25.90	4.73	53.35%
17	1	0.258	0	8	0	3	3	14.48	18.42	33.56%
18	1	0.3	0	8	0	3	3	11.81	19.96	42.76%
19	0	0.27	0	8	0	3	3	14.31	19.69	34.34%
20	0	0.339	0	20	0	3	3	14.43	20.62	90.56%

4.5 地方债务的无限膨胀和最优债务比例

既然地方政府均举债是其纳什均衡，那么均衡解是什么？即地方政府举债规模是多少？这部分主要就是求解地方政府 i 和 j 的最优债务规模。研究发现，地方政府 i 和 j 的债务具有无限膨胀的内生机制。

4.5.1 地方债务的膨胀机制

地方政府 i 和 j 都举债，其效用函数分别是 U_i^3 和 U_j^3，分别见式（4－56）和式（4－57）。根据纳什均衡解有：地方政府 i 选择自己的举债规模 P_i 最大化效用 U_i^3，给定 P_j，两个一阶条件分别为：

$$\partial U_i^3/\partial P_i = \left\{\frac{[\lambda_1+\lambda_2(\pi_1 t_1+\tau_i)]}{(1-t_1-\tau_i)}+\lambda_2\left[\frac{\alpha\pi_3 t_3}{(1-t_3)}+\frac{\beta\pi_2 t_2}{(1-t_2)}\right]\right\}$$
$$\frac{(1-t_1-\tau_i)A(K-\rho B_i-\rho B_j)^{\alpha}L^{\beta}G_i^{\chi}}{1-\alpha-\beta}$$
$$\frac{\{(1-\alpha-\beta)[(1-t_1-\tau_i)G_j^{\chi}P_j^{\gamma}]^{\frac{1}{1-\alpha-\beta}}[(1-t_1-\tau_i)G_j^{\chi}P_j^{\gamma}]^{\frac{\alpha+\beta}{1-\alpha-\beta}}\}[(1-t_1-T_i)G_i^{x}P_i^{y}]^{\frac{\alpha+\beta}{1-\alpha-\beta}}}{\{[(1-t_1-\tau_i)G_j^{\chi}P_j^{\gamma}]^{\frac{1}{1-\alpha-\beta}}+[(1-t_1-\tau_i)G_j^{\chi}P_j^{\gamma}]^{\frac{1}{1-\alpha-\beta}}\}^{\alpha+\beta+1}}=0 \tag{4－65}$$

$$\partial U_j^3/\partial P_j = \left\{\frac{[\lambda_1+\lambda_2(\pi_1 t_1+\tau_j)]}{(1-t_1-\tau_j)}+\lambda_2\left[\frac{\alpha\pi_3 t_3}{(1-t_3)}+\frac{\beta\pi_2 t_2}{(1-t_2)}\right]\right\}$$
$$\frac{(1-t_1-\tau_j)A(K-\rho B_i-\rho B_j)^{\alpha}L^{\beta}G_i^{\chi}}{1-\alpha-\beta}$$
$$\frac{\{(1-\alpha-\beta)[(1-t_1-\tau_i)G_j^{\chi}P_j^{\gamma}]^{\frac{1}{1-\alpha-\beta}}\}[(1-t_1-\tau_i)G_j^{\chi}P_j^{\gamma}]^{\frac{\alpha+\beta}{1-\alpha-\beta}}}{\{[(1-t_1-\tau_i)G_j^{\chi}P_j^{\gamma}]^{\frac{1}{1-\alpha-\beta}}+[(1-t_1-\tau_i)G_j^{\chi}P_j^{\gamma}]^{\frac{1}{1-\alpha-\beta}}\}^{\alpha+\beta+1}}=0 \tag{4－66}$$

根据式（4－65）、式（4－66）可分别求出其反应函数：

$$P_i = R_1(P_j) \quad P_j = R_2(P_i) \tag{4－67}$$

通过对两个反应函数求解，可以求出两个地方政府的最优债务规模：

$$P_i^{3*} = \left\{ \frac{\frac{[\lambda_1 + \lambda_2(\pi_1 t_1 + \tau_j)]}{(1 - t_1 - \tau_j)} + \lambda_2\left[\frac{\alpha\pi_3 t_3}{(1 - t_3)} + \frac{\beta\pi_2 t_2}{(1 - t_2)}\right]}{\frac{[\lambda_1 + \lambda_2(\pi_1 t_1 + \tau_i)]}{(1 - t_1 - \tau_j)]} + \lambda_2\left[\frac{\alpha\pi_3 t_3}{(1 - t_3)} + \frac{\beta\pi_2 t_2}{(1 - t_2)}\right]} \right\}^{\frac{1-\alpha-\beta}{\gamma}} \left(\frac{1 - t_1 - \tau_j}{1 - t_1 - \tau_i}\right)^{\frac{1}{\gamma}} \left(\frac{G_j}{G_i}\right)^{\frac{\chi}{\gamma}} P_j^{3*} \tag{4-68}$$

式中，P_i^{3*} 和 P_j^{3*} 分别表示地方政府 i 和 j 的最优债务规模。可见，两个反应函数完全重合，具有无限多的均衡解。如果地方政府 j 的债务 P_j 增加，地方政府 i 的债务 P_i 也相应地增加，因此地方政府的债务交织上升，无限膨胀。既然如此，那么其最后债务到底是多少还要取决于中央政府对地方政府债务的态度以及偿还因子大小等。

4.5.2　地方政府最优债务比例的影响因素

首先要说明的是，从式（4－68）可知，挤出效应对竞争均衡的债务规模并没有影响，因为资本自由流动，挤出效应对所有地方的影响都一样。下面，分析债务偿还因子、公共管理水平等因素对博弈均衡和债务规模比例的影响。

第一种情况：公共管理水平相等，债务偿还因子相等。假设公共管理水平均为3。有 $Z_i = Z_j = c$，c 为常数。如果 c 为零，表示两个地方都隐性举债，均不需要偿还。

为此式（4－68）简化为：

$$P_i^* = \left(\frac{G_j}{G_i}\right)^{\frac{\chi}{(\alpha+\beta)\gamma}} P_j^* \tag{4-69}$$

从式（4－69）可知，如果两个地方的偿还因子相等，公共管理水平也相等，为达到竞争均衡，两个地方的债务规模必然相等。参见表4－10的 2、3 行。4.5.2 部分的行均指表 4－10 中的行。

表 4－10 地方政府最优债务比例影响因素分析

1	ρ	Z_i	Z_j	B_i	B_j	G_i	G_j	U_i^k	U_j^k	U_c^k	P_i^k/Y_i^k	P_j^k/Y_j^k	ϕ_{ij}
2	0	0	0	8	8	3	3	17.81	17.81	38.85	20.7%	20.7%	1.00
3	0	0	0	20	20	3	3	19.52	19.52	42.57	47.2%	47.2%	1.00
4	0.5	0	0	20	20	3	3	17.46	17.46	38.08	52.7%	52.7%	1.00
5	0	0.05	0	44.5	20	3	3	23.15	23.15	49.01	94.0%	39.9%	2.23
6	0	0.1	0	109	20	3	3	27.84	27.86	57.38	202.6%	33.3%	5.45
7	0.5	0.05	0	44.5	20	3	3	19.05	19.06	40.34	114.2%	48.4%	2.23
8	0	0.1	0.05	48.5	20	3	3	24.90	24.90	49.63	100.8%	39.4%	2.43
9	0	0.15	0.1	53.5	20	3	3	26.77	26.74	50.35	109.1%	38.8%	2.68
10	0.5	0.05	0	17.8	8	3	3	19.71	19.72	41.74	44.2%	18.7%	2.23
11	0	0	0	32.8	8	1.5	3	21.81	21.79	47.62	69.2%	17.0%	4.10
12	0	0	0	82	20	1.5	3	23.91	23.88	52.19	158.0%	38.8%	4.10
13	0	0.1	0.1	32.5	8	1.5	3	24.45	24.45	47.32	68.8%	17.0%	4.06
14	0	0.05	0.05	32.5	8	1.5	3	23.11	23.12	47.44	68.8%	17.0%	4.06
15	0.5	0.05	0.05	32.5	8	1.5	3	20.63	20.64	42.36	77.0%	19.0%	4.06
16	0.5	0.05	0.05	75	8	1	3	19.72	19.72	40.50	186.0%	20.0%	9.38
17	0.5	0.05	0.05	18.1	8	2	3	19.87	19.88	40.77	44.5%	19.7%	2.26
18	0.5	0.1	0.1	18.1	8	2	3	21.03	21.03	40.67	44.5%	19.7%	2.26
19	0.5	0.1	0.1	82	20	1.5	3	18.80	18.76	36.35	225.7%	55.4%	4.10

第二种情况：公共管理水平相等，一个公开举债需要偿还，另一个隐性举债不需要偿还。假设地方 i 公开举债，需要偿还；地方 j 隐性举债，不需要偿还，即 $Z_j=0$。由于很难从表达式看出债务的变化，我们继续用数据进行模拟来论证有关结论。

（1）在其他条件不变时，随着地方 i 的债务偿还因子的提高，两个地方最优债务比例 Φ_{ij} 会相应提高。其中：$\Phi_{ij}=P_i^*/P_j^*$。

在没有挤出效应，地方 j 隐性举债为 20，并且不需偿还条件下，为达到竞争均衡，地方 i 债务偿还税率为 5% 时，其最优债务规模为 44.5，两个地方债务率之比为 2.23，见第 5 行，地方 i 和 j 的债务率分别为 94.01% 和 39.86%。当地方 i 债务偿还税率为 10% 时，其最优债务规模上升到 109，两个地方债务率之比为 5.45，见第 6 行。地方 i 的债务率上升到 202.58%，地方 j 的债务率下降到 33.29%。

（2）挤出效应对两个地方最优债务比例没有影响。第 7 行与第 5 行相比，挤出效应上升到 50%，尽管两个地方最优债务率有所变化，但是两个地方最优债务比例没有发生变化。

第三种情况：两个地方公共管理水平相等，都公开举债并且偿还因子不同。从第二种情况的分析可知，在其他条件不变的情况下，两个地方偿还税率差距越大，其最优债务比例越高。通过数据模拟发现，当偿还税率改变，但两个地方税率差距不变时，两个地方最优债务比例变化不大。从第 5 行和 8、9 行的比较可知，在不断提高地方 i 的债务偿还税率，但保持两个地方债务偿还税率差距为 5% 时，其最优债务比例分别为 2. 23、2. 43、2. 68，没有明显变化。

通过上面分析可得出命题 5：地方政府竞争形成债务无限膨胀机制，两个地方政府的最优债务比例主要受其债务偿还税率差距大小的影响，受偿还税率绝对值的影响不大，偿还税率差距越大，其最优债务比例越高。挤出效应对最优债务比例没有影响。

第四种情况：两个地方公共管理水平不相等，债务偿还税率相等。分两种情形讨论。

（1）两个地方的公共服务水平的差距保持不变，观察偿还税率对最优债务比例的影响。假设地方政府 i 行政管理水平低，公共服务投入为 1. 5，地方 j 行政管理水平高，公共服务投入为 3。从第 11、12 行的结果可知，当地方 j 举债为 8 时，地方 i 的最优债务规模是 32. 8；当地方 j 举债为 20 时，地方 i 的最优债务规模是 82。两种情况下的最优债务比例均为 4. 1。第 13、14 行，把债务偿还税率从 0 分别提高 5% 和 10%，模拟发现最优债务比例没有改变，依然为 4. 1。可见，两个地方实行统一的偿还税率时，偿还税率高低对最优债务比例没有影响。

（2）固定偿还税率，观察公共服务水平差距对最优债务比例的影响。从第 15 至 17 行结果可知，当地方政府 i 和 j 公共服务投入为

1∶3、1∶1.5 和 2∶3 时，与其相对应的最优债务比例分别 9.4、4.1 和 2.26。公共服务差距越大，最优债务比例越大。为达到竞争均衡，行政管理水平低的地方，只好依靠多举债来吸引投资，提高自身效应。地方政府行政管理水平的竞争异化为债务的竞争。

通过对第 13 和 14 行、17 和 18 行结果比较发现，在其他条件不变时，偿还税率的同步改变对最优债务比例没有影响。通过对第 13 和 19 行的结果比较发现，在其他条件不变时，两个地方的最优债务比例不受某个地方举债规模绝对值的影响。在公共管理水平有高有低的情况下，两个地方偿还税率不相等对最优债务比例的影响遵守命题 5 的规定，这里不举例检验了。

通过上面分析可得出命题 6：地方政府竞争形成债务无限膨胀机制，两个地方政府的最优债务比例受其公共服务水平差距大小的影响，不受其公共服务绝对值的影响。公共服务水平的差距越大，其最优债务比例越高。行政管理水平落后的地区，其公共服务支出少，只能依靠多举债来提升自身效用。地方政府公共服务的竞争异化为债务的竞争。

综上所述，我们可以看到，地方政府博弈的反应函数完全重合，（举债，举债）战略均有无数多的解，地方政府举债具有无限膨胀的内生机制，一个地方增加举债规模，另一个地方为在竞争中不处于劣势，也必须增加举债规模。两个地方政府的最优债务比例与它们债务偿还税率的差距、行政管理水平的差距相关，债务偿还税率和公共服务水平的绝对值对其影响不大。在其他条件不变的情况下，一个地方的债务偿还税率比对方的高，并在对方债务固定情况下，它需要举更大规模的债务，才能实现竞争均衡。因此，偿还税率差距越大，其最优债务比例越高。同样，在其他条件不变的情况下，与竞争对手相比，一个地方的行政管理成本越高，即地方公共服务水平越低，在对方债务固定情况下，它需要举更大规模的债务，才能实现竞争均衡。因此两个地方的公共服务差距越大，其最优债务比例越高。

4.6 中央政府的财政机会主义及其对地方债务膨胀的容忍度

地方政府具有追求地方债务无限膨胀的机制，债务过度膨胀带来的危害是显而易见的，为什么中央政府会容忍此种情况的存在呢？本部分通过比较分析不同情况下中央政府效用的变化，从而对此作出合理化的解释。

4.6.1 中央政府的财政机会主义

中央政府的财政机会主义是指中央政府为获取短期内的效用最大化而对地方政府举债采取机会主义，在很大程度上对地方举债行为睁一只眼、闭一只眼。根据 4.3 部分的分析可知，U_c^3、U_c^2、U_c^1 分别代表地方 i 和 j 均举债、地方 i 举债和 j 不举债、地方 i 和 j 均不举债情况下的中央政府效用。中央政府之所以能容忍地方政府举债行为，主要是因为尽管国家债务率在增加，但当期效用在不断增加。也就是说，以债务的累积实现税收和经济增长的最大化。

（1）U_c^2 和 U_c^1 的比较

可根据式（4－41）和式（4－24）求出中央政府在一个地方举债一个地方不举债和两个地方均不举债时的效用之差 ϕ_c^{2-1}：

$$
\begin{aligned}
\varphi_C^{2-1} &= U_c^2 - U_c^1 \\
&= [\eta_1 + \eta_2(1-\pi_1)t_1]AL^\beta \\
&\left\{ \begin{array}{l} \dfrac{(K-\rho B_1)^\alpha[(1-t_1-\tau_i)^{\frac{\alpha+\beta}{1-\alpha-\beta}}(G_i^\chi P_i^\gamma)^{\frac{1}{1-\alpha-\beta}} + (1-t_1)^{\frac{\alpha+\beta}{1-\alpha-\beta}}(G_j^\chi)^{\frac{1}{1-\alpha-\beta}}]}{\{[(1-t_1-\tau_i)G_i^\chi P_i^\gamma]^{\frac{1}{1-\alpha-\beta}} + [(1-t_1)G_j^\chi]^{\frac{1}{1-\alpha-\beta}}\}^{\alpha+\beta}} \\ - K^\alpha(G_i^{\frac{\chi}{1-\alpha-\beta}} + G_j^{\frac{\chi}{1-\alpha-\beta}})^{1-\alpha-\beta} \end{array} \right\} \\
&- \eta_2(1-\pi_3)t_3\gamma\rho B_j
\end{aligned}
\tag{4-70}
$$

（2）U_c^3 和 U_c^2 的比较

可根据式（4－58）和式（4－41）求出中央政府在两个地方政府均举债和一个举债一个不举债时的效用之差 ϕ_c^{3-2}：

$$
\begin{aligned}
\varphi_C^{3-2} &= U_c^3 - U_c^2 \\
&= [\eta_1 + \eta_2(1-\pi_1)t_1]AL^{\beta} \\
&\left\{ \frac{(K-\rho B_i-\rho B_j)^{\alpha}[(1-t_1-\tau_i)^{\frac{\alpha+\beta}{1-\alpha-\beta}}(G_i^{\chi}P_i^{\gamma})^{\frac{1}{1-\alpha-\beta}}+(1-t_1-\tau_j)^{\frac{\alpha+\beta}{1-\alpha-\beta}}(G_j^{\chi}P_j^{\gamma})^{\frac{1}{1-\alpha-\beta}}]}{\{[(1-t_1-\tau_i)G_i^{\chi}P_i^{\gamma}]^{\frac{1}{1-\alpha-\beta}}+[(1-t_1-\tau_i)G_j^{\chi}P_j^{\gamma}]^{\frac{1}{1-\alpha-\beta}}\}^{\alpha+\beta}} \right. \\
&\left. -\frac{(K-\rho B_i)^{\alpha}[(1-t_1-\tau_i)^{\frac{\alpha+\beta}{1-\alpha-\beta}}(G_i^{\chi}P_i^{\gamma})^{\frac{1}{1-\alpha-\beta}}+(1-t_1)^{\frac{\alpha+\beta}{1-\alpha-\beta}}(G_j^{\chi})^{\frac{1}{1-\alpha-\beta}}]}{\{[(1-t_1-\tau_i)G_i^{\chi}P_i^{\gamma}]^{\frac{1}{1-\alpha-\beta}}+[(1-t_1)G_j^{\chi}]^{\frac{1}{1-\alpha-\beta}}\}^{\alpha+\beta}} \right\} \\
&- \eta_2(1-\pi_3)t_3\gamma\rho B_j
\end{aligned}
\tag{4-71}
$$

（3）U_c^3 和 U_c^1 的比较

可根据式（4－58）和式（4－24）求出中央政府在两个地方政府均举债和两个地方均不举债时的效用之差 ϕ_c^{3-1}：

$$
\begin{aligned}
\varphi_C^{3-1} &= U_c^3 - U_c^1 \\
&= [\eta_1 + \eta_2(1-\pi_1)t_1]AL^{\beta} \\
&\left\{ \frac{(K-\rho B_i-\rho B_j)^{\alpha}[(1-t_1-\tau_i)^{\frac{\alpha+\beta}{1-\alpha-\beta}}(G_i^{\chi}P_i^{\gamma})^{\frac{1}{1-\alpha-\beta}}+(1-t_1-\tau_j)^{\frac{\alpha+\beta}{1-\alpha-\beta}}(G_j^{\chi}P_j^{\gamma})^{\frac{1}{1-\alpha-\beta}}]}{\{[(1-t_1-\tau_i)G_i^{\chi}P_i^{\gamma}]^{\frac{1}{1-\alpha-\beta}}+[(1-t_1-\tau_j)G_j^{\chi}P_j^{\gamma}]^{\frac{1}{1-\alpha-\beta}}\}^{\alpha+\beta}} \right. \\
&\left. - K^{\alpha}(G_i^{\frac{\chi}{1-\alpha-\beta}}+G_j^{\frac{\chi}{1-\alpha-\beta}})^{1-\alpha-\beta} \right\} \\
&- \eta_2(1-\pi_3)t_3\gamma(\rho B_i+\rho B_j)
\end{aligned}
\tag{4-72}
$$

从中央政府角度看，既然能容忍一个地方举债，也就能容忍另一个地方举债。为此中央政府采取财政机会主义的主要标准是，$\phi_c^{3-1}=U_c^3-U_c^1\geqslant 0$。即，只要与不举债相比两个地方均举债能给自己带来更大的效用，中央政府对地方的举债就会采取默许态度。从上面的三个函数可知，三种情况下的效用之比，除基本模型变量外，主要取决于挤出效应、偿还税率、举债规模、行政管理水平等因素。由于函数比较复杂，很难直接推算出结果，继续用数据进行模拟。

4.6.2 中央政府对地方债务规模的容忍度及其影响因素

挤出效应、债务偿还税率等因素的高低会对中央政府不同情况下的效用产生影响，从而影响到中央政府对地方政府债务规模的容忍度。为此，我们继续按照前面分类进行分析。

第一种情况：举债无挤出，无须偿还。

因为有 $\rho=0$，$Z_i=Z_j=0$，式（4－70）、（4－71）、（4－72）可分别简化为：

$$
\begin{aligned}
\varphi_c^{2-1} &= U_c^2 - U_c^1 \\
&= [\eta_1+\eta_2(1-\pi_1)t_1]\left\{\begin{array}{l}[(G_i^xP_i^\gamma)^{\frac{1}{1-\alpha-\beta}}+(G_j^x)^{\frac{1}{1-\alpha-\beta}}]^{1-\alpha-\beta} \\ -(G_i^{\frac{x}{1-\alpha-\beta}}+G_j^{\frac{x}{1-\alpha-\beta}})^{1-\alpha-\beta}\end{array}\right\}AK^\alpha L^\beta
\end{aligned}
\tag{4－73}
$$

$$
\begin{aligned}
\varphi_c^{3-2} &= U_c^3 - U_c^2 \\
&= [\eta_1+\eta_2(1-\pi_1)t_1]AK^\alpha L^\beta\left\{\begin{array}{l}[(G_i^xP_i^\gamma)^{\frac{1}{1-\alpha-\beta}}+(G_j^xP_j^\gamma)^{\frac{1}{1-\alpha-\beta}}]^{1-\alpha-\beta} \\ -[(G_i^xP_i^\gamma)^{\frac{x}{1-\alpha-\beta}}+(G_j^x)^{\frac{1}{1-\alpha-\beta}}]^{1-\alpha-\beta}\end{array}\right\}
\end{aligned}
\tag{4－74}
$$

$$
\begin{aligned}
\varphi_c^{3-1} &= U_c^3 - U_c^1 \\
&= [\eta_1+\eta_2(1-\pi_1)t_1]AK^\alpha L^\beta\left\{\begin{array}{l}[(G_i^xP_i^\gamma)^{\frac{1}{1-\alpha-\beta}}+(G_j^xP_j^\gamma)^{\frac{1}{1-\alpha-\beta}}]^{1-\alpha-\beta} \\ -(G_i^{\frac{x}{1-\alpha-\beta}}+G_j^{\frac{x}{1-\alpha-\beta}})^{1-\alpha-\beta}\end{array}\right\}
\end{aligned}
\tag{4－75}
$$

因为 $G_i^xP_i^\gamma > G_i^x$，有 $U_c^2 > U_c^1$；因为 $G_j^xP_j^\gamma > G_j^x$，有 $U_c^3 > U_c^2$，可知上述三个等式均大于0。也就是说，在无挤出效应和隐性举债下，地方政府举债规模越大，中央政府的效用越大。为此，中央政府对地方政府容忍度随着地方政府债务的增加而增加。当然，这是一种极端的假设，一个国家债务受到很多国内外投资者、国际组织、区域组织的监督，债务超过一定限度，不可能不产生挤出效用。但这说明一个现象，中央政府为实现短期目标，往往会通过社保欠账、银行呆坏账、隐性担保等途径发展经济。表4－11的第2～6行很好地说明了这一点，两个地方从不举债到举债40，中央政府效用从31.55上升到45.63，同时国家债务率从0上升到88.04%。

表 4－11 中央政府对地方政府最大债务容忍度影响因素分析

1	ρ	Z_i	Z_j	B_i	B_j	G_i	G_j	U_c^k	β/γ
2	0	0	0	0	0	3	3	31.55	0.0%
3	0	0	0	4	4	3	3	36.25	11.1%
4	0	0	0	8	8	3	3	38.85	20.7%
5	0	0	0	20	20	3	3	42.57	47.2%
6	0	0	0	40	40	3	3	45.63	88.0%
7	0.1	0	0	8	8	3	3	38.53	20.8%
8	0.5	0	0	8	8	3	3	37.26	21.6%
9	1	0	0	8	8	3	3	35.60	22.6%
10	0.1	0	0	345	345	3	3	31.51	1099.4%
11	0.5	0	0	55.3	55.3	3	3	31.51	176.2%
12	1	0	0	23.4	23.4	3	3	31.54	74.5%
13	1	0	0	30	30	3	3	28.04	107.4%
14	0	0.01	0.01	8	8	3	3	38.83	20.7%
15	0	0.1	0.1	8	8	3	3	38.67	20.7%
16	0	0.2	0.2	8	8	3	3	38.50	20.7%
17	0	0.79	0.79	8	8	3	3	37.46	20.7%
18	0	0.1	0.1	20	20	3	3	42.38	47.2%
19	0	0.79	0.79	20	20	3	3	41.06	47.2%
20	0	0.79	0.79	40	40	3	3	44.00	88.0%
21	0.1	0.1	0.1	8	8	3	3	38.36	21.6%
22	0.5	0.1	0.1	8	8	3	3	37.09	20.8%
23	1	0.1	0.1	8	8	3	3	35.44	22.6%
24	0.5	0.2	0.2	8	8	3	3	36.92	21.6%
25	0.5	0.79	0.79	8	8	3	3	35.93	21.6%
26	1	0.79	0.79	8	8	3	3	34.33	85.1%
27	0.5	0.1	0.1	54.7	54.7	3	3	31.54	173.4%
28	1	0.1	0.1	23	23	3	3	31.58	72.8%
29	1	0.1	0.1	30	30	3	3	27.91	107.4%

为此，可以得出命题7：在举债无挤出无须偿还的条件下，中央政府对地方政府举债规模具有无限大的容忍度。

第二种情况：举债有挤出，无须偿还。

表4－11第7～9行的模拟结果显示，两个地方都举债为8时，尽管随着挤出效应的增加，中央政府效用会有所下降，但是当挤出效应为100%时，中央政府效用为35.6，还是远高于不举债时的31.55，此时国家债务率为22.6%。

在一定挤出效应下，随着地方政府举债规模继续扩大到某个临界值，中央政府的效用会低于不举债时的效应，该临界值就是中央政府对债务最大容忍度。挤出效应越大，中央政府对债务容忍度越低。从第2行与10～12行对比发现，当挤出效应为0.1时，中央政府最大债务容忍度为每个地方发债345，国家债务率1099%；当挤出效应提高0.5时，中央政府最大债务容忍度为每个地方发债55.3，国家债务率176.24%；当挤出效应为1时，中央政府最大债务容忍度为每个地方发债23.4%，国家债务率74.50%。

为此，可以得出命题8：在举债有挤出无须偿还的条件下，中央政府对地方政府举债的容忍度是，举债的挤出效应越大，对债务容忍度就越低；举债的挤出效应越小，对债务容忍度就越高。因此，在萧条时期，中央政府对地方政府举债行为的监督较为宽松；在繁荣时期，中央政府对地方政府举债行为的控制较为严格。

第三种情况：举债无挤出，但需要偿还。

从表4－11第14至17行的模拟结果看，在两个地方举债为8时，随着偿还税率增加，中央政府的效用只会出现小幅度下降。比如，当偿还税率为1%时，中央政府效用为38.83；当偿还税率提高为79%时，中央政府效用仅仅下降到37.46。但下降后的效用仍远远大于地方政府不举债时的中央政府效用31.55。如果把地方举债规模提高到20和40时，其模拟效果与债务规模较低时一样，见第

18～20行。可见，债务偿还税率高低对中央政府效用没有多大影响。其逻辑如下：因为是封闭经济体，偿还税率提高只会改变收入在政府和居民以及投资者之间的分配比例，不会导致资本和劳动力流出国外，国内的资本和劳动力总量并没有发生改变。另外，地方举债还能提高经济总量和税收从而带动中央政府效用的增加。

为此，我们可得到命题9：债务偿还税率高低对中央政府的效用没有明显影响，进而对中央政府对地方政府的最大债务容忍度没有实质性影响。

第四种情况：举债有挤出，也需要偿还。

从表4－11第15和21行的比较可知，在其他条件不变的情况下，在偿还税率也固定的情况下，比如为10%，有挤出效应时的中央政府效用，要比无挤出时低一些。但是当债务规模为8时，即使发生完全挤出效用，见第23行，中央政府效用也不会下降到不举债时的水平。这与本部分第二种情况的分析结论相同。

如果举债规模为8不变，偿还税率提高到最大限度79%，发生完全挤出效应，中央政府效用为34.3，还是没有下降到不举债时的31.55。偿还税率高低对中央政府的效用没有明显影响，这与本部分第三种情况的分析结论相同。

从第11行和27行以及第12行和28行对比发现，债务偿还税率对中央政府的最大债务容忍度没有什么影响。比如在第11行偿还税率为0，中央对地方的债务容忍度为每个地方举债55.3；在其他条件不变，增加偿还税率到10%，中央对地方债务容忍度为每个地方举债54.7，没有明显变化，见第27行。这与命题9的内容一样。从第27行和28行的对比发现，挤出效应增加，中央政府对地方政府的最大债务容忍度有所下降。这与命题8的内容一样。

上面的分析揭示了以下现象：中央政府表面上不允许地方政府出现赤字和债务，但由于能从地方政府隐性举债发展经济中增进自身的效用，因而对地方政府举债采取机会主义，在很大程度上对地方债务睁一只眼、闭一只眼。地方政府举债发展经济对中央政府而言有以下几个方面的好处：①能提供大量的基础设施，弥补中央政府在基础设施上的投入不足；②能扶持国有企业的发展，支撑经济高速增长和缓解就业压力；③能增加地方的财力，从而缓解地方政府由于中央与地方事权与财权不匹配而对中央政府的利益诉求。

综上所述，可以对命题 7～9 进行归纳如下：中央政府对地方政府举债规模的最大容忍度主要受挤出效应的影响，偿还税率高低对其没有实质性影响。由于在萧条时期，中央政府认为挤出效应较少，因此对地方举债行为采取更加纵容的态度。在经济繁荣时期，中央政府认为挤出效应较大，对地方政府举债行为控制较严。

4.7 主要结论与研究展望

（1）主要结论。对本章得出的 9 个命题，可进一步归纳为以下几方面。①在债务无挤出无须偿还下，（举债，举债）是地方政府博弈的纳什均衡。在债务偿还因子较低（大约低于 70%）时，（举债，举债）是地方政府博弈的纳什均衡。当债务偿还因子较高（大约超过 70%）时，（举债，举债）和（不举债，不举债）是地方政府博弈的纳什均衡。无论是公开举债还是隐性举债，偿还因子都很难超过 70%，因此（举债，举债）是地方政府博弈的唯一的纳什均衡。②地方政府举债具有无限膨胀的内生机制，一个地方增加举债规模，另一个地方为在竞争中不处于劣势，也必须增加举债规模。两个地方政府的最优债务比例与其债务偿还税率的差距、行政管理水平的差距相关，与其绝对值相关程度很低。在其他条件不变的情况下，两个地方的偿还税率差距越大，其最优债务比例越高；同样，两个地方的公共服务差距越大，其最优债务比例也越高。挤出效应对最优债务比例没有实质性影响。③在很大程度上，中央政府在短期内是举债的受益者，地方举债能增进其效用，因此中央政府极易采取财政机会主义，默许地方政府的隐性举债行为。中央政府对地方政府举债规模的最大容忍度主要受挤出效应的影响，偿还税率高低对其没有实质性影响。挤出效应越大，与中央政府最大容忍度相对应的地方债务规模越小；挤出效应越小，与中央政府最大容忍度相对应的地方债务规模越大。

（2）对模型的进一步说明。本章对财政风险累积机制的分析是以地方政府债务为例的，其实该模型及其分析思路同样适合分析养老保险隐性债务、国有企业债务累积与财政风险的形成机制。因为养老保险隐性债务相当于对资本的税收优惠，考虑该方面的隐性债务时，地方政府竞争演变为对资本税收优惠的竞争。本模型还适合对地方政府过度获取土地收入从而形成财政风险的机制进行分析。因为土地出让收入相当于隐性举债，不需要政府偿还，它本质上是变相向劳动所得额外征税。

（3）研究展望。从研究问题本身来看，本章并没有结束，因为这里只提出了问题，还没有给出答案。从已有研究结论看，在债务规模上，中央政府主要关心挤出效应，地方政府主要关心与其他地方政府在债务偿还税率、行政管理水平等方面的差距。那么，中央政府和地方政府在控制债务膨胀上是否有交集？我们的观点是，肯定有。关键是要调整中央和地方效用函数，比如把债务、就业纳入绩效考核函数。从研究方法来看，可以进一步从动态博弈角度对此问题做深入研究。

5 政府债务规模与结构

举债是地方政府发展经济的理性选择，中央政府为了自身利益也往往对其采取默许态度，这导致债务累积和财政风险的形成。长期以来，中央政府从法律上不允许地方政府公开举债，因此地方政府采取隐性举债加以应对。中央政府和地方政府往往在国有经济债务、社会保障债务等方面采取机会主义，期望以一定规模的国有企业债务和银行不良资产、低水平的社会保障换取经济快速增长。当期政府的债务主要来源于三部分：国有经济债务、地方政府债务和养老保障债务。本书第 4 章从理论上对债务与财政风险的形成机制进行了深入分析。本章的主要任务是对我国 1978 ~ 2008 年以上三部分债务的规模进行推算，并且按照一定的方法使之年度化，从而估算隐性债务赤字率。实际上，本章是本书第 3 章部分内容的拓展和深化，这些推算结果已被第 3 章使用。将政府债务来源与规模研究单独成章也有利于我们进一步从实证的角度考察政府债务，包括隐性债务和公开债务的规模及其与财政风险的互动关系。

5.1 国有经济债务及其年度化

国有经济部门分为国有金融保险企业和国有非金融保险企业，后者经常简称为国有企业。长期以来，国有银行主要为国有企业提供贷款，由于预算软约束、内部人控制、企业办社会、保就业和社会稳定等多方面的原因，国有银行形成了大量不良贷款，最终需要财政通过注资和剥离不良资产加以解决，以推动银行改革，并使之成为市场竞争主体。由于存在国有企业资本金不足、技改投入不足、冗员过多，以及优质资产剥离重组留下众多不良资产等原因，国有企业亏损严重。为此，提供推动国企改制、提高国企竞争能力所需资金，也是财政的责任。可见，我们这里讲的国有经济债务，其实就是在国有企业和国有银行的改革发展过程中财政应该承担而没有承担，累积到一定程度、一定时点而不得不承担的责任。从这个角度来看，政府把现期应该承担的财政支出转移到未来某一个时期的支出，它是一种时空转换的财政赤字。本书称之为国有经济赤字，它是隐性赤字的三大来源之一。由于主要的国有银行已经进行了股份制改革，本书主要从为推进银行改革政府所应承担的财政责任的角度来分析国有银行的债务。研究显示，截至2008年底，中国银行业损失额是28304.67亿元，1985~2008年，财政每年承担的损失额在137.58亿~3952.51亿元。同时，主要从推进国有企业改制和提高其竞争力角度来看政府对国有企业及其职工的债务，截至2008年底，国有企业的债务总额是67221亿元，1985~2008年国有企业债务年平均额为2800.9亿元。两者相加可得到国有经济债务。截至2008年底，国有经济债务规模95525.67亿元，1985~2008年每年的债务为2938.48亿~6753.41亿元。需要说明的是，它们不是财政未来必须偿还的债务，而是在整个改革过程中中央财政需承担的责任。

5.1.1 国有银行债务及财政责任

这里我们首先分析国有银行的债务构成，然后推算出国有银行债务总额及每年的债务。主要从国有银行业改革过程中的注资、剥离不良资产、不良贷款的损失额等方面来分析银行债务。

（1）向国有银行注资的成本。1998 年 3 月，财政部发行 2700 亿元特别国债，用于补充四大国有银行的资本金。2003 年动用 450 亿美元（约合 3800 亿元人民币）向中国银行、建设银行注资，以加速其股份制改革进程。2008 年向国家开发银行、中国农业银行分别注资 200 亿美元（约合 1460 亿元人民币）和 190 亿美元（约合 1300 亿元人民币）。

（2）剥离不良资产。1999 年共注资 400 亿元成立四大资产管理公司，剥离了四大国有银行 1.4 万亿元的不良资产。截至 2004 年底，四家资产管理公司共处置不良资产 6750.6 亿元，现金回收率（回收现金占累计处置总额的比率）、资产回收率（回收现金及非现金占累计处置总额的比率）分别为 20.29%、25.48%。考虑到资产处置成本，假定净回收率为 20%，共损失 1.12 万亿元。

（3）不良贷款的损失额。国有商业银行股份制改造特别是上市后，银行加强了信用风险控制，加大了不良资产打包出售和清缴的力度，不良贷款余额和不良贷款率出现“双降”的趋势，见表5－1。2007 年末中国银行业不良贷款余额 12684.2 亿元，[74] 其中农业银行不良贷款 8179.73 亿元。农业银行的不良资产是改制需剥离的，按照 80% 损失率计算，损失额 6543.78 亿元；其他不良资产按照 20% 损失率计算，损失额 900.89 亿元。两项共计 7444.67 亿元，见表 5－1。[74]

（4）较大存贷利差给银行的隐性补偿。由于这部分成本由存款人承担，这里暂不考虑。

（5）银行业改革的财政责任总体规模。国有银行运行的损失额就是银行业改革的财政责任。综合以上分析，可知由财政直接承担

表 5－1 2007 年中国银行业不良贷款率及损失额

单位：亿元

不良贷款余额	金额	损失率(%)	损失金额	损失率(%)	损失金额
农业银行	8179.73	80	6543.78	80	6543.78
其他国有商业银行	2969.77	20	593.95	30	890.93
股份制商业银行	860.40	20	172.08	30	258.12
城市商业银行	511.50	20	102.30	30	153.45
农村商业银行	130.60	20	26.12	30	39.18
外资银行	32.20	20	6.44	30	9.66
合计	12684.20		7444.67		7895.12

的银行业改革成本包括注入资本金、剥离不良资产带来的损失及没有剥离不良资产可能发生的损失额。前两项是已经发生并必须由财政承担的支出责任，共计 27403.78 亿元。没有剥离不良资产可能发生的损失额，按照 20% 损失率计算是 900.89 亿元，如果按照 30% 损失率计算是 1351.34 亿元。按照 20% 损失率计算，截至 2008 年，中国银行业损失额为 28304.67 亿元，见表 5－2。

表 5－2 中国银行业改革的财政责任

单位：亿元

<table>
<tr><th>类别</th><th>项目</th><th>财政责任</th><th>备注</th></tr>
<tr><td rowspan="8">已发生的成本</td><td rowspan="5">注入资本金</td><td>2700</td><td>1998 年四大国有银行</td></tr>
<tr><td>3800</td><td>2003 年中行、建行(450 亿美元)</td></tr>
<tr><td>1460</td><td>2008 年国开行(200 亿美元)</td></tr>
<tr><td>1300</td><td>2008 年农业银行(190 亿美元)</td></tr>
<tr><td>400</td><td>1999 年四大资产管理公司</td></tr>
<tr><td rowspan="2">剥离不良贷款</td><td>11200</td><td>1999 年四大国有银行</td></tr>
<tr><td>6543.78</td><td>2008 年农业银行</td></tr>
<tr><td>合计</td><td>27403.78</td><td></td></tr>
<tr><td>未来债务</td><td>不良贷款损失额</td><td>900.89</td><td>按 20% 损失率计算的不良贷款的损失额</td></tr>
<tr><td>隐性债务</td><td>利差补偿</td><td></td><td></td></tr>
<tr><td>损失额合计</td><td></td><td>28304.67</td><td></td></tr>
</table>

（6）银行业改革的年度财政责任。它是指银行业运行每年造成的由财政承担的损失。1985 年开始实行“拨改贷”，假设 28304.67 亿元损失额全部由 1985～2008 年的贷款产生，**该时期总共放贷 298647.8 亿元，贷款平均损失率为 9.48%**。根据该比例和每年新增贷款求出每年的损失额。1985～2017 年每年贷款损失额为 137.58 亿～12824.64 亿元，见表 5－3。

表 5－3　1985～2017 年国有银行的损失额

单位：亿元

年份	贷款余额	新增贷款	损失额	年份	贷款余额	新增贷款	损失额
1985	6198.4	1451.6	137.577	2002	131294	18979.23	1798.777
1986	8142.7	1944.3	184.2731	2003	158996	27702.3	2625.516
1987	9814.1	1671.4	158.4088	2004	178198	19201.55	1819.848
1988	11964.3	2150.2	203.7875	2005	194690	16492.62	1563.106
1989	14248.8	2284.5	216.516	2006	225347	30656.8	2905.532
1990	17511	3262.2	309.1786	2007	261691	36343.7	3444.514
1991	21116.4	3605.4	341.7057	2008	303395	41703.7	3952.514
1992	25742.8	4626.4	438.4721	2009	399685	96290.2	9128.31
1993	32955.8	7213	683.6199	2010	479196	79510.7	7537.62
1994	39976	7020.2	665.3471	2011	547947	68751.1	6517.61
1995	50544.1	10568.1	1001.603	2012	629910	81962.9	7770.09
1996	61156.6	10612.5	1005.811	2013	718961	89051.8	8442.11
1997	74914.1	13757.5	1303.88	2014	816770	97808.6	9272.25
1998	86524.1	11610	1100.35	2015	939540	122770.1	11638.61
1999	93734.3	7210.2	683.3545	2016	1066040	126499.8	11992.18
2000	99371.1	5636.8	534.2338	2017	1201321	135281	12824.64
2001	112315	12943.6	1226.744				

注：贷款余额数据引自历年《中国统计年鉴》或其摘要。

5.1.2　国有企业债务及财政责任

这里的国有企业是国有非金融保险企业的简称，其债务主要是隐性债务和或有债务，主要有以下六个方面构成。[75]①在国有企业改制中，因种种原因导致企业资产的流失。2002 年，审计署查出由于违规担保、投资和借款以及决策严重失误等原因造成的国有资产损失高达 72.3 亿元。2005 年对 169 家中央国有企业清偿核资的结果显示，资产损失（流失）达 3521.2 亿元。②根据国资委一次摸底，2004 年仍然有 1800 户企业需要通过政策性破产退出市场，同时将核销这些企业形成的 1700 亿元呆坏账。③增加国有企业资本金，降低国有企业负债率。2008 年全国国有企业的资产负债率 59.88%，即使把该指标降低 2 个百分点，政府仍需给国有企业补偿资本金 20000 亿元。④国企改制员工安置成本。原国资委副主任邵宁称，就国企改制的企业员工身份置换而言，全国需要 8000 亿 ~ 10000 亿元来承担改制的成本。[76] ⑤剥离企业的医院、学校及其附属设施，并予以妥善安置，国家至少需要拿出 2000 亿元。⑥提高国有企业技术水平，在未来一些年份国家还需增加近 30000 亿元投资。通过对以上①～⑥项计算可得，国有企业解困的资金需求高达 67221 亿元。由于国有企业不良资产已作为国有银行不良贷款给予计算，这里没有考虑这部分引起的债务和财政责任。另外，没有把国有企业亏损计算在内。国有企业亏损分为两种情况，一部分是由经济周期和经营规律引起的亏损，更大的部分是由于企业改制后留下的一些负债过高、冗员过多、不良资产多的国有企业造成的。后者本身就是国有企业改革滞后、长期资本金和技改资金投入不足引起的，是隐性债务（对职工欠账）的一种间接消除方式。截至 2005 年底，国有企业亏损面高达 56%，亏损额 1200 亿元。2008 年国有企业亏损 3000 多亿元，占到国有企业盈利的一半以上。笔者甚至认为，国有企业实际亏损额度相当于政府财政每年应该承担的支出额度。假设国有企业债务按照国有集体经济投资额分摊到 1980 以来的每一年，1980 ~ 2008 年国有集体经济投资总额 45 万亿元，投资的债务率为 14.9%，每年国有企业债务在 117 亿 ~ 7575.8 亿元之间。

表 5－4　1980～2017 年国有经济和国有企业隐性债务赤字

单位：亿元

年份	国有经济债务赤字	其中：国有企业隐性债务	年份	国有经济债务赤字	其中：国有企业隐性债务
1980	118.37	118.37	1999	3715.76	3032.41
1981	117	117	2000	3719.04	3184.81
1982	152.41	152.41	2001	4647.68	3420.94
1983	165.67	165.67	2002	5515.57	3716.79
1984	212.84	212.84	2003	7060.67	4435.15
1985	437.73	300.15	2004	7050.66	5230.81
1986	553.67	369.40	2005	7786.95	6223.84
1987	606.22	447.81	2006	8371.65	5466.12
1988	761.6	557.81	2007	9923.55	6479.04
1989	721.49	504.97	2008	11528.3	7575.79
1990	834.72	525.54	2009	24092.2	14963.89
1991	1001.15	659.44	2010	25116.43	17578.81
1992	1463.62	1025.15	2011	25402.93	18885.32
1993	2214.78	1531.16	2012	28760.04	20989.95
1994	2515	1849.65	2013	32424.17	23982.06
1995	3122.37	2120.77	2014	36045.9	26773.65
1996	3346.33	2340.52	2015	41078.53	29439.92
1997	3836.47	2532.59	2016	46453.1	34460.92
1998	4024.41	2924.06	2017	50100.63	37275.99

注：①国有企业的隐性债务是每年国有集体经济固定资产投资额的 14.9%。

②1980～2005 年国有集体经济固定资产投资额来源于国家统计局《中国统计年鉴》，2006～2017 年计算公式为：国有经济固定资产投资额＝全社会固定资产投资完成额－民间固定资产投资完成额，数据来源为国家统计局或 Wind。

5.1.3　关于国有经济赤字的基本结论

国有银行和国有企业债务和财政责任构成整个国有经济债务和国有经济赤字。每年国有银行债务和国有企业债务之和，就是国有经济年度债务。截至2008年，国有经济债务规模为95525.67亿元，其中国有银行债务28304.67亿元，国有企业债务67221亿元。按照上述方法，把国有经济债务年度化，1980～2008年每年国有经济债务为117亿～11528.29亿元，具体见表5－5第④列。需要说明的是，它们不是未来需直接支付的债务，而是整个改革过程中财政需承担的责任。

表5－5　1980～2017年隐性债务赤字及其构成

单位：亿元

年份	地方政府债务赤字	养老保险债务赤字	国有经济债务赤字	隐性债务赤字
1980	91.35	—	118.37	209.72
1981	68.4	—	117	185.40
1982	84.84	—	152.41	237.25
1983	123.7	—	165.67	289.37
1984	236.23	—	212.84	449.07
1985	343.48	—	437.73	781.21
1986	247.1	—	553.67	800.77
1987	348.92	—	606.22	955.14
1988	580.61	—	761.6	1342.21
1989	392.97	—	721.49	1114.46
1990	346.35	—	834.72	1181.07
1991	628.94	—	1001.15	1630.09
1992	1032.79	—	1463.62	2496.41
1993	1688.83	—	2214.78	3903.61
1994	2593.63	—	2515	5108.63
1995	2578.88	—	3122.37	5701.25
1996	2172.95	—	3346.33	5519.28
1997	1681.65	—	3836.47	5518.12
1998	1265.52	789.94	4024.41	6079.87
1999	1255.41	965.25	3715.76	5936.42
2000	2163.15	959.16	3719.04	6841.35

续表

年份	地方政府债务赤字	养老保险债务赤字	国有经济债务赤字	隐性债务赤字
2001	2390.96	1083.62	4647.68	8122.26
2002	2482.94	1351.29	5515.57	9349.80
2003	3555.55	3640.70	7060.67	14256.92
2004	5467.74	3807.98	7050.66	16326.38
2005	5407.59	3563.06	7786.95	16757.60
2006	6681.76	3920.37	8371.65	18973.78
2007	10498.67	4412.62	9923.55	24834.84
2008	10228.24	4873.43	11528.3	26629.96
2009	30758.45	6270.59	24092.2	61121.24
2010	11500.98	7607.61	25116.43	44225.03
2011	21290.49	8648.23	25402.93	55341.65
2012	30900.00	10210.03	28760.04	69870.07
2013	34000.00	12471.96	32424.17	78896.13
2014	42200.00	14086.83	36045.9	92332.72
2015	31000.00	16630.31	41078.53	88708.84
2016	12200.00	19608.13	46453.1	78261.23
2017	34000.00	21631.55	50100.63	105732.18

注：本表数据是根据表5－4、表5－6、表5－20数据计算得到的。

5.1.4 金融风险及其来源

金融风险是指金融交易过程中因各种不确定性因素而导致损失的可能性。目前我国金融风险主要来源于以下几个方面。①银行的信用风险。我国银行以传统的信贷业务为主，信贷违约出现大量不良资产，侵蚀了银行资本金。信用风险是我国银行业最大的风险。无论是20世纪90年代银行业专业化改革，还是21世纪初开始的银行业股份制改革和上市，其重点均是通过注资、剥离、冲销等方式化解其巨额不良资产。2008年国际金融危机是从第四季度的次贷危机演变而来的。次贷危机是由于美国房地产价格泡沫破裂后，房屋价值大大低于需还款总额，大量次级贷款房主抛弃房屋放弃贷款，导致银行出现大量不良资产。它本身是信用风险引起的。过去我国银行不良资产主要由国有企业产生。在应对国际金融危机冲击时，我国采取适度宽松的货币政策，2009 年新增贷款 10.6 万亿元，2010 年 1 月份新增 1.6 万亿元。这些新增贷款相当一部分投入地方融资平台，还有一部分流入国有企业。由于我国国有企业、地方融资平台和国有银行内在风险管理机制没有建立起来，不良资产形成机制依然存在，我国金融风险最大来源还是不良资产。②金融市场功能错位的风险。长期以来，我国以国有大银行为主的金融市场主要服务国有企业和城市，中小企业和农村的金融需求得不到满足。尽管 2009 年投放了如此多的信贷资金，但中小企业融资难、融资成本高问题依然非常严重。另外，信贷资金主要流向楼市、股市，没有流向实体经济，导致资产泡沫突出，经济回升向好的基础还不稳固。③金融业的操作风险不容忽视。银行业股份制改革上市后，初步建立了现代企业治理框架，但由于国有企业产权不清晰、激励约束机制不健全、责权利不对称、全面风险管理体系不完善等问题无法有效解决，这些问题产生的风险往往与政策性干预带来的风险交织在一起，不易区分和引起重视。货币贬值风险、银行业债务偿还能力风险是历史上很多金融危机产生的原因。我国目前是全球最大外汇储备国，汇率风险在短期内不会出现。

5.2 地方政府债务及其年度化

地方政府债务赤字是指地方政府通过欠账和借债的方式来弥补财政收支缺口。它最终需要政府来承担，也是一种隐性赤字。地方债务赤字本质上是地方政府债务演变而来的赤字，可用地方债务规模来反推地方债务赤字大小。

5.2.1 地方债务的规模与结构

由于获取全国数据较为困难，大部分地方政府债务研究主要是就某一个地区的债务数据进行分析。赵迎春对某发达地区A市政府债务情况调查发现，截至2005年底，A市共有各类债务累计137.65亿元（包括或有债务104.2亿元），占当年财政支出、财政收入和GDP的比重分别为207.1%、232.6%和30.2%。从债务使用方向看，A市用于社会发展方面的支出约占总债务的43.1%，用于经济建设等方面的支出约占总债务的56%。其中，用于城市基础设施建设的债务约占19.2%；用于工业园区开发建设的债务约占32.1%。与债务支出的公共性相对应，债务仍具有较强的投资性。[77]曹信邦等人对经济发达地区M省调研发现，2000年和2001年M省债务余额都超过了当年地方财政收入，占当年全省GDP的比重分别为10.68%和10.63%；同时，多数基层政府债务规模均超出了当地财力，其中县乡债务所占比例较高，县乡政府债务占全省债务总量的比例接近70%。[78]

贾康和范柏乃、张建筑分别利用地方债务数据，对全国地方政府债务规模进行了推算。其中，贾康教授认为地方债务的规模可能达4万亿元。[79]2010年3月份一个报道说，中国财政部财政科学研究所（现中国财政科学研究院）所长贾康认为，地方政府的债务规模为6万亿元，投行中金公司的预计为5.6万亿元。从当前政府统计口径看，地方政府总债务包括直接债务、担保债务和政策性挂账三个部分。贾康主要是根据东部浙江省、中部河南省、西部陕西省三个样本省份各种地方债务占GDP的比重，然后进行加权确定全国各种地方债务占GDP的比重，再去推算全国地方政府债务总规模。其基本结论是：我国地方债务总余额在4万亿元以上，约相当于GDP的16.5%，相当于财政收入的80.2%，相当于地方财政收入的

174.6%。其中，直接债务超过 3 万亿元，相当于 GDP 的 12.9%，相当于财政收入的 62.7%，相当于地方财政收入的 136.4%。范柏乃、张建筑（2008）根据一些调研资料和其他人的研究成果，按照全国地方政府直接债务占 GDP 比重为 12.15%、或有债务占 GDP 比重为 19% 对 2000～2006 年地方债务规模进行了推算，认为地方债务规模从 2000 年的 31253 亿元，增加到 2006 年的 66424 亿元，年均增长 15.39%。[80]

两者研究的差别主要在或有债务的规模推算上。贾康教授引用的是样本省份可统计的或有债务，包括担保债务和政策性挂账，而范柏乃运用的是其他研究成果的推算数据。在现实中，地方政府或有债务会远高于统计的规模。根据以上分析，我们对地方债务规模的研究作出以下三个假定。一是 2008 年直接债务占 GDP 比重为 12.9%，这是贾康教授根据中西部省份样本加权平均获得的数据，更为合理。同时假定 1998～2008 年直接债务占 GDP 比重每年增加 0.3 个百分点，1978～1998 年每年增加 0.15 个百分点。二是或有债务占 GDP 比重为 19%，这是范柏乃等人借鉴世界银行的研究成果确定的。世界银行的报告曾估计，我国或有债务占 GDP 的比例在 50% 以上，我国经济学界的估计则为 45% 左右。如果按 6∶4 的比例计算中央财政收入和地方财政收入，同时也按该比例来计算中央和地方政府应分担的或有债务，那么按照世界银行和我国理论界的估计，我国地方政府或有债务规模为 GDP 的 18%～20%。[81] 三是或有债务发生率为 50%。刘尚希教授分析我国或有债务时，使用了这一概率[50]。

5.2.2　地方债务规模及其每年新增数量

按照上述条件，我们对过去 30 年的地方政府债务进行了推算。1979～2017 年各年债务规模以及债务赤字率分别见表 5－6。其中，

2008 年地方政府债务规模 67350.08 亿元，占 GDP 的 22.4%，分别是当年国家财政收入和地方财政收入的 1.1 倍和 2.35 倍。1998～2008 年地方债务规模年均增长 14.61%，每年新增债务占 GDP 的比重，即地方债务赤字率为1.4%～4.08%。我们根据审计署、财政部公布的相关数据，以苏宁金融等研究机构的预测结果，推算了2009～2017 年我国地方政府每年新增的债务，除 2010、2016 年其占 GDP 的比例较低外，其他年份都超过 4%，其中 2009 年达到 8.81%，2017 年是 4.11%。

表 5－6　1979～2017 年我国地方政府债务规模

单位：亿元，%

年份	GDP	直接债务规模	或有债务规模	或有债务实际偿债额（50%）	实际债务总规模	新增债务	新增债务占GDP 的比重
1979	4062.58	325.01	771.89	385.95	710.96	78.51	1.93
1980	4545.62	370.47	863.67	431.84	802.31	91.35	2.01
1981	4891.56	406.00	929.40	464.70	870.70	68.40	1.40
1982	5323.35	449.82	1011.44	505.72	955.54	84.84	1.59
1983	5962.65	512.79	1132.90	566.45	1079.24	123.70	2.07
1984	7208.05	630.70	1369.53	684.77	1315.47	236.23	3.28
1985	9016.04	802.43	1713.05	856.53	1658.96	343.49	3.81
1986	10275.18	929.90	1952.28	976.14	1906.04	247.09	2.40
1987	12058.62	1109.39	2291.14	1145.57	2254.96	348.92	2.89
1988	15042.82	1406.50	2858.14	1429.07	2835.57	580.61	3.86
1989	16992.32	1614.27	3228.54	1614.27	3228.54	392.97	2.31
1990	18667.82	1801.44	3546.89	1773.45	3574.89	346.35	1.86
1991	21781.50	2134.59	4138.48	2069.24	4203.83	628.95	2.89
1992	26923.48	2678.89	5115.46	2557.73	5236.62	1032.79	3.84
1993	35333.92	3568.73	6713.45	3356.73	6925.46	1688.84	4.78
1994	48197.86	4940.28	9157.59	4578.80	9519.08	2593.62	5.38
1995	60793.73	6322.55	11550.81	5775.41	12097.96	2578.88	4.24

续表

年份	GDP	直接债务规模	或有债务规模	或有债务实际偿债额（50%）	实际债务总规模	新增债务	新增债务占GDP的比重
1996	71176.59	7509.13	13523.55	6761.78	14270.91	2172.95	3.05
1997	78973.03	8450.11	15004.88	7502.44	15952.55	1681.65	2.13
1998	84402.28	9199.85	16036.44	8018.22	17218.07	1265.52	1.50
1999	89677.05	9954.16	17038.65	8519.33	18473.49	1255.42	1.40
2000	99214.55	11211.25	18850.77	9425.39	20636.64	2163.15	2.18
2001	109655.17	12610.35	20834.49	10417.25	23027.60	2390.96	2.18
2002	120332.69	14078.93	22863.21	11431.61	25510.54	2482.94	2.06
2003	135822.76	16162.91	25806.33	12903.17	29066.08	3555.54	2.62
2004	159878.34	19345.33	30376.97	15188.49	34533.82	5467.74	3.42
2005	183217.40	22535.75	34811.33	17405.67	39941.42	5407.60	2.95
2006	211923.50	26490.44	40265.47	20132.74	46623.18	6681.76	3.15
2007	257305.60	32677.81	48888.06	24444.03	57121.84	10498.67	4.08
2008	300670.00	38786.43	57127.30	28563.65	67350.08	10228.24	3.40
2009	349081.40	56500.00	83217.05	41608.53	98108.53	30758.45	8.81
2010	413030.30	67109.51	85000.00	42500.00	109609.51	11500.98	2.78
2011	489300.60	80400.00	101000.00	50500.00	130900.00	21290.49	4.35
2012	540367.40	96300.00	131000.00	65500.00	161800.00	30900.00	5.72
2013	595244.40	114300.00	163000.00	81500.00	195800.00	34000.00	5.71
2014	643974.00	136000.00	204000.00	102000.00	238000.00	42200.00	6.55
2015	689052.10	150000.00	238000.00	119000.00	269000.00	31000.00	4.50
2016	743585.50	153200.00	256000.00	128000.00	281200.00	12200.00	1.64
2017	827121.70	164700.00	301000.00	150500.00	315200.00	34000.00	4.11

注：①在借鉴其他研究成果基础上，我们假定 2008 年直接债务占 GDP 比重的 12.9%，1998～2008 年期间每年增加 0.3 个百分点，1978～1998 年期间每年增加 0.15 个百分点；或有债务占 GDP 比重为 19%，或有债务发生率为 50%。

②2009～2017 年直接债务规模为地方政府负有偿还责任的债务，数据来源为审计署、财政部公布的相关报告，包括审计署 2011 年第 35 号公告：全国地方政府性债务审计结果、2013 年第 32 号公告，全国政府性债务审计结果等。或有债务来源于海通证券、中金公司及苏宁金融等机构相关研究报告的测算结果。

5.2.3 地方融资平台的风险

经过2009年的信贷扩张，地方融资平台负债规模越来越大，地方融资平台风险成为地方政府的主要风险来源。为此，这里专门对其进行简要分析。首先，地方融资平台的贷款规模较为庞大。从中行2010年3月发布的统计数据推算，2009年末银行业地方融资平台贷款余额5.84万亿元，略低于此前中金公司一份研究报告预测的6万亿~7万亿元。其中，中国银行、工商银行、建设银行地方融资平台贷款余额分别为4243亿元、7200亿元、6463亿元，按照银监会统计口径，共占银行业金融机构此类贷款余额的30.66%。中国银行、工商银行、建设银行2009年新增该类贷款分别为2700亿元、4500亿元、2679亿元，总共是9879亿元，占这三家银行该类贷款余额的55.17%。如果按照该比例推算，2009年地方融资平台新增贷款规模是3.22万亿元。[82]

目前对地方融资平台的风险，不同的专家学者和机构有不同的看法。①地方融资平台风险较大。有人认为，目前一些地方政府依托政府融资平台等方式过度举债已接近极限，地方政府隐性债务率高达94%。这和国际上一般控制在80%~120%的标准相比，风险似乎尚在可控之中，但个别县市债务率已经超过400%。[83]标准普尔2010年3月份发布的研究报告称，基于中国银行业良好的盈利能力、合理的不良贷款水平以及充足的资本充足率，不良贷款及其他问题贷款的占比在2010年和2011年都会保持在10%以下。其中，2010年城投公司会带来4%~6%的不良贷款的比重。[84]②地方融资平台贷款风险很少。工中建三家银行都持有这种观点。中行认为，从贷款行业投向来看，该行该类贷款主要投向四大领域，其中，路桥领域贷款占28%，交通运输贷款占27%，园区开发贷款占18%，土地储备贷款占12%；从级别上看，该行投向省一级政府融资平台贷款占27%，市一级占44%，大城市市区占21%，县一级占8%，并且县级贷款的67%位于浙江和江苏。工商银行称其地方融资平台贷款的不良贷款仅为2亿元，不良率为0.03%。建行称，在该行新增贷款总额中，政府融资平台的62%为上一年转接的客户和有关的项目，而且A级以上的客户贷款占比达到96%，风险可控。财政部和金融监管机构高度重视地方融资平台的风险。③要区别对待地方融资平台的债务风险。原人民银行副行长朱民认为，东部沿海地区的地方融资平台由于该地区经济比较发达，GDP增长速度比较高，因而有稳定现金流偿还贷款；主要问题是西部和内地的地方融资平台。[85]这种观点与中行观点有相似一面，即认为东部发达地区融资平台的债务没有多大风险。

我们研究认为，目前地方融资平台的债务非常之大，处置不当会引发较大财政风险。首先，长期以来地方债务处于扩张期，还没有进入偿还期，潜在的风险并没有暴露出来。前面所引的中金公司报告称，2010年地方政府融资平台贷款规模还将进一步上升，2011年达到峰值，为9.8万亿元；从2012年开始，地方政府偿债能力下降较快，潜在风险可能会逐渐显现，地方政府融资平台贷款余额将逐步回落，至2014年为4.9万亿元，接近于2008年底的水平。其次，一些研究机构和地方政府对地方融资平台的债务偿还能力存在高估。地方债务偿还资金主要来源于土地出让收入、国有资产处置和出让收入、高速公路和大桥等基础设施项目的现金流收入，等等，并且以土地收入为主。地方政府都以过去几年土地出让收入的增速来预测未来的收入，并以此作为贷款的依据。只要土地价格回落，就会引起偿债的风险。高盛高华证券2010年3月份对广东一市三区县政府融资平台的调研发现，只有满足两个无风险条件假设，地方融资平台风险才可控。两个假设是停止发放仅由地方财政收入支持的新贷款和GDP增长、房价、地价保持稳定。[86]显然，地方政府行为不可能满足这两个假设条件，它们都依靠融资平台的贷款来提高投资速度和加大基础设施建设力度，甚至对于未来的钱如何还，并没有真正作为举债决策时的考虑因素。2010 年 3 月 23 日，美国著名投资公司 GMO 发表的题为“中国的红色警报”研究报告称，中国已经呈现出显著的投机狂热的特征，比如，一致认为 GDP 会以 8%的速度增长、对政府当局能力的盲目信任、投资的普遍增加、腐败、货币供应的快速增长、不合理的低利率、房地产担保风险贷款等，这些都是几年前美国经济曾经存在一些金融危机的先前征兆。一旦这些泡沫破裂，中国的经济将脆弱不堪。

5.3 养老保险债务及其年度化

由于受户籍制度及其伴随的城乡分割福利体制的影响，中国从二元经济社会向一元经济社会演变的过程中，实际上变成三元体制，即由城镇居民、农民工和传统的农民构成。另外，机关干部和大部分事业单位职工享有传统计划经济条件下政府提供的退休养老金等社会福利。因此，从享有基本养老保险及其他社会福利的差别看，我国社会养老保障体系由四个部分构成：①国家干部，指机关干部和事业单位的就业人员，大约 3000 万人；②城镇职工，主要包括国有企业职工、三资企业职工、大型民营企业的部分就业人员，他们享有城镇职工基本养老保险；③农民工，主要是指在非传统的种植业、养殖业就业并生活在城镇的农民，还包括部分在民营企业就业的城镇居民和城镇失业人员；④传统的农民。下面分别对其养老方式及其债务进行分析。

5.3.1 国家干部养老保险制度及其债务

党政机关公务员和按照干部管理的事业单位的职工，属于国家干部身份。尽管从20世纪90年代开始，不断对事业单位的养老保险制度进行改革，但总体上实行“在职待遇决定退休待遇”的财政现付制，这种福利体制累积了大量隐性债务。

（1）国家干部的养老保险制度及其改革历程

国家干部养老金的财政现付制就是根据职工离退休上一年的工资水平、级别、工作时间决定其离退休养老金水平，养老金纳入当年财政支出预算。根据2006年《机关事业单位离退休人员计发离退休费等问题的实施办法》的规定，事业单位工作人员退休后的退休金按本人退休前岗位工资和薪级工资之和的一定比例计发。其中，工作年限满35年的，按90%计发；工作年限满30年但不满35年的，按85%计发；工作年限满20年但不满30年的，按80%计发。随着国家干部系统离退休人员增加，这部分的财政支出增加较快。近30年来事业单位养老金改革并没有探索出有效模式。由于国家干部离退休人员养老金水平普遍高于企业职工退休金，社会各界对其改革的呼声也越来越高。1991年国务院33号文件提出要进行机关事业单位养老保险制度改革，1993年，云南、江苏、福建、山东、辽宁、山西等地开始对机关事业单位社会保险制度进行改革试点。随后，其他一些地方也实行了试点。据原人事部统计，截至1997年，全国28个省（区、市）的1700多个地、市县展开试点改革，其中19个省（区、市）政府出台了省一级方案，全国参保人数超过1000万人，约占机关事业单位人数的1/3。[87]各试点地区结合自身实际，实施了自行设计的机关事业单位养老保险方案，各种养老保险方案在覆盖范围、缴费比例和基数、基金的运行和管理模式、待遇等方面存在较大差异。有些地区还因各种原因停止了试点，重新回归到财政的现付制。

为建立统一、公平、有利于促进人口流动的社会保障体系，机关事业单位养老金制度改革是一个不可逆转的趋势，中央政府和有关部委也一直没有放弃推动该项改革的努力。2008 年 2 月，国务院常务会议原则通过了《事业单位养老保险制度改革方案》。2009 年“两会”期间，社会对事业单位养老保险制度要不要改革、改革时机、改革方向等问题产生了较大的争论。有关报道显示，在 2009 年“两会”期间，全国政协社科界、新闻出版界、教育界共有大约 120 名政协委员提出提案，针对《事业单位养老保险制度改革方案》提出意见，要求暂缓实施这一改革。同时在“两会”期间，人保部新闻发言人尹成基向《每日经济新闻》表示：“人保部对这一改革的态度一如既往，没有改变。”[88] 2009 年 5 月 18 日，《中国经济周刊》一篇题为“事业单位退休金之争再起——每年比公务员少两万元”的报道，被各大门户网站转载，再次引起社会各界对这个敏感问题的关注。该报道称，南京大学校长陈骏向该媒体透露，部属高校退休教职工的年退休金比公务员退休金最多要低 2 万元，同时呼吁增加对部属高校的财政拨款以解燃眉之急；与此同时，中国社会科学院也向有关部门反映，在中国社会科学院，无论是在职的还是离退休的，退休工资比同级别公务员低了近一半。该报道还公布了江苏教师退休金和公务员退休金比较表。由于国家公务员系统从 2006 年开始进行工资改革，其工资水平有所提高，公务员工资水平的确高于部分行政事业单位职工。这本身就引起事业单位职工的一些不理解、不满意。

（2）机关事业单位职工养老金的债务

机关干部和事业单位职工养老金支出由财政负担是体制的安排，它相当于政府的隐性债务。有研究指出，按照 2006 年企业养老保险制度所产生的隐性债务推算，行政事业单位建立基本养老保险制度所产生的隐性债务规模预计在 4 万亿元左右。[89] 本书采用另外两种方法推算每年财政应承担的该项支出责任。可通过隐性债务显性化来推算其债务规模，即如果把现有财政供养制转变为企业职工的“统账”结合制，财政每年需承担的支出责任。由于缺少相关资料，用上海测算结果推算全国的情况，结果是目前全国每年财政负担约为3364.2亿元，2030年将增加到6728.40亿元。另外，从目前机关事业单位离退休人员养老的实际财政支出加以推算，全国支出应为2238.4亿元。两种方法具体推算情况如下。

第一种为个案推算方法。庄序莹等对上海市事业单位养老金改革进行了探索，模拟了不同方案下的财政负担水平。他们把目前现有的离退休养老金发放制度，转向统筹账户和个人账户相结合的养老保险运行模式，养老保险覆盖范围为行政执法类和公益类事业单位，共计38.4万人。[87]参照企业养老基金做法，对不同年龄段的人分别采取“老人、中人、新人”的办法，养老金筹集办法是单位和个人分别缴纳工资的20%和6%，其发放标准为统筹账户的替代率30%，即退休后领取上年度月平均工资的30%，个人账户养老金月标准按本人退休时个人账户的储蓄额除以120。该制度实施年度起，当年约有50亿元的财政负担，到2030年达到100亿元，然后一直缓慢上升，在2065年达到150亿元，并以较快速度增长。这里的财政负担实际上是新制度下养老金的收支缺口。

无论何种类型的事业单位，其隐性债务作为养老金改革的成本均需由财政负担。全国机关事业单位人员规模在5110万人，其中事业单位3035万人，行政机关1075万人。[90]假设全国事业单位和行政机关的新人、中人和老人的人口结构一致。2007年全国职工平均工资为24932元，是上海的50.56%。假设全国机关事业单位养老金改革后的财政负担也仅为上海的50.56%。按照上述假设，如果把目前财政直接负担的机关事业单位养老金改为统账结合，可简单推算新制度实施起，每年财政负担约为3364.2亿元，到2030年约为6728.40亿元。

第二种是总量推算方法。用目前全国行政事业单位离退休人员养老保障的实际财政支出来推算政府负担。1998~2007年全国行政事业单位离退休人员社会保障支出年均增长21.4%，并且增长速度较为平稳，见表 5 - 7。2007 年该项财政支出是 1566.9 亿元。据原人事部有关资料显示，至 1997 年，全国 28 个省（区、市）的 1700 多个地市县开展了试点，其中 19 个省（区、市）政府出台省级方案，全国参保人数超过 1000 万人，约占机关事业单位人数的1/3。[91] 随着事业单位养老金改革的范围的扩大，如果假设扩大到整个行政事业单位的 30%，可推算 2007 年全国行政事业单位离退休人员养老保障支出应为 2238.4 亿元。

表 5 - 7　1998 ~ 2017 年全国行政事业单位离退休人员社会保障支出

单位：亿元，%

年份	财政支出	增长额	增长速度	全部支出
1998	274.36	—	—	342.95
1999	393.92	119.56	43.58	492.40
2000	478.57	84.65	21.49	598.21
2001	624.72	146.15	30.54	780.90
2002	788.83	164.11	26.27	1126.90
2003	894.97	106.14	13.46	1278.53
2004	1028.10	133.13	14.88	1468.71
2005	1164.83	136.73	13.30	1664.04
2006	1330.20	165.37	14.20	1900.29
2007	1566.90	236.70	17.79	2238.43
2008	1812.49	245.59	15.67	2589.27
2009	2092.95	280.46	15.47	2989.93
2010	2353.55	260.60	12.45	3362.21
2011	2737.75	384.20	16.32	3911.07
2012	2848.84	111.09	4.06	4069.77
2013	3208.43	359.59	12.62	4583.47
2014	3668.01	459.58	14.32	5240.01
2015	4360.95	692.94	18.89	6229.93
2016	5234.64	873.69	20.03	7478.06
2017	7578.95	2344.31	44.78	10827.07

注：社会保障支出包括养老和医疗支出，其中 1998 ~ 2001 年，假设养老金改革的覆盖人员占行政事业单位人员的 20%，2002 ~ 2017 年为 30%。

数据来源：《中国财政年鉴（2008）》、国家统计局网站。

第一种推算方法是把养老金制度改革增加的缴费的50%作为财政负担计算在内，这相当于当下财政为未来事业单位退休人员垫付部分养老金，当下财政负担必然增加。而第二种方法计算的是为现有离退休人员支付的养老金。两者之间并不矛盾，均有一定的合理性，并且债务规模巨大。本书采用第二种方法的结果，2007年机关事业单位养老金隐性债务规模为2238.4亿元。2008年我们曾经预测过，假设到2020年前，机关事业单位养老金隐性债务按照2003～2007年期间的14.7%的平均增速增长，2008年机关事业单位养老金隐性债务规模为2567.8亿元，2020年增加到1.3万亿元，见表5－8。现在回过头来看，2008～2017年的预测值（见表5－8）与实际发生值（见表5－7）相比，相差不大。

随着机关干部退休养老制向城镇职工基本养老保险制度的转轨，这部分隐性债务将逐步转移到城镇职工养老保险的"空账"上体现。

表5－8　行政机关事业单位养老金支出预测

年份	2008	2009	2010	2011	2012	2013	2014
养老金支出(亿元)	2567.5	2944.9	3377.8	3874.3	4443.9	5097.1	5846.4
年份	2015	2016	2017	2018	2019	2020	2025
养老金支出(亿元)	6705.8	7691.55	8822.2	10119	11607	13313	26359

5.3.2　企业职工养老保险制度及其债务

企业职工养老保险制度改革走在最前列，总体上建立了"统账"相结合的养老金体制。由于新体制并没有对改革成本分担作出有效的安排，统筹账户养老金收入和支出存在较大缺口；除财政补贴外，个人账户积累基金也被用于支付目前的养老金，个人账户实际上处于"空账"运行状态，出现较大规模的隐性债务。本部分首先介绍企业职工养老保险基本制度及其改革历程，然后在借鉴其他研究成果的基础上，对其债务进行推算。其基本结论是，1998 ~ 2007 年，企业职工养老金隐性债务总共减少 1.48 万亿元。其中，财政补助为 5104.97 亿元，个人账户支付为 7554.4 亿元，其他 2449.43 亿元可推断为由新增加的统筹账户收入给予支付。2007 年末企业职工养老金隐性债务总额为 7.54 万亿元，其中“老人”的隐性债务为 4090 亿元，“中人”的隐性债务为 6.18 万亿元，“空账”规模 9501.46 亿元。

（1）企业职工养老保险基本制度及其改革

我国 1986 年的养老保险改革建立了个人缴费制度，1997 年进行了较大调整和改革，2005 年进行了调整和补充。[92]现行养老保险制度运行的主要依据是国务院颁布的《关于建立统一的企业职工基本养老保险制度的决定》（国发〔1997〕26 号）和《国务院关于完善企业职工基本养老保险制度的决定》（国发〔2005〕38 号）两个文件。国发 26 号文件的实施，说明中国正式确定了以社会统筹与个人账户相结合为标志的混合型养老保险体制，简称为“统账”结合养老保险体制。[93]

国发 26 号文件有两个核心内容。一个是建立个人账户。国发 26 号文件规定，企业缴纳基本养老保险费的比例，一般不得超过企业工资总额的 20%，其中 13% 划入社会统筹基金，7% 划入个人账户。同时规定，个人缴纳基本养老保险费的比例不得低于本人缴费工资的 4%，1998 年起每两年提 1 个百分点，最终达到本人缴费工资的 8%。同时要求各地按本人缴费工资 11% 的数额为职工建立基本养老保险个人账户，个人缴费全部计入个人账户，其余部分从企业缴费中划入。随着个人缴费比例提高到 8%，企业划入的部分由 7% 逐步降至 3%。国发 38 号文件又将划入个人账户的比例由工资总额的 11% 降低至 8%，企业不再向职工个人账户缴纳养老保险费，也就是说，个人账户从占缴费工资的 11% 降低到 8%。目前北京市养老保险实行的是单位缴费比例为缴费工资的20%，个人缴费比例8%。另外，个人账户存额只用于职工养老，不得提前支取。职工调动时，个人账户全部随同转移。职工退休或人员死亡，个人账户中的个人缴费部分可以继承。

另一个核心内容是实行“老人老办法，中人中办法，新人新办法”[94]，即：

“老人”养老金 = 按原规定发放；

“中人”养老金 = 基础养老金 + 过渡性养老金 + 个人账户养老金；

“新人”养老金 = 基础养老金 + 个人账户养老金。

“老人”是指国发26号文件实施前已经离退休的人员，仍按国家原来的规定发给养老金，同时执行养老金调整办法。其计发办法参照原劳动部1973年颁发的275号文件、国务院1978年的104号文件以及国务院1995年的6号文件执行。根据我国现行的养老保险制度规定，“老人”仍留在现收现付制度下，其待遇水平保持不变，退休时领取的养老金以退休时工资为标准，按退休后的第 t 年社会平均工资增长率的40% ~60%调整。

“新人”是指26号文件实施后参加工作的职工，个人缴费年限累计满15年的，退休后按月发给基本养老金。基本养老金由基础养老金和个人账户养老金组成。退休时基础养老金的月标准为省、自治区、直辖市或地（市）上年度职工月平均工资的20%，个人账户养老金月标准为本人账户储存额的1/120。个人缴费年限累计不满15年的，退休后不享受基础养老金待遇，其个人账户储存额一次性付给本人。2005年38号文件改变了“新人”养老金的计发办法。在新的办法下，“新人”缴费累计15年的，退休后基本养老金由基础养老金和个人账户养老金组成。基础养老金月标准以当地上年度在岗职工月平均工资和本人指数化月平均缴费工资的平均值为基数，缴费每满1年发给1%。个人账户养老金月标准为个人账户储存额除以计发月数，计发月数根据职工退休时城镇人口平均预期寿命、利息等因素确定。

“中人”是指26号文件实施前参加工作、实施后退休的人员。26号文件实施前参加工作、实施后退休且个人缴费和视同缴费年限累计满15年的人员，按照新老办法平稳衔接、待遇水平基本平衡等原则，在发给基础养老金和个人账户养老金的基础上再确定过渡性养老金。

（2）企业职工养老保险的债务

1997年现收现付制向社会统筹和个人账户结合体制的转变过程主要引发了两个方面的隐性债务，即为“老人”支付的基本养老金和将来为“中人”支付的过渡性养老金。它们分别是对“老人”和“中人”在旧体制下养老金权益的补偿，或称为转轨成本，是衡量养老保险制度所有未偿债务的一个常用指标。在新旧体制转轨方案中，并没有明确由谁来承担“老人”养老金和“中人”过渡性养老金的支付责任，即转轨成本由谁来承担的问题。制度设计是想通过提高基础账户所占缴费的比例，实现“明债暗偿”，也就是试图通过加大企业统筹费率的方式逐步将其消化，2005年又把统筹账户比例提高了3个百分点。在新体制中，现有企业和在职职工既要建立职工的个人账户（新体制下的义务），缴纳保险费，又要为已退休的职工提供养老金（现收现付体制下的义务－转轨成本）。正是转轨成本处理不当，致使新体制运转后出现个人账户的“空账”问题。更严重的是，在新体制运行的最初几年，养老保险基金的当年收入不抵当年支出，“空账”问题导致“统账”结合的养老保险体制在实质上仍然是现收现付体制。如果不正视和解决这一问题，“空账”规模将越来越大，所要建立的新体制必将难以为继。[93]为此，现行养老体制存在三个方面债务：对“老人”的隐性债务、对“中人”的隐性债务、对新人的“空账”债务。

①关于企业职工养老保险债务总量的研究结果。从中国养老保险体制改革伊始，关于隐性债务的评估，国内外机构已做过大量研究、调查测算，但是测算的结果相差很大。其原因不仅仅是对隐性债务的定义不同，也由于在计算方法、抽取样本、参数选定等诸多方面存在较大差别，估算的结果从1万亿元至10万亿元不等，见表5-9。

表5-9 养老保险隐性债务规模测算情况

类别	测算时间	老人债务（亿元）	中人债务（亿元）	测算结果（亿元）	抽样	测算方法
原劳动部社保所何平	1995	15579	13174	28753	全国人口统计	精算
	1995	8997	48206	57203	全国企业职工	匡算
世行报告	1996	6813	12363	19176	沈阳、上海	精算
体改办宋晓梧等	2000			67145	南京	精算
郭树清	1994			10500	国有经济单位职工	匡算
王晓军	1996			36697		
房海燕	1997			35082		精算
贾康等	2007			10800	企业职工	精算
汪朝霞	1998	8553	66300	74853		精算

资料来源：①赵宇．中国养老保险隐性债务问题研究［J］．山东经济，2003（5）：33~37；②贾康、张晓云、王敏、段学仲．关于中国养老金隐性债务的研究［J］．财贸经济，2007（9）：15~22；③汪朝霞．我国养老金隐性债务显性化部分的测算与分析［J］．财贸研究，2009（1）：80~85。

②“新人”和“中人”每年的债务量。在关注企业职工养老金债务总量的同时，还要考察每年需支付的养老金债务量。贾康、张晓云等和汪朝霞分别对此做了研究。这两个研究对养老金隐性债务定义是相同的，但是结果却相差较大。除测算年份的差异外，还有其他方面的原因。

贾康、张晓云等测算了2007~2042年职工养老保险隐性债务总量，认为随着时间的推移，职工养老保险隐性债务规模会逐年下降。2007 年职工养老保险隐性债务最大，为 1.08 万亿元。职工养老保险隐性债务由“新人”和“中人”在旧制度下积累的养老金权益构成。“老人”的债务在 2022 年左右基本终止，2023 年后养老保险隐性债务完全由退休“中人”的债务构成，这部分人群的债务在总量中占的比重最大。因此，“中人”是影响养老保险债务的主要因素。2007 ~ 2030 年每年当期应该支付的债务总额逐渐上升，由 226.9 亿元上升到 406.9 亿元，2030 之后各年当期支付的债务量呈现加速下降的趋势，直至 2042 年消失。2023 ~ 2035 年每年应支付的债务规模都是在 350 亿元以上。不过，他们测算的规模远远低于目前财政对社会保险基金的补助资金。2002 ~ 2007 年，财政对社会保险基金的补助金额分别为 517.29 亿元、493.90 亿元、519.77 亿元、577.23 亿元、888.95 亿元、1275 亿元。

汪朝霞借鉴了王晓军的测算方法，认为“老人”养老隐性债务为现收现付制向目标模式过渡期间每年所需要给老人支付的过渡费用，这就是养老隐性债务显性化。王晓军假设“老人”养老金替代率为退休前一年社会平均工资的 80%，新制度中基础养老金部分承担社会平均工资 25% 的替代，那么每年的过渡费用为两者相差 55% 的部分。而汪朝霞分析的“老人”显性化部分的隐性债务为“老人”最后工资的 60%。她还借鉴了张运刚关于养老金隐性债务的测算方法，认为张运刚通过分析得出的真正的隐性债务也可以理解为“中人”未来所领取的过渡性养老金的显性化。综合上述研究，得出 1998 ~ 2056 年期间每年需要支付的养老金隐性债务，见表5 - 10。

③“新人”的债务。它可用“空账”规模来衡量。主要测算多少个人养老金账户的金额用于现收现付的支出。具体测算方法如下：根据新体制办法算出个人账户养老金金额，减去当年养老保险基金的盈余，或者是加上当年的缺口。按照国发 26 号文件规定，假设企

表 5-10 1998~2056 年企业职工养老保险隐性债务支付额

单位：百亿元

年份	"老人"隐性债务的显性化部分		"中人"隐性债务的显性化部分	养老金隐性债务总和	年份	"老人"隐性债务的显性化部分		"中人"隐性债务的显性化部分	养老金隐性债务总和
	55%替代率	60%替代率				55%替代率	60%替代率		
1998	12.00	13.09	0.47	13.56	2028	0.02	0.02	36.55	36.57
1999	11.33	12.36	1.06	13.42	2029	0	0	35.08	35.08
2000	10.66	11.63	1.83	13.46	2030	0	0	33.65	33.65
2001	10.00	10.91	2.72	13.63	2031	0	0	31.81	31.81
2002	9.35	10.20	3.76	13.96	2032	0	0	30.45	30.45
2003	8.70	9.49	5.10	14.59	2033	0	0	28.65	28.65
2004	8.06	8.79	6.61	15.40	2034	0	0	26.61	26.61
2005	7.43	8.11	8.30	16.41	2035	0	0	24.42	24.42
2006	6.81	7.43	10.15	17.58	2036	0	0	21.67	21.67
2007	6.19	6.75	12.13	18.88	2037	0	0	19.66	19.66
2008	5.60	6.11	14.23	20.34	2038	0	0	18.47	18.47
2009	5.02	5.48	16.55	22.03	2039	0	0	16.93	16.93
2010	4.47	4.88	18.71	23.59	2040	0	0	15.53	15.53
2011	3.94	4.30	21.08	25.38	2041	0	0	13.77	13.77
2012	3.44	3.75	22.90	26.65	2042	0	0	11.89	11.89
2013	2.96	3.23	25.06	28.29	2043	0	0	10.25	10.25
2014	2.53	2.76	27.34	30.10	2044	0	0	8.59	8.59
2015	2.13	2.32	29.70	32.02	2045	0	0	7.01	7.01
2016	1.77	1.93	32.55	34.48	2046	0	0	5.70	5.70
2017	1.44	1.57	34.62	36.19	2047	0	0	4.46	4.46
2018	1.16	1.27	35.33	36.60	2048	0	0	3.49	3.49
2019	0.91	0.99	36.28	37.27	2049	0	0	2.64	2.64
2020	0.71	0.77	36.92	37.69	2050	0	0	1.92	1.92
2021	0.54	0.59	37.79	38.38	2051	0	0	1.38	1.38
2022	0.40	0.44	38.62	39.06	2052	0	0	0.92	0.92
2023	0.29	0.32	38.93	39.25	2053	0	0	0.57	0.57
2024	0.21	0.23	39.07	39.30	2054	0	0	0.15	0.15
2025	0.14	0.15	38.96	39.11	2055	0	0	0.15	0.15
2026	0.09	0.10	38.43	38.53	2056	0	0	0.05	0.05
2027	0.05	0.05	37.69	37.74					

业为职工缴纳的养老金为其工资的20%，1997～1999年职工缴费为其工资的4%，2000～2001年为5%，2002～2003年为6%，2004～2005年为7%，2006年以后为8%。1997～2004年个人账户占缴费工资的11%，2005年后下降为8%。根据以上规定，可以测算出各年个人账户金额在养老金收入中的占比（见表5－11）。从表5－11中可见，1997年个人账户养老金占比为45.83%，2007年下降到28.57%。

表5－11　个人账户在养老保险缴费总额中的比重

单位：%

年份	企业缴费占工资的比例	职工缴费占工资的比例	个人账户占缴费总额的比例	个人账户金额占养老金的比例
1997	20	4	11	45.83
1998	20	4	11	45.83
1999	20	4	11	45.83
2000	20	5	11	44.00
2001	20	5	11	44.00
2002	20	6	11	42.31
2003	20	6	11	42.31
2004	20	7	11	40.74
2005	20	7	8	29.63
2006～2017	20	8	8	28.57

除1998年当年职工养老保险收入不抵当年支出外，其他年份均有盈余。随着职工养老保险覆盖面的扩大、缴费比例的提高（保险费从占工资的24%提高到28%）、个人账户比重的下降（保险费占工资的11%降低到8%），“空账”规模在逐年下降。假设当年养老金盈余全部归为个人账户，那么用个人账户养老金减去养老金的盈余，就应该为实际的“空账”规模。2002年当年“空账”规模达到最高值，为1013.22亿元，2007年为369.04亿元，2017年扩大到7128.29亿元。截至2017年底，“空账”实际规模为3.69万亿元，见表5－12。

表 5－12 企业职工养老保险个人“空账”规模

单位：亿元

年份	①养老保险基金收入	②养老保险基金支出	③养老保险基金缺口 3＝1－2	④个人账户比例	⑤个人账户养老金 5＝1＊4	⑥空账规模 6＝5－3
1997	1337.90	1251.30	86.60	0.46	613.21	526.63
1998	1459.00	1511.60	－52.60	0.46	668.70	721.35
1999	1965.10	1924.90	40.20	0.46	900.68	860.42
2000	2278.50	2115.50	163.00	0.44	1002.54	839.52
2001	2489.00	2321.30	167.70	0.44	1095.14	927.44
2002	3171.50	2842.90	328.60	0.42	1341.77	1013.22
2003	3680.00	3122.10	557.90	0.42	1556.92	999.02
2004	4258.40	3502.10	756.30	0.41	1734.90	978.60
2005	5093.30	4040.30	1053.00	0.30	1509.13	456.13
2006	6309.80	4896.70	1413.10	0.29	1802.80	389.66
2007	7834.20	5964.00	1869.30	0.29	2238.34	369.04
2008	9740.00	7390.00	2350.00	0.29	2782.86	432.86
2009	11491.00	8894.00	2597.00	0.29	3283.14	686.14
2010	13420.00	10555.00	2865.00	0.29	3834.29	969.29
2011	16895.00	12765.00	4130.00	0.29	4827.14	697.14
2012	20001.00	15562.00	4439.00	0.29	5714.57	1275.57
2013	22680.00	18470.00	4210.00	0.29	6480.00	2270.00
2014	27620.00	23326.00	4294.00	0.29	7891.43	3597.43
2015	32195.00	27929.00	4266.00	0.29	9198.57	4932.57
2016	37991.00	34004.00	3987.00	0.29	10854.57	6867.57
2017	46614.00	40424.00	6190.00	0.29	13318.29	7128.29

④职工养老金总体债务规模。面对如此众多的研究文献，我们研究的重点不是去重新测算养老金债务规模，而是从中选择一些最接近现实的测算结果作为我们研究财政风险的依据。通过比较，我们认为汪朝霞2009年的研究结论比较接近真实情况。以2007年为例，财政对社会保险基金的补助是1275亿元，[95]加上369亿元的个

人空账（表5－12），总共1644亿元。如果还要考虑在现有情况下养老保险参保面不断扩大，统筹账户资金增长较快，用快速增长的统筹账户资金通过现收现付制度来支付部分隐形债务，汪朝霞的测算结果1888亿元应该非常接近真实养老保险隐性债务的显性化规模，见表5－13。

表5－13　1998～2007年养老金债务实际规模与测算规模对比

单位：亿元

年份	空账规模	财政对社会保险基金的补助额	养老金债务实际支付数量	汪朝霞测算养老金债务规模	两者差额
1998	－721.35	21.55	742.90	1356	－613.10
1999	－860.42	169.66	1030.08	1342	－311.92
2000	－839.52	298.65	1138.17	1346	－207.83
2001	－927.44	342.97	1270.41	1363	－92.59
2002	－1013.22	517.29	1530.51	1396	134.51
2003	－999.02	493.90	1492.92	1459	33.92
2004	－978.60	519.77	1498.37	1540	－41.63
2005	－456.13	577.23	1033.36	1641	－607.64
2006	－389.66	888.95	1278.61	1758	－479.39
2007	－369.04	1275.00	1644.04	1888	－243.96

注：空账规模见表5－12；财政对社会保险基金的补助引自中国财政统计年鉴（2007）；养老金债务实际支付数量等于空账规模和财政对社会保险基金的补助之和；实际支付量与测算规模的差额可认为是由统筹账户承担的养老金隐性债务。

基于汪朝霞测算的养老金债务规模，通过四种方案把1998～2056年的债务折算为现值，求出职工养老保险的债务总额。四种方案分别是：利率为3%，基期为1998年；利率为3%，基期为2007年；利率为4%，基期为1998年；利率为4%，基期为2007年。具体债务总额见表5－14。本研究选择第三种方案的结果来衡量职工养老保险债务。

表 5－14　1998 年和 2007 年养老金债务现值

单位：亿元

方案	年份	利率（%）	①“老人”隐性债务的显性化部分（60%替代率）	②“中人”隐性债务的显性化部分	③养老金隐性债务总和 ③＝①＋②	④个人空账规模	⑤企业养老金总债务规模
1	1998	3	14617.70	66074.97	80692.67	—	—
2	1998	4	14907.34	57286.90	72194.24	—	—
3	2007	3	4090.05	61799.60	65889.65	9501.46	75391.11
4	2007	4	3892.55	52913.96	56806.51	10031.93	66838.43

注：养老金债务是根据汪朝霞测算的数据推算的，1998 年养老金债务为 1998～2056 年应支付的养老金隐性债务按照一定的利率折算为 1998 年的现值，同时分别按照相同利率转化为 2007 年的货币值；2007 年养老金债务为 2007～2056 年应支付的养老金隐性债务按照一定的利率折算为 2007 年的现值；空账规模为 1997～2007 年各年空账并按一定的利率转化为 2007 年的货币值；一定的利率分别是 3% 和 4%。

由此，我们可以得出职工养老保险总债务的基本结论：①按照 3% 利率测算，2007 年末企业养老金隐性债务总额为 7.54 万亿元，其中“老人”的隐性债务 4090 亿元，“中人”的隐性债务为 6.18 万亿元，“空账”规模 9501.46 亿元；②随着“老人”占比数量下降、个人“空账”规模得到有效控制以及“中人”退休数量的增加，“中人”隐性债务成为影响企业职工养老金债务的重要因素；③新制度实施以来，主要通过财政补助、个人“空账”资金、增加统筹账户资金有效应对了养老金隐性债务显性化的资金需求。从 3% 利率推算看，在 1998～2007 年间，养老金隐性债务总和减少了 1.48 万亿元。其中，财政补助为 5104.97 亿元，个人“空账”支付为 7554.4 亿元，其余的 2449.43 亿元可推断由增加的统筹账户收入承担。

5.3.3　农民养老保险制度及其债务

农民养老保险债务可通过以下两种方法推算，第一，现有的农民养老保障的财政支出；第二，建立一种低水平普惠津贴制所需的财政负担。

（1）农民身份的界定

中国正处于二元经济社会向一元经济社会转变的进程中，由于户籍制度及其福利制度的障碍，形成大量的具有中国特色的农民工，中国社会因而演变为三元结构：城市居民、农民工和农民。这三个群体享有的社会福利是不一样的。2009 年农民工规模在 2.3 亿左右；另外户口在农村、依靠农业解决就业和获取收入的人群在 7 亿人左右。尽管在 2008 年后受金融危机的影响，部分农民工回流到农村，但是我们认为，农民工的就业、生活和社会保障还是应该用完整的城镇化、城市化的办法来解决。因此，农村养老保险制度分为农民和农民工两个群体来分析。这里的农民特指那些以农业就业为主的纯农民。它与国家统计局农村人口统计口径相近。按照国家统计局的统计口径，农村人口包括居住在农村的全部人口和居住在城（镇）市不满半年的农村人口两部分。[96] 2006 年农村人口数 73743 万人，占全国人口的 56.1%。

（2）农民养老保障的实际财政支出

目前，我国农民主要以传统的土地养老、子女养老为主，并在积极向社会化的养老方式转变。20 世纪 90 年代初，民政部推动农村养老保险试点工作，1998 年农村社会养老保险由民政部门移交劳动和社会保障部。由于制度设计不合理、保障水平过低、费率不科学等方面原因，农村社会养老保险制度在很多地方事实上已经暂停。根据人力资源和社会保障部和国家统计局 2009 年 5 月 18 日联合发布的《2008 年度人力资源和社会保障事业发展统计公报》，2008 年共有 512 万农民领取了养老金，共支付养老金 56.8 亿元，平均养老金 1109.4 元/（人·年），每人每月平均领取 92.4 元。考虑到领取养老金的大部分是近几年城市化发展较快地区的失地农民，养老金支付水平相当低。在一些发达地区，通过村集体经济收入给老人发放生活津贴等方式取代了农村社会养老保险制度。在一些落后地区，还是依靠土地养老、子女养老。另外，政府实施的最低生活保障制度、五保供养也成为农民养老的重要方式。以 2007 年的情况为例，财政为农民养老保障承担以下责任。

①农村最低生活保障支出。“低保”范围为 3451.9 万人，最低生活保障平均标准为 70 元/（人·月），补差标准 37 元/（人·月），共计支出 104.1 亿元。

②农村五保供养支出。五保供养人数 525.7 万人，五保分散供养平均标准 1432 元/（人·年），五保集中供养平均标准 1953 元/（人·年），共计支出 59.6 亿元。

③农村特困救济支出。共计支出 6.5 亿元。

④农村抚恤事业费和社会福利费支出。推算为 108.2 亿元。全国这两项支出为 216.4 亿元，假设农村和城市各投入 50%。

⑤农村计划生育奖励扶助支出。推算为 12 亿元。

综合上述五个方面，2007 年农村养老保障财政支出共计 290.4 亿元。2008 年为 448.35 亿元。宋斌文等人研究推算，2006 年农村养老保障财政实际支出为 305.2 亿元，其中，农村最低生活保障支出 66 亿元左右；除农村低保外的优抚安置、社会福利和其他农村社会救助项为 228 亿元；农村计划生育奖励 11.2 亿元。[96] 具体参见表5 –15。

可见，2006 ~2008 年，农村养老保障实际财政支出在 300 亿 ~450 亿元，在全国财政实际支出和社会保障总支出的占比都非常低。

（3）普惠津贴制所需财政支出

从财政负担水平及社会稳定和公平角度看，财政对农民养老保险存在大量隐性欠账。对其规模可采用两种方法测算。一种是建立一个与城市居民保持一定收入差距、适合我国国情的“统账”结合的农民养老保险制度。第二种是对 60 岁以上的老人实行普惠津贴

表 5－15　2006～2008 年农村养老保障支出情况

单位：亿元

年份	2006	2007	2008
农村最低生活保障支出	66.0	104.1	222.3
农村五保供养支出		59.6	76.7
农村特困救济支出		6.5	6.5
抚恤事业费和社会福利费	228.0	108.2	129.8
农村计划生育奖励扶助	11.2	12.0	13.0
实际财政支出	305.2	290.4	448.35
普惠津贴制欠账	353.2	395.6	423.9
合计	658.4	686.0	872.3

注：2006 年为推算数，2007 年和 2008 年为民政部统计数据。无法获得 2008 年农村特困救济支出数据，假设它与 2007 年持平。参见李君如、吴焰．建设中国特色农村社会保障体系[M]．中国水利水电出版社，2008：147～149；民政事业统计季报 2007（4），2008（4）[J]，民政部网站。

制。本书采用第二种方法。普惠津贴制是指对 60 周岁和 70 周岁以上的老人发放不同档次的货币和实物津贴，将农民土地保障和家庭保障与财政补助保障有机结合起来。考虑财政负担能力，坚持低标准起步原则。2005 年农村 60 岁以上的老人 1.17739 亿。2006～2007 年按照每人每月补助 25、28、30 元测算，以 2005 年人口为基数，分别需要补贴资金 353.2 亿元、395.6 亿元、423.9 亿元。这构成政府对农民养老保险的隐性负债。

综合以上两个方面的分析，2006～2008 年农村养老保障实际需要支出 658.4 亿～872.25 亿元，但是实际支付仅为一半左右。

（4）未来农村农民养老保障所需资金

根据以上研究结果，未来农村养老保障所需资金分成三个部分：第一，农村“低保”资金需求；第二，农村抚恤事业费、社会福利费及其他农村社会救助等方面的资金需求；第三，普惠津贴制的资金需求。其资金需求见表5-16。农村养老保障资金需求，2010年为2251.2亿元，2015年为5252.3亿元，2020年为16308.9亿元。

表5-16　农村养老保障体系资金需求预测

单位：亿元

年份	2010	2015	2020
农村低保	536.2	718.8	901.4
抚恤事业费和社会福利费等	715	2105.5	6183.5
普惠津贴制	1000	2428	9224
农村养老保障支出	2251.2	5252.3	16308.9

注：农村低保是用城市低保补差标准的一半，作为对农村贫困户补助的标准计算出来的；普惠津贴的标准是2010年每人每月补贴60元，2015年120元；2020年400元；农村抚恤事业费、社会福利费和其他农村社会救助支出是按照有关历史数据推算的；具体参见李君如、吴焰．建设中国特色农村社会保障体系［M］．中国水利水电出版社，2008：149~169。

5.3.4　农民工养老保险制度及其债务

农民工是转轨时期的一个特殊群体。尽管很多地区开展了农民工养老保险试点并且被总结为不同的模式，但是没有一个切实可行的模式能在全国加以推广。因为它们都面临缴费比例高、跨地区转移难、缴费期限长等问题。[97]农民工养老保险制度不健全，致使农民工养老保险的隐性债务非常巨大。

本研究采用隐性欠账方式来推算农民工养老保险的隐性债务，即如果建立了农民工养老保险制度，农民工养老保险统筹账户和个人账户均会积累一定的养老金，其统筹账户养老金规模就是财政对农民工养老保险的隐性负债。首先，由于我们采取了二元经济社会发展体制和社会保障体制，农民工没有全部纳入现有城镇职工养老保障体系，从未来发展趋势看，政府最终需承担城乡所有老人的养老责任。特别是农民工，他们已完全适应了城市生活，其子女也不可能返回农村就业，未来很大一部分农民工需在城镇养老。其次，政府没有为农民工建立社会养老保险体制，就相当于税收的流失，因为国外养老保险是通过社会保障税收缴的。政府主要担心实行农民工养老保险制度会加重企业负担，从而影响经济增长。政府通过隐性养老保障负债的方式来促进经济增长，必将加大未来的财政风险和社会风险。最后，我们暂假定，农民工养老保险隐性债务为统筹账户应有的规模，因为个人账户主要来源于个人工资的扣缴。

根据以上的假定，按照两种方案推算了2003～2008年农民工养老金隐性债务，见表5－17。农民工参加城镇职工养老保险方案，企业按照工资总额的20%缴纳统筹账户养老金，2003～2008年农民工养老金隐性债务为3280.2亿～5548.8亿元，总计25396.32亿元。用人单位缴费比例为工资总额的12%，这是《农民工参加基本养老保险办法》（征求意见稿）的规定。[98]同期农民工养老金隐性债务为1968.12亿～3329.28亿元，总计15237.79亿元。另外，推算了2010～2020年部分年份农民工养老保险隐性债务规模，按照低缴费标准，2010年4109亿元，2015年6947亿元，2020年11777亿元。值得注意的是，农民工养老债务属于或有隐性债务。

表5－17 2003～2017年农民工养老保险隐性债务

年份	月平均收入（元/月）	月数	总人数（亿元）	现行缴费比例（%）	高缴费的隐性债务（亿元）	低缴费比例（%）	低缴费的隐性债务（亿元）
2003	781	12	1.75	20	3280.20	12	1968.12
2004	802	12	1.80	20	3464.64	12	2078.78
2005	855	12	1.85	20	3796.20	12	2277.72
2006	953	12	1.90	20	4345.68	12	2607.41
2007	1060	12	1.95	20	4960.80	12	2976.48
2008	1156	12	2.00	20	5548.80	12	3329.28
2009	1417	12	2.03	20	6914.17	12	4148.50

续表

年份	月平均收入（元/月）	月数	总人数（亿元）	现行缴费比例（%）	高缴费的隐性债务（亿元）	低缴费比例（%）	低缴费的隐性债务（亿元）
2010	1690	12	2.09	20	8492.86	12	5095.72
2011	2049	12	2.11	20	10394.82	12	6236.89
2012	2290	12	2.17	20	11936.21	12	7161.73
2013	2609	12	2.20	20	13774.89	12	8264.94
2014	2864	12	2.19	20	15068.99	12	9041.40
2015	3072	12	2.22	20	16339.60	12	9803.76
2016	3275	12	2.22	20	17473.57	12	10484.14
2017	3485	12	2.25	20	18777.18	12	11266.31

注：①未参加城镇职工基本养老保险农民工总人数 = 农民工总人数—已参加城镇职工基本养老保险农民工人数，数据来源为人力资源和社会保障部的《统计公报》。

②我国从 2009 年起开展新型农村社会养老保险试点，2011 年起开展城镇居民社会养老保险试点，2014 年将以上两项制度合并，在全国范围内建立统一的城乡居民基本养老保险制度。最近几年，大部分农民工已参加城乡居民基本养老保险，只有少部分农民工参加城镇职工基本养老保险，前种参保方式个人缴费低，特别是用工企业不需要为其农民工承担养老保险缴费，其实是社会对此类农民工养老保险基金的一种隐性负债，按照低水平 12% 缴费标准，计算隐性负债的规模。如果参加城乡居民养老保险的农民工，参加城镇职工养老保险，用工单位至少要为其缴纳 12% 的保险费。根据《2017 年度人力资源和社会保障事业发展统计公报》，2017 年末全国农民工总量 28652 万人，其中参加城镇职工养老保险的农民工人数为 6202 万人，其他剩余农民工应参加了城乡居民基本养老保险。

5.3.5 城乡居民基本养老保障总体债务规模

这里从三个角度来分析城乡居民基本养老保障总体债务规模。

（1）2006 年中国养老保障支出水平和债务总额。从享有养老保险的差别看，中国城乡居民分为四个群体。一是机关事业单位职工。其离退休人员养老金由财政直接负担，2006 年为 1330.2 亿元。其隐性债务是指政府用事业单位养老保险的养老金收入支付当前离退休人员养老金而形成债务。2006 年推算为 570.1 亿元，见表 5－18 第 2 列。二是企业职工。由于新人退休比例很少，主要考虑现收现付的统筹账户债务和个人“空账”债务。企业职工隐性债务是因当年个人账户资金用于支付当年退休人员统筹账户养老金而形成的。2006年为389.66亿元。另外还有财政补贴888.95亿元。2006年职工养老保障总共支出5785.61亿元，其中统筹账户筹集资金4507亿元。可见，职工养老保障赤字为1278.61亿元，职工养老保障的赤字率0.6%，见表5-18第3列。三是农民。2006年农民低保等财政支出305.2亿元。农民隐性债务是或有的隐性债务，是指政府建立普惠津贴制度所需资金，2006年需353.2亿元。由于没有农民养老金收入，农民养老保障支出可视为农民养老保障的赤字。四是农民工，不包括已参加城镇职工养老保险的那部分农民工。农民工隐性债务是指把所有农民工纳入较低水平的养老保险制度，统筹账户能筹集的资金，也是一种或有隐性债务。2006年为2607.41亿元。

表5-18　2006年中国养老保障支出及债务情况

单位：亿元，%

类别	机关事业单位职工	企业职工	农民	农民工	各项支出合计	各项支出GDP占比	相当于当年财政支出的比例
养老金统筹账户收入	—	4507	—	—	4507	2.11	11.15
养老金统筹账户支出	—	4507	—	—	4507	2.11	11.15
隐性债务	570.1	389.66	353.2	2607.41	3920.37	1.84	9.70
财政补贴支出	1330.2	888.95	305.2	—	2524.35	1.18	6.24
养老保障总支出	1900.3	5785.61	658.4	2607.41	10951.72	5.14	27.09
养老保障赤字	1900.3	1278.61	658.4	2607.41	6444.72	3.02	3.16
养老保障赤字率	0.89	0.60	0.31	1.22	3.02		

注：2006年GDP为213131.7亿元，财政收入为40422.73亿元。数据来自国家统计局编.2009年中国统计摘要［M］.中国统计出版社，2009年5月.

2006 年中国城乡居民养老保障总支出需资金 10951.72 亿元，占 GDP 的 5.14%。养老保障赤字定义为不是从养老保险制度筹集的养老保障支出资金，包括财政补贴和隐性债务。2006 年养老保障赤字 6444.72 亿元，其中财政补贴 2524.35 亿元，见表 5－18 第 5 行。养老保障总赤字率为 3.02%，其中，农民工为 1.22%，机关事业单位 0.89%，城镇职工 0.60%，农民 0.31%。从增加财政负担的角度看，隐性债务显现化需要增加财政负担。2006 年隐性债务 3920.37 亿元，包括对农民工和农民的或有隐性债务 2607.41 亿元和 353.2 亿元，见表 5－18 第 4 行。养老保障隐性债务占养老保障赤字的 60.8%，养老保障隐性债务赤字率为 1.84%。中国养老保障最大问题是农民工和农民养老保障缺失，形成较大隐性债务。城镇职工和机关事业单位职工养老保险欠账都在用新制度和财政资金给予偿还。表 5－19 分析了 2007 年养老保障支出及其债务情况，其基本结论是：2007 年养老保障赤字 7544.92 亿元，其中隐性债务 4412.62 亿元，财政补贴 3132.3 亿元；养老保障总赤字率 2.91%，其中隐性债务赤字率 1.71%。

表 5－19　2007 年中国养老保障支出及债务情况

单位：亿元，%

类别	机关事业单位职工	企业职工	农民	农民工	各项支出合计	各项支出GDP 占比	相当于当年财政支出的比例
养老金统筹账户收入	—	5595.86	—	—	5595.86	2.17	11.24
养老金统筹账户支出	—	5595.86	—	—	5595.86	2.17	11.24
隐性债务	671.5	369.04	395.6	2976.48	4412.62	1.71	8.86
财政补贴支出	1566.9	1275.00	290.4	—	3132.3	1.22	6.29

续表

类别	机关事业单位职工	企业职工	农民	农民工	各项支出合计	各项支出GDP占比	相当于当年财政支出的比例
养老保障总支出	2238.4	7239.90	686.00	2976.48	13140.78	5.11	26.40
养老保障赤字	2238.4	1644.04	686.00	2976.48	7544.92	2.91	15.16
养老保障赤字率	0.86	0.63	0.26	1.15	2.91		

注：2007 年 GDP 为 259258.9 亿元，财政收入为 49781.35 亿元。数据来源同表5－18。

（2）养老保障年度化隐性债务和年度化隐性赤字。根据上面的定义，养老保障赤字定义为不是从养老保险制度筹集的养老保障支出资金，包括财政补贴和隐性债务，但由于财政补贴部分已经在一般预算赤字得以体现，这里只关注养老保障的年度化隐性债务，也可称为养老保障的年度化隐性赤字。假设从党的十六以后的 2003 年开始建立农村农民津贴制和农民工的较低水平的社会养老保险制度，1998 年养老保险隐性债务为 789.94 亿元，2008 年达到 4873.43 亿元，见表 5－20。

表 5－20　1998－2017 年中国养老保障的隐性债务

单位：亿元

年份	机关事业单位职工（对参加养老保险试点人员的欠账）	企业职工（空账规模）	农民（建立津贴制所需资金和空账）	农民工（低水平养老保险能筹集的资金）	养老保障隐性债务和隐性赤字（各项支出合计）
1998	68.59	721.35	—	—	789.94
1999	104.83	860.42	—	—	965.25
2000	119.64	839.52	—	—	959.16
2001	156.18	927.44	—	—	1083.62

续表

年份	机关事业单位职工（对参加养老保险试点人员的欠账）	企业职工（空账规模）	农民（建立津贴制所需资金和空账）	农民工（低水平养老保险能筹集的资金）	养老保障隐性债务和隐性赤字（各项支出合计）
2002	338.07	1013.22	—	—	1351.29
2003	383.56	999.02	290.00	1968.12	3640.70
2004	440.60	978.60	310.00	2078.78	3807.98
2005	499.21	456.13	330.00	2277.72	3563.06
2006	570.10	389.66	353.00	2607.41	3920.37
2007	671.50	369.04	395.60	2976.41	4412.62
2008	770.25	350.00	423.90	3329.28	4873.43
2009	896.98	686.14	538.97	4148.50	6270.59
2010	1008.66	969.29	533.95	5095.72	7607.61
2011	1173.32	697.14	540.87	6236.89	8648.23
2012	1220.93	1275.57	551.80	7161.73	10210.03
2013	1375.04	2270.00	561.99	8264.94	12471.96
2014	1572.00	3597.43	-124.00	9041.40	14086.83
2015	1868.98	4932.57	25.00	9803.76	16630.31
2016	2243.42	6867.57	13.00	10484.14	19608.13
2017	3248.12	7128.29	-11.17	11266.31	21631.55

注：2009～2013 年农民津贴 = 农村 60 岁以上老人数 ×12 ×50 元/月；2014 年起由于城乡居民基本养老保险制度已覆盖全国，不存在建立津贴制形成的隐性债务，但城乡居民基本养老保险制度也是采取社会统筹和个人账户相结合模式，因参保城乡居民现在的缴费应计入个人账户，但实际上被政府用于为当前的参保老人发放养老金，对参保城乡居民形成新的“空账”。2014～2017 年对农民的隐性债务其实是国家对以上参保居民的欠账，即“空账”，计算公式为：农民津贴（空账）= 基本养老保险支出 - 财政补贴收入，数据来源为财政部。

（3）未来中国养老保障资金需求总额。根据前面的研究，选取 2010 年、2015 年和 2020 年三个时点推算养老保障资金需求情况，这些年份养老保障赤字分别是 1.2 万亿元、2.2 万亿元、4.5 万亿元（表 5-21）。这不是未来社会养老保障所需的全部资金，而是假设现有养老保障体制不变的情况下所需的财政补贴资金，即机关事业单位职工养老资金是指按照现行财政现付体制所需资金，企业职工养老资金是指维持现有统账结合体制所需财政补贴资金，农民养老资金是指建立低保和普惠津贴制所需资金，农民工养老资金是指继续不建立养老保险制度而由财政负担的或有隐性债务。

表 5－21　部分年份养老保障财政资金需求

单位：亿元

年份	机关事业单位职工	企业职工	农村农民	农民工	养老保障赤字
2010	3377.8	2300.59	2251.2	4109.01	12038.60
2015	6705.8	3200.02	5252.3	6947.12	22105.24
2020	13313.0	3700.69	16309.0	11776.90	45099.45

6 政府收入支出与财政风险

财政风险是政府收入和支出的一个或者两个方面发生超出预期的变化。财政收入和支出是形成财政风险最直接的因素。本部分主要创新点是，在对政府收支和财政收支作出分类的基础上，对我国改革开放以来的政府收入与支出进行实证分析，进而探讨收入和支出与财政风险的关系。研究认为，从政府收入看，我国主要面临政府收入结构不合理及其不可持续的风险。从政府支出结构看，主要面临政府支出结构固化，导致吃饭养人、经济建设型财政向公共服务型财政转变非常困难的风险。笔者最初是想搞清楚政府总收入和总支出进而推算出真实的赤字规模，再来写本部分的内容。很显然，我们能大致推算出政府的总收入，但无法直接推算出政府的总支出，最后还是以估算隐性赤字的方式来寻找真实的赤字，见本书第 3 章和第 5 章的有关内容。尽管如此，这部分研究还是非常有利于我们从收入和支出两个方面来观察财政风险的来源，同时也有利于我们了解我国财政风险之所以来源于隐性债务的原因。

6.1 政府收入规模和结构及其风险

这里的政府收入是指广义角度的政府收入，包括预算内收入、预算外收入、社会保险收入、国有企业利润收入、土地出让收入、没有纳入预算内外管理的罚款收费收入等。从总量和结构看，我国的政府收入有以下几个特点：①改革开放以来，政府全部收入快速增长，从 1978 年的 1959.4 亿元增加到 2008 年的 98961.55 亿元；②政府收入占 GDP 比重呈现出“V”字形，从 1978 年的 53.75%，下降到 20 世纪 90 年代中期的 18% 左右，之后不断上升，2008 年超过了 30%；③除财政收入外，在 20 世纪 80、90 年代，预算外收入是政府收入的重要来源，在 21 世纪头几年，土地出让收入和社会保险收入成为政府收入越来越重要的来源；④从国际比较来看，尽管我国政府收入占比较低，但其相对比例并不低。政府收入风险主要表现在两个方面。一是宏观税负结构不合理的风险。与政府提供的公共服务和公共管理相比，我国宏观税负相对偏高；从税负结构看，直接税负偏重，间接税负还有较大提升空间。二是由于政府收入的不统一、不规范、不完整，政府收入面临着不可持续的风险。

6.1.1 政府收入规模

根据财政部统计，政府收入除了一般预算收入以外，还包括我国政府以行政权力和国有资产所有者身份集中的社会资源，主要有政府性基金收入、财政专户管理资金收入、社会保险基金收入和土地出让收入四个部分。[99] 除此之外，还包括体制外罚款收费收入。如没有特殊说明，本书中的政府收入是指政府总收入。伴随着国民经济的快速增长，政府收入呈现出快速增长势头。1978 年政府收入 1959.4 亿元，2008 年为 98961.55 亿元，年均增长 13.97%。按不变价格计算，1979～2008 年国内生产总值年均增长 9.8%。表 6－1 列出了改革开放以来各年政府收入规模和结构的数据。从计划经济向市场经济转变过程中，政府收入占 GDP 比重的变化趋势呈现出不对称的“V”字形，见图 6－1。1978～1995 年，政府收入占 GDP 的比重逐步下降，从 1978 年的 53.75% 下降到 1995 年的 18.03%，1995～1998 年没有多大变化，从 1999 年开始逐渐上升，2008 年达到32.91%2017年上升到36.41%。从图6－1可知，在我国转轨时期，税收、财政收入、预算内外收入和国家总收入占GDP比重的变化趋势基本相同，都是在1994年或1995年下降到最低水平，之后逐步上升。

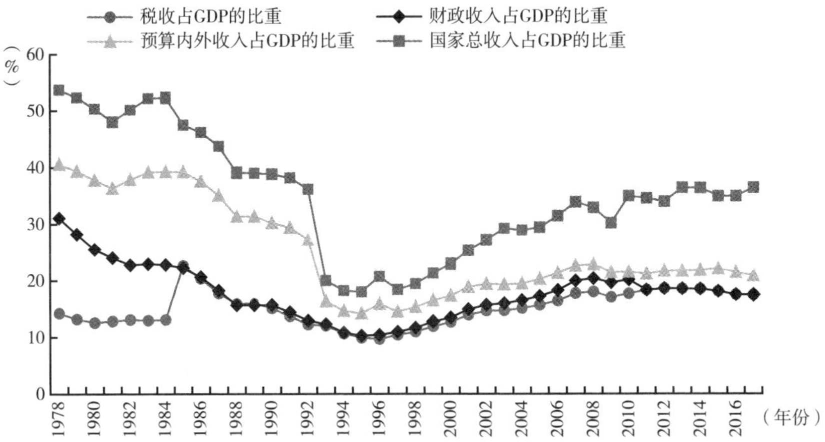

图6－1　1978～2017年政府收入占GDP比重的变动曲线

6.1.2　政府收入结构

本书把政府收入分为一般性收入、转轨收入和特殊收入三类。下面分别对三类收入的组成情况进行介绍。表6－1是政府收入的各项来源的具体数据，图6－2是各项收入占政府总收入比重的变动曲线。本部分的数据如无特别说明，均来自它们。

（1）一般性收入

一般性收入是指与市场经济国家相对应的财政收入，包括税收收入和非税收入。尽管我国最近几年强调使用非税收入概念，但是统计上还是使用预算内收入和预算外收入。前者主要是中央政府向全国人大报告工作和向社会公布财政预算所使用的数据。后者是纳入财政管理，但没有纳入预算管理的政府收入。由于在1997年、

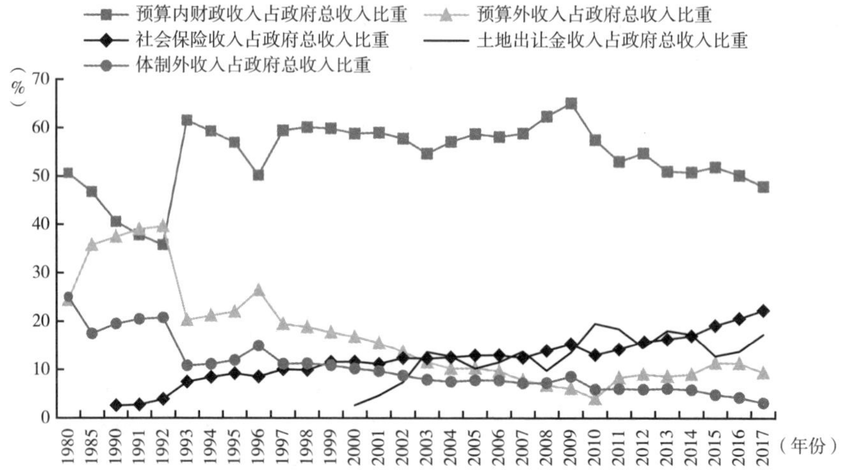

图 6-2　1978~2017 年政府各项收入占比的变动曲线

2007 年财政部分别对预算内外一些科目进行了调整，把数额较大的一些预算外科目纳入预算内统计，故而历年数据不具有可比性。这两部分统计数据是完整的、连续的，本书把它们归为一般性收入。

①预算内收入。预算内收入，通常称为财政收入，改革开放以来保持了较快增长速度，从 1978 年的 1132.26 亿元，增加到 2008 年的 61316.90 亿元。在过去 40 年里，财政收入占国内生产总值比重总体上呈“V”字形变化：从 1978 年的 31.1%，下降到最低谷 1996 年的 10.4%，在 1997 年部分预算外收入调整为预算内收入和 2002 开始的新一轮经济增长的带动下，该比例随后不断上升，2008 年为 20.4%。财政收入始终是政府收入的主要来源。从财政收入占政府总收入的比重看，1978~1992 年间，该比例是逐渐下降的，1992 年仅为 35.8%，1993~2008 年保持在 60% 左右。

②预算外收入。我国预算外收入规模一直较大，在 1988、1989、1991 和 1992 年预算外收入规模与预算内收入规模相当。1978 年预算外收入 347.1 亿元，2007 年 6820.32 亿元。由于政府加大了预算外收入清理力度以及把部分预算外收入调整为预算内收入，预算外

收入占 GDP 的比重在逐步下降，从 1985 年最高峰值的 16.97%，下降到 2008 年的 2.39%。尽管如此，在 2003 年之前，预算外收入始终是政府收入的第二大来源。从 2011 年 1 月 1 日起，国家取消预算外科目，将预算外收入全部纳入预算管理。为此，从 2011 年起，将财政收入科目中的非税收入计入预算外收入科目，而将财政收入科目中的税收收入计入预算内收入。

（2）转轨性收入

转轨性收入是指计划经济向社会主义市场经济转型过程中形成的政府收入。在我国经济转轨过程中，发生了社会保障的社会化和国有资产逐步市场化，形成社会保险收入和国有资产利润收入。

①社会保险基金收入。从 20 世纪 90 年代开始，中国逐步探索社会化保险方式替代财政保险方式。曾经有四种社会保险类型：（i）机关干部和部分事业单位职工的社会保险继续由财政直接负担；（ii）城镇职工和少部分农民工纳入“统账”结合的社会保险体制；（iii）各地探索的低缴费农民工社会保险方式；（iv）农村农民养老模式。目前形成城镇职工基本养老保险和城乡居民基本养老保险两种制度。随着城镇职工保险覆盖面的扩大，社会保险基金收入从 1997 年的 1458.2 亿元增长到 2017 年的 54753 亿元，其中，城镇职工基本养老保险征缴收入 33403 亿元，城乡居民基本养老保险个人缴费 810 亿元。同时，社会保险收入占 GDP 的比重也持续增加，从 1990 年的 1% 提高到 2008 年的 4.56%，2017 年 6.62%。社会保险收入在政府总收入的占比呈缓慢上升趋势，目前社会保险收入是政府收入的第二大来源。

②国有资产利润收入。政府作为国有资产所有者，应该可以分享部分国有资产利润收入。但是目前国有企业上缴利润非常少，扣除部分国有企业的亏损之后，国有企业净利润更是少之又少，很多年份处于亏损状态。并且这部分收入已经纳入预算内收入。为此，

这里暂不考虑国有资产利润收入。

（3）特殊性收入

特殊性收入是指中国经济社会发展过程中因各种原因导致的特殊的政府收入，主要包括土地出让收入和体制外罚款收费收入。

①土地出让收入。中国土地分为国家所有和集体所有。集体所有土地由于不能直接转变为城镇建设和产业用地，要先变性为国有土地才能用于城镇建设和产业用地。代表国有土地所有权的各级政府通过先征后卖方式，取得大量土地使用权出让和出租收入。随着城镇化速度加快和城市经营理念的实施，土地出让收入较大幅度增加，从2002年的595.6亿元，增加到2007年的12000亿元。受金融危机影响，2008年有所下降，也高达9600亿元。土地收入日益成为地方政府的重要收入来源。土地收入占GDP的比重从2000年的1.18%，上升到2008年的3.19%。[100]2017年6.29%。从图6－2可知，目前，土地出让收入成为政府第三大收入来源。在2007、2009、2011、2013、2015等5年中土地出收入还超过社会保险基金收入。

表6－1　1978～2017年政府总收入及其构成

单位：亿元，%

年份	一般性收入		转轨性收入	特殊性收入		政府总收入		财政收入占GDP比重
	财政收入	预算外收入	社会保险收入	土地出让金收入	体制外收入	总量	占GDP比重	
1980	1159.9	557.4	—	—	572.8	2290.1	50.38	25.52
1985	2004.8	1530.0	—	—	747.0	4281.8	47.49	22.24
1990	2937.1	2708.6	186.8	—	1411.9	7244.4	38.81	15.73
1991	3149.5	3243.3	225.0	—	1701.3	8319.1	38.19	14.46
1992	3483.4	3854.9	377.0	—	2020.7	9736.0	36.16	12.94
1993	4349.0	1432.5	526.1	—	763.1	7070.7	20.01	12.31
1994	5218.1	1862.5	742.0	—	976.9	8799.5	18.26	10.83
1995	6242.2	2406.5	1006.0	—	1305.3	10960.0	18.03	10.27

续表

年份	一般性收入		转轨性收入	特殊性收入		政府总收入		财政收入占GDP比重
	财政收入	预算外收入	社会保险收入	土地出让金收入	体制外收入	总量	占 GDP 比重	
1996	7408.0	3893.3	1252.4	—	2195.8	14749.5	20.72	10.41
1997	8651.1	2826.0	1458.2	—	1621.6	14556.9	18.43	10.95
1998	9876.0	3082.3	1623.1	—	1847.7	16429.0	19.47	11.70
1999	11444.1	3385.2	2211.8	—	2073.3	19114.4	21.31	12.76
2000	13395.2	3826.4	2644.5	595.6	2320.1	22781.9	22.96	13.50
2001	16386.0	4300.0	3101.9	1295.9	2692.3	27776.1	25.33	14.94
2002	18903.6	4479.0	4048.7	2416.8	2873.1	32721.2	27.19	15.71
2003	21715.3	4566.8	4882.9	5421.3	3132.4	39718.7	29.24	15.99
2004	26396.5	4699.2	5780.3	5894.0	3465.0	46235.0	28.92	16.51
2005	31649.3	5544.2	6975.2	5505.0	4207.5	53881.2	29.41	17.27
2006	38760.2	6407.9	8643.2	7677.0	5181.9	66670.2	31.46	18.29
2007	51321.8	6820.3	10812.3	12000.0	6260.1	87214.5	33.90	19.95
2008	61316.9	7200.0	13696.0	9600.0	7148.7	98961.6	32.91	20.39
2009	68518.3	6414.7	14159.0	14253.8	8996.0	105302.8	30.17	19.63
2010	83101.5	5794.4	16513.0	28197.7	8587.3	144504.0	34.99	20.12
2011	89720.3	14020.0	21104.0	31140.4	10222.7	169146.4	34.57	18.34
2012	100600.9	16609.0	24140.0	26691.5	10843.4	183653.8	33.99	18.62
2013	110497.0	18646.0	29790.0	39142.0	13126.7	216664.8	36.40	18.56
2014	119158.0	21192.0	33308.0	40479.7	13634.0	234291.7	36.38	18.50
2015	124892.0	27325.0	37534.0	30783.8	11554.3	240567.1	34.91	18.13
2016	130354.0	29198.0	43072.0	35639.7	11003.6	259758.3	34.93	17.53
2017	144360.0	28207.0	54753.0	52059.0	9403.0	301183.0	36.41	17.45

注：①GDP数据引自《中国统计摘要》；1978～2007年预算内外收入来源于《中国统计年鉴2008》，2008年预算外收入是估计数；2008年社会保险收入来源于《两部门发布人力资源和社会保障事业发展统计公报》（2009年5月19日，新华网）；体制外收入假定为非税收入的50%；土地出让收入引自一些权威媒体的有关报道。②2011年起，财政收入为一般公共预算收入中的税收收入；预算外收入为一般公共预算收入中的非税收入。③2009～2017年，社会保险收入为社会保险基金收入减去财政补贴部分，数据来源于人社部《统计公报》；土地出让金收入来源于财政部年度决算表；体制外收入为政府性基金收入扣除土地出让金收入。

②制度外收入。制度外收入是指各级政府没有合法依据的，在预算内和预算外之外所取得的各种形式的资金，主要是乱罚款乱收费乱摊派的收入。对于制度外收入能否算作政府收入曾经存在争议，但大部分专家学者认为应该算作政府收入。卢洪友 1998 年的一个研究把制度外收入概括为以下 5 个方面：制度外基金、制度外收费、制度外集资摊派、制度外罚没和“小金库”。樊纲 1996 年的一个研究认为，保守估计 1994 年各级政府的制度外收入平均相当于地方预算内收入的 30%，占全部地方公共收入的 23.1%。[101]由于依法依规的罚款收费分别在预算内和预算外加以统计，因此制度外收入只能依靠样本调查结果推算。审计署副审计长孙宝厚（时任总审计师）曾对“小金库”的规模进行过推算，认为 1998～2006 年国家机关和国有企事业单位每年“小金库”数额可能高达 827 亿元。也有人大胆推断，全国每年进入“小金库”的钱大约有 5000 亿元，约占当年 GDP 的 5%。[102]周天勇教授研究认为，2004 年没有进入预算外管理的各种收费和罚款为 3000 亿元左右，[103]相当于同年预算外收入的 63.8% 和非税收入的 43.3%。由于预算外收入口径不断调整，一些较大收费项目逐步纳入预算内非税科目进行统计，本书假定制度外收入是政府非税收入的一半。制度外收入 1990 年为 1411.9 亿元，2008 年为 7148.7 亿元。从 20 世纪 90 年代中期开始，体制外收入占 GDP 比重为 2%～3%。从 2009 年开始，我们将扣除土地出让金收入之外的政府性基金收入归为制度外收入。

6.1.3 政府收入风险

政府收入风险主要是指政府收入是否可持续增长及其波动对财政赤字的影响。政府收入波动至少有两种类型。一是经济周期变化引起的波动。部分税种采用累进税，税收具有经济稳定器作用。二是政府收入负担的变化引起的政府收入波动。经济学上的拉弗曲线表明，政府收入总量与负担率呈倒U形，当负担率低于最优负担率 Ta 时，提高负担率能带来总收入的增加；当负担率超过最优负担率 Ta 时，提高负担率反而导致总收入的下降，见图6-3。在此，需要区别最优宏观税负与微观最优税收的含义。正如拉弗曲线所侧重分析的那样，最优宏观税负主要关注一个国家的政府总收入与总产出的比例是否合理。微观最优税收重点研究的则是政府为征收一定规模的税收收入，如何针对不同的商品征收不同税率才能保证征税带来的效用损失最小。比如，最经常用于判断最优税收原则的拉姆齐法则，就是指为保证征税效率损失最小，要求两种商品的税率应与其需求弹性成反比。[102]即

$$\frac{tx}{tz}=\frac{\eta_{cz}}{\eta_{cx}}$$

其中，tx、tz 分别是对商品 x 和 z 征收的商品税，η_{cx} 和 η_{cz} 分别为商品 x 和 z 的需求价格弹性。

由于本研究重点考虑转型时期的财政风险，我们主要关注税负的变化引起的政府收入波动，对微观最优税收暂不深入讨论。另外，我国财政收入仅占政府收入的60%左右，还需关注政府收入不统一、不规范引起的不可持续风险。

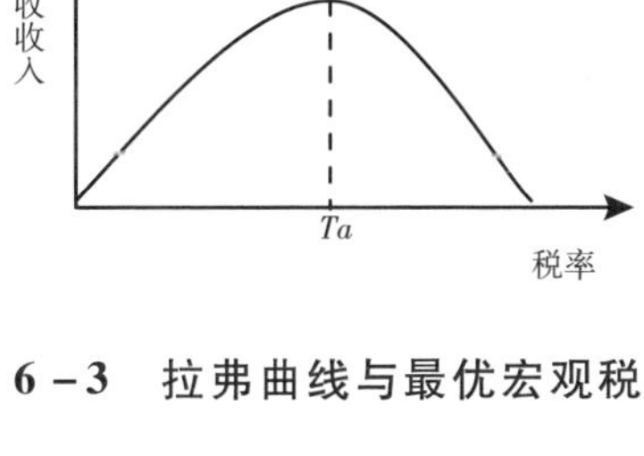

图6-3　拉弗曲线与最优宏观税负

（1）宏观税负结构不合理的风险

宏观税负结构不合理风险主要表现为与政府提供的公共服务和

公共管理相比，我国宏观税负总体上偏高。另外，从税负结构看，直接税负偏重，间接税负还有较大提升空间。

①四种口径的宏观税负指标。宏观税负，教科书上一般指国民经济总体的税收负担水平，它反映了一国社会成员的税收负担的整体状况。[104]收入来源的多元化，致使宏观税负口径多样化。由于政府收入分为预算内收入、预算外收入、体制外收入等，并且后两部分的占比较高，很多学者结合中国实际，从不同角度来研究宏观税负问题，形成不同的宏观税负口径。许建国、刘源对近年来国内外学者对宏观税负及其相关问题的研究成果进行了整理。[105]刘秋生较早地提出了三个不同口径的宏观税收负担：（i）预算内收入占国民收入的比重；（ii）预算外收入占国民收入的比重；（iii）预算内外收入加上补贴、赤字调整后收入占国民收入的比重。[106]袁振宇等从不同层次税收收入的角度提出了三个口径的宏观税率：（i）中央政府的税收收入总额占 GDP 的比重；（ii）包括地方政府在内的各级政府税收总额占 GDP 的比重；（iii）各级政府财政收入总额占 GDP 的比重。樊丽明等把宏观税负分为现有制度下的税负，即按照规范的税法形成的税负，称为小口径宏观税负；[107]把包括“税外之税”的税负称为大口径的宏观税负。安体富特别针对我国的现实情况，把宏观税负分为三类，即小口径宏观税负、中口径宏观税负和大口径宏观税负。[108]其中，小口径是指税收收入占的比重；中口径则为财政收入占的比重；大口径是政府收入占的比重，其中政府收入不仅包括财政收入、预算外收入，还包括各级政府及其部门收取的没有纳入预算内和预算外管理的制度外收入。他认为在三个指标中，大口径的指标最为真实、全面地反映了政府集中财力的程度和整个国民经济的负担水平；中、小口径指标则更能说明在政府取得的收入中，财政真正能够有效管理和控制的水平。在分析我国宏观税负时，需要将不同口径的指标综合起来进行考察，寻找最优宏观税负是其

研究重点。林赟、李大明等人研究发现，1994～2007年，包括全部税收和社会保障基金收入在内的宏观税负为11.93%～22.61%。[109]同期，OECD国家的宏观税负为25.7%～52.6%。大部分发达国家宏观税负处于27%～37%，瑞典、丹麦等北欧国家更高，几度超过50%。他们研究认为，政府收入制度缺乏规范性和我国社会保障收入水平较低可能是我国宏观税负水平较低的重要原因。正因为宏观税负口径不同，在通过国内外比较研究确定最优税负时，要特别小心，以免陷入简单地对比得出不合理的结论。

根据前面对收入来源的研究，本书对以下四种口径的宏观税负进行比较研究：（i）税收占GDP的比重；（ii）财政收入占GDP的比重，财政收入等于预算内收入；（iii）预算内外收入占GDP的比重；（iv）政府总收入占GDP的比重。第（iv）种是最大口径的宏观税负指标，它是最能真实地反映我国企业和居民负担水平的指标。本书认为分析宏观税负是否合理，应该采用大口径，即以政府收入占GDP比重来衡量。但其他三个税负指标有助于我们了解税负的结构和来源。有些研究对大口径的规模进行了测算。比如，高培勇研究认为，2001年我国政府收入占GDP的总水平为34.43%。[110]一些学者则通过社会公共产品需要量来反推中国政府的实际收入水平。上海财经大学公共政策研究中心测算表明，我国1999年社会公共产品需要量为21770亿元，占当年GDP的比重为26.6%。陈小平在估算中国政府的收入规模时也采用了同样的估算方法，得出1999年的这一数据是24%。[111]图6 1也是四种口径的宏观税负的变动曲线。改革开放以来，我国直接宏观税负呈现出“V”字形的变化趋势，政府总收入占GDP的比重从1978年的53.75%，下降到20世纪90年代中期的18%左右，之后，该比例持续攀升，2008年上升到33.59%，2017年达到36.41%。

②直接宏观税负和转移宏观税负。宏观税负的结构，主要是指

政府收入来源的构成情况。通过分析政府收入的来源，就能了解宏观税负的结构。国外早期研究文献关注的是政府通过协调其征税和发行货币行为，在跨期预算条件下使支出融通政策所产生的扭曲成本最小，实现政府收入平滑。Barro 于 1979 年提出税收平滑假说，Mankiw 于 1987 年、Trehan 和 Walsh 于 1990 年对模型进行了进一步的扩展。吴凯、储敏伟 2007 年用中国 1953 ~ 2005 年数据进行最优收入平滑分析，认为在放松货币流通速度为常数的假设下，收入平滑假说在中国成立。他们也提出，只有在合理控制政府规模的基础上，同时加强收支协调，协调征税和发行货币的行为，才能真正减少效率的损失和降低收入筹集的成本。[112]现在很少有国家刻意地为获取通货膨胀税而多发货币。当前政府收入有两大来源。一是当期税费收入，由当期的经济主体和居民直接承担，税费收入占 GDP 的比重是直接宏观税负。它是我们经常所指的宏观税负。二是债务收入，主要用于弥补当期的财政赤字，债务收入占 GDP 的比重就是转移宏观税负。

直接宏观税负的结构有以下几个特点。（i）分税制改革之后，税收占 GDP 的比重逐步提高，2008 年为 18.03%，比 1994 年提高了 7.4 个百分点，具体数据见表 6 - 2。（ii）过去 40 年里，财政收入占 GDP 的比重也呈“V”字形变化，从 1978 年的 31.1%，下降到最低谷 1996 年的 10.4%，之后不断上升，2008 年达到 20.4%。从此之后，有所下降，2017 年为 17.45%。随着“费改税”力度加大，财政收入占 GDP 比重与税收占 GDP 比重之差趋于稳定。（iii）1993 年之前的一些年份，预算外收入超过预算内收入。比如，1992 年预算外收入 3854.9 亿元，比预算内收入多 371.5 亿元。此后，由于不断地把预算外收入调整为预算内收入，大部分年份预算外收入占 GDP 比重保持在 4% 以下，2008 年为 2.39%。尽管如此，在 2003 年之前，预算外收入一直是政府收入的第二大来源。（iv）从 20 世纪 90

年代开始，中国逐步探索社会化保险方式替代财政保险方式，社会保险收入占 GDP 比重持续增加，从 1990 年的 1% 提高到了 2008 年的 4.56%。目前社会保险收入是政府收入的第二大来源。（v）从 2002 年开始，土地出让收入快速增加，成为目前政府第三大收入来源。土地收入占 GDP 的比重从 2000 年的 1.18%，上升到 2008 年的 3.19%。（vi）制度外收入相对稳定。周天勇教授研究认为，2004 年没有进入预算外管理的各种收费和罚款为 3000 亿元左右，相当于同年预算外收入的 63.8% 和非税收入的 43.3%。我们假定制度外收入是政府非税收入的一半，1994 年以来，体制外收入占 GDP 的比重为 2% ~3%。

表 6－2　1978～2017 年四种口径的宏观税负水平

单位：%

年份	税收占 GDP 的比重	财政收入占 GDP 的比重	预算内外收入占 GDP 的比重	国家总收入占 GDP 的比重
1978	14.25	31.06	40.58	53.75
1979	13.24	28.22	39.36	52.43
1980	12.58	25.52	37.78	50.38
1981	12.88	24.04	36.33	48.05
1982	13.15	22.77	37.85	50.21
1983	13.01	22.93	39.15	52.23
1984	13.14	22.79	39.28	52.35
1985	22.64	22.24	39.21	47.49
1986	20.35	20.65	37.56	46.17
1987	17.75	18.24	35.06	43.72
1988	15.89	15.67	31.36	39.10
1989	16.05	15.68	31.33	38.97
1990	15.12	15.73	30.24	38.81
1991	13.73	14.46	29.35	38.19
1992	12.25	12.94	27.26	36.16

续表

年份	税收占 GDP 的比重	财政收入占 GDP 的比重	预算内外收入占 GDP 的比重	国家总收入占 GDP 的比重
1993	12.04	12.31	16.36	20.01
1994	10.64	10.83	14.69	18.26
1995	9.93	10.27	14.23	18.03
1996	9.71	10.41	15.88	20.72
1997	10.43	10.95	14.53	18.43
1998	10.97	11.70	15.35	19.47
1999	11.91	12.76	16.54	21.31
2000	12.68	13.50	17.36	22.96
2001	13.95	14.94	18.86	25.33
2002	14.66	15.71	19.43	27.19
2003	14.74	15.99	19.35	29.24
2004	15.12	16.51	19.45	28.92
2005	15.71	17.27	20.30	29.41
2006	16.42	18.29	21.31	31.46
2007	17.73	19.95	22.60	33.90
2008	18.03	20.39	22.79	32.91
2009	17.05	19.63	21.47	30.17
2010	17.72	20.12	21.52	34.99
2011	18.34	18.34	21.20	34.57
2012	18.62	18.62	21.69	33.99
2013	18.56	18.56	21.70	36.40
2014	18.50	18.50	21.79	36.38
2015	18.13	18.13	22.09	34.91
2016	17.53	17.53	21.46	34.93
2017	17.45	17.45	20.86	36.41

注：从 2011 年开始，我国实行公共财政预算，一般公共预算分为税收收入和非税收入，为保持研究的延续性和可比性，将一般公共预算中税收收入归为财政收入，非税收入继续归为预算外收入，因此从 2011 年起，税收占 GDP 比重与财政收入占 GDP 比重是相同的。

转移宏观税负是指当前经济主体把应承担的税费转移给下一期主体承担的部分，衡量的是政府收入来源的年度转移、代际转移的规模。国外的转移宏观税负主要通过发行国债来实现。我国除此之外，还通过隐性债务、透支赤字等方式把当期的税负转移给下一期、下一代。国外可用国债负担率衡量转移税负规模，我国应该用政府债务负担率来衡量。据我们测算，2008 年底，包括国债、国有经济债务、地方政府债务、养老保险债务等在内的政府债务余额 20.3 万亿元，政府债务负担率 67.5%。其中，需未来直接偿还的债务 12.9 万亿元，直接债务负担率 43%；需未来间接偿还的债务 7.4 万亿元，间接债务负担率 24.5%。2008 年底国债余额 5.3 万亿元，国债负担率 17.7%，占需直接偿还债务的 41.3%。

③税负结构不合理风险的主要表现。（i）从两种税负结构看，转移税负比例偏低。欧盟债务负担率的安全线为 60%，2008 年美国国债负担率在 85% 左右，2009 年又进一步提高。与此相比，中国债务负担率明显偏低。我国财政赤字率、债务率均控制在较低的水平，但不规范收费、土地出让收入、各种隐性债务给经济发展带来的危害，远远大于把赤字率控制在较低水平带来的所谓财政安全收益。（ii）我国实际的宏观税负并不低。从绝对值来看，目前最大口径的直接宏观税负不仅低于发达国家平均水平，而且低于发展中国家平均水平。国际货币基金组织《政府财政统计年鉴（2007）》公布的数据显示，2006 年 51 个统计在内的国家的财政收入占 GDP 比重平均水平为 40.6%，21 个工业化国家的平均水平为 45.3%，30 个发展中国家的平均水平为 35.9%。[99]而中国 2007 年国家收入占 GDP 比重为 33.9%。表 6－3 和表 6－4 是部分发达国家和发展中国家国家收入占比情况。

表 6－3　1991～2008 年 OECD 国家政府税收和非税收入占 GDP 比重

单位：%

年份	1991	1995	2000	2005	2006	2007	2008
澳大利亚	33.0	34.5	36.1	36.3	36.0	35.4	35.5
加拿大	43.9	43.2	44.1	40.8	40.7	40.5	39.9
法国	47.6	48.9	50.1	50.5	50.3	49.7	49.6
德国	43.3	45.1	46.4	43.6	43.8	43.9	43.4
意大利	42.6	45.1	45.3	43.8	45.4	46.6	45.9
日本	33.4	31.4	31.4	31.7	34.6	33.4	35.0
韩国	22.7	24.6	29.3	31.9	33.8	35.2	35.7
荷兰	52.3	47.2	46.1	44.5	46.2	45.6	46.0
西班牙	39.5	38.0	38.1	39.4	40.5	41.0	38.2
瑞典	61.0	58.0	60.7	56.1	55.3	54.9	54.0
英国	39.8	38.2	40.3	40.8	41.6	41.7	41.9
美国	32.9	33.8	35.8	33.4	34.2	34.5	33.3
欧元区	44.7	45.6	46.3	44.9	45.4	45.5	44.9
全部 OECD 国家	37.6	38.1	39.3	38.0	38.9	38.9	38.5
中国	38.19	18.03	22.96	29.41	31.46	33.9	32.91

数据来源：OECD Economic Outlook（2008 年 11 月），2008 年数据为 OECD 预测数，转引自财政部网站资料：我国财政收入规模的国际比较。

表 6－4　部分发展中国家政府财政收入占 GDP 比重

单位：%

国家	南非	斯洛伐克	波兰	捷克	保加利亚	伊朗	阿根廷	智利
年份	2006	2006	2006	2006	2006	2004	2004	2006
比重	37.3	35.1	39.1	38.1	40.0	30.7	29.4	27.8
国家	哥伦比亚	玻利维亚	秘鲁	巴西	马来西亚	泰国	越南	印度
年份	2005	2006	2005	2004	2003	2006	2003	2005
比重	32.0	50.9	18.7	35.8	26.1	22.0	24.1	21.9

注：数据来源同表 6－3。

从相对值看，我国直接宏观税负并不低。一个国家最优的宏观税负水平主要取决于经济发展水平、人口社会结构等多个方面的因素，是一个内生的变量。姚绍学2002年通过拉弗曲线拓展与Logistic最优税率曲线建立模型，进行估计检验后，确认了国家宏观税负随着经济水平的提高而呈非线性提高：随着经济达到一个较高的水平后，将趋于一个稳定值。他认为我国宏观税负属于高税负起点的类型，未来宏观税负的极限值在38%～57%。郭玉清2007年通过扩展的Barro模型得出政府最优宏观税负的测算公式，并实证研究得出我国最优宏观税负为21%。滕发才2009年运用动态宏观经济平衡增长理论，建立了最优预算收入的理论模型，并进行了实证检验，认为我国预算收入比率最优值可能在28.9%左右的水平上趋于稳定。[113]根据我们的估算，2008年政府收入税负率为32.91%，处于比较高的水平，特别是从税负变动趋势及其发挥的作用来看，更是如此。纵向看，1995年以来，直接宏观税负呈现明显上升趋势，年均提高1.2个百分点。横向看，与工业化国家相比，我国公共服务覆盖范围较小、供给水平较低，其他国家用40%的GDP为80%以上的人口提供公共服务，而我国用30%的GDP仅为20%的人口提供公共服务。国际比较表明，当前我国政府财政收入占GDP比重不仅低于发达国家平均水平，而且低于发展中国家平均水平。但考虑到中国所处的初级发展阶段、公共服务覆盖范围较小、供给水平较低、存在大量隐性欠账，政府收入比例不能说是低的。

（2）政府收入不可持续性的风险

可持续政府收入是可持续财政的题中应有之义。政府收入不可持续，必然带来财政风险。从中国实际情况看，政府收入的不统一、不规范、不完整，是政府收入不可持续风险的主要来源。主要表现在以下几个方面。

①税收尽管具有可持续性，但税收在政府收入中占比偏低。1998～2008年，我国税收占GDP比重平均值为14.72%，远低于国际上很多国家税收占GDP比重的25%，数据主要来自表6－1和表

6-2（下同，不再标注）。我国目前正税税负不是太高，最大问题是非税负担太重以及税收在政府收入中占比偏低。1998~2008年，税收占财政收入比重平均值为91.47%，该比例比较高，但税收占政府总收入比重平均值为53.6%，该比例又明显偏低。非税收收入来源多样化、随意化，存在很大的不确定性风险。从税制结构看，我国现在实行的分税制，是1994年税制改革形成的。税收收入被划分为三个部分，即中央收入、地方收入和共享收入，国税局和地税局分别征收不同的税种。同时，为了保证地方政府的收入不低于1993年的水平和适度增长，还建立财政返还制度和转移支付制度。新税制下的突出问题是地方政府的开支缺口大。1994年分税制改革总体上照顾了发达地区的利益。比如，出口退税机制其实是把中央税收返还给发达地区，以生产为中心的税制结构也有利于生产区域税收的增加。从实际效果看，实行分税制后发达地区税收增长幅度更快，地区间地方政府财力差距更大。2001年中、西部地区人均财力分别为东部地区的46%、49%，不及东部地区的一半。[114]

②地方政府过度依赖土地收入，土地收入增长具有不可持续性。关于土地财政的规模，媒体公开报道经常引用两个方面数据。（i）国土资源部公报的数据：2004~2008年，国内土地出让金分别为5894亿元、5505亿元、7677亿元、1.2万亿元、9600多亿元，占全国财政收入的比重接近20%，卖地已经成为地方财政收入的重要来源。2008年北京招拍挂方式获得土地出让价款约503亿元，占全年地方财政收入1837.3亿元的27%。（ii）国务院发展研究中心一份调研报告的数据显示，在一些地方，土地直接税收及城市扩张带来的间接税收占地方预算内收入的40%，而土地出让金净收入占政府预算外收入的60%以上。一些地方的土地转让没有完全实行招拍挂方式，统计数据还不全面。但从这些数据看，土地财政规模较为惊人。另外，房地产开发直接带动相关税收的增加。土地出让金及房

地产开发相关税收，成为地方政府收入的重要来源。从政府收入角度看，其最大的风险是土地财政不可持续。一方面，中国城镇化不可能再像过去那样，走摊大饼之路，土地非常有限。另一方面，房地产市场波动会直接影响土地出让收入。尽管2009年下半年的土地出让收入使各级政府感到扬眉吐气，但2008年和2009年上半年房地产市场的回调已使很多地方政府倍感压力。土地财政更大风险来源于土地财政推高的房价和依赖大规模基础设施建设的发展模式已经走向尽头，它是投资与消费失衡、住房消费挤压居民其他消费、农民与地方政府土地增值收益分配不公、土地领域腐败现象不断蔓延等问题的重要根源之一。正如前面分析所示，在追求更大政绩的推动下，土地财政与地方政府举债一样，具有无限膨胀机制。要从规范、替代两个方面出台化解土地财政收入不可持续风险的政策。一方面要规范土地转让行为及调整相关税收制度。另一方面，制定土地收入替代方案，开征物业税、允许地方发债都是可考虑的政策，具体内容放在第8章阐述。

③清理体制外罚款收费面临两难。与土地财政一样，地方政府清理体制外罚款收费也面临两难，难以下定决心。一方面，体制外罚款收费抑制创业就业和中小企业发展，制约经济增长；另一方面，体制外罚款收费给地方政府带来可观的收入，供养了财政无能力无依据供养的机构人员。根据我们的推算，制度外收入是政府非税收入的一半。制度外收入1990年为1411.9亿元，2008年为7148.7亿元。从20世纪90年代中期开始，体制外收入占CDP比重为2%～3%。2008年体制外收入相当于财政收入的11.66%，相当于预算外收入的99.29%。体制外罚款收费收入主要用于经济建设费、行政管理费和其他支出，并假设各部分所占比重与预算外收入的使用比例相同。在体制外收入中，基本建设支出占比10%，行政事业费占比65%，其他支出占比25%。全面清理体制外的罚款收费，最大的问

题是用什么收入来弥补该项收入目前所支撑的支出项目。

④社会保障收入的增长是以高费率和扩面后隐性债务显性化为支撑的。中国基本养老金缴费独立于现有税收体系，主要由人力资源和社会保障部负责征缴和支出，它是政府收入的重要组成部分。1994 年社保基金收入 742 亿元，相当于当年税收收入的 15.2%；2007 年社保基金收入 1.08 万亿元，相当于当年税收收入的 23.7%。社会保险收入占 GDP 的比重也持续上升，从 1990 年的 1% 提高到 2008 年的 4.56%。目前社会保险收入是政府收入的第二大来源。社会保险收入快速增长主要有以下两个原因。一是费率的提高。目前养老保险缴费比例为应缴工资的 24%，其中个人、单位分别承担 12%。对于很多竞争性行业、中小企业而言，该比例是偏高的。正如第 5 章分析所示，现在缴费人群一方面要为自己积累未来的养老金，另一方面还要为现在退休人员支付退休金。同国际上其他国家相比，我国缴费比例也是偏高的。养老保险费率过高必将抑制经济增长，比如，在应对 2008 年国际金融危机时，一些地方政府就降低了养老保险缴费比例。二是扩大基本保障制度的覆盖面。主要是把部分农民工、国有企业非正规就业人群、中小企业各类就业人群纳入基本养老保险覆盖面。覆盖面扩大必将带来社保收入的增加，但是这种扩面的结果是，政府对部分群体养老保险的隐性债务显性化，政府未来养老保险支付责任走向固定化、刚性化。尽管这是历史的进步，是必然的选择，但给未来的财政支出带来更大的压力。

总之，财政的统一是高效治理国家的前提。目前我国财政收入仅占政府收入的 60% 左右，40% 左右的收入不接受人大财政预算的监督。政府收入不统一，直接带来预算制度不完整；政府收入不规范，是引发众多问题的根本原因，比如，政府收入征收成本偏高和效率扭曲。政府收入不统一、不规范的风险主要是土地出让收入、体制外罚款收费取消后，这部分支出缺口如何弥补。如果不取消，这些收入对经济发展和创业就业带来的危害也会影响经济的可持续发展和社会的和谐稳定。

6.2　政府支出规模和结构及其风险

政府支出是指与政府收入相对应的概念。在我国，财政资金收入和支出、预算外资金收入和支出，至少在统计口径上是相互分离的。另外，社会保险基金收入、土地出让收入单独收支管理。体制外罚款收费由政府及其部门按需支配使用。由于我国非财政收入占比非常高，仅仅考虑财政支出结构不足以反映政府支出的全貌，也很难真正把握财政风险现状及其来源。为此，我们试图把所有政府支出进行归类，来分析政府支出的结构。本书主要采用财政功能性质分类，把政府各种支出分为经济建设费、社会文教费、国防费、行政管理费以及其他支出。基本结论如下：①财政支出结构和政府支出结构总体上是一致的，即改革开放以来，经济建设费占比有所下降，行政管理费占比逐步提高，但两者仍是财政支出和政府支出的主要内容，说明我国目前依然是养人吃饭和经济建设型财政；②预算外收入、土地出让收入、体制外罚款收费等非预算收入的相当一部分用于吃饭养人；③我国真正的基本养老保险收支缺口巨大，需要大量财政资金给予补充，这是对我国过去社会保障体系不健全、社会保险基金不足所付出代价的补偿。

一般来说，财政强调量入为出。国外议会经常为预算支出结构的调整进行大量的讨价还价。在总量既定的情况下，如果政府需要增加某一方面的支出，就必然会减少另一方面的支出，各方面的支出是此消彼长的。由于国外政府收入以税收为主，税率上调会遇到很大的政治阻力。我国政府收入来源多样，并且非税收入的弹性非常大，往往是以支定收。这样，政府支出结构的不合理和支出的低效，短期内可以通过灵活、富有弹性的非税收入给予保障。但长此以往会导致政府收入占 GDP 比重过高，即宏观税负过重。这样，支出结构风险传导为收入的不可持续风险。因此，从政府支出方面看，支出结构不合理是引发财政风险的重要原因。

6.2.1 政府支出含义及分类

使用标准不同，财政支出分类就不同。第一，从使用主体看，可以分为中央财政支出和地方财政支出。第二，从支出的收入来源看，可以分预算内支出、预算外支出、养老保险基金支出、土地出让基金支出等。第三，从财政功能性质分类看，可以分为经济建设费、社会文教费、国防费、行政管理费以及其他支出。第四，从国家财政的主要支出项目看，2007 年之前，统计数据上把财政支出分为基本建设支出、增拨企业流动资金、挖潜改造资金和科技三项费用、地质勘探费、工交流通部门事业费、支农支出、文教科学卫生支出、社会保障支出、国防支出、行政管理费、政策性补贴支出等；从 2007 年起，统计数据按照新的支出项目分类，它们分别是一般公共服务、国防、教育、科学技术、社会保障和就业、医疗卫生、环境保护、城乡事务、农林水事务、交通运输等。

2007 年开始实行的新的财政支出分类，反映了经济社会发展和公共服务型政府建设的一些要求，但是它进一步混淆了财政的功能作用。比如，2008 年医疗卫生支出是 2722.4 亿元，但是不清楚到底多少用于提供医疗卫生公共服务，多少用于医疗卫生部门办公经费和人员经费。为此，本研究总体上按照财政功能性质对政府支出进行分类，即第三种分类。考虑数据可得性，进一步把“社会文教费”科目分为“社会保障”和“文教科学卫生支出”两个科目。这样，下文使用经济建设费、社会保障、文教科学卫生支出、国防费、行政管理费、其他支出 6 项科目。研究基本思路是把不同来源的政府支出全部分解为这 6 个科目，然后对政府支出结构进行深入分析，寻找政府支出增加的原因和财政风险的隐患。具体分解办法如下。

（1）预算内收入分为经济建设费、社会保障、文教科学卫生支出、国防费、行政管理费、其他支出。1978～2006 年数据主要来自《中国统计年鉴（2007）》（电子版）的“表 8－5 国家财政按功能性质分类的支出”，其中社会保障支出和科教文卫支出来自“表 8－4 国家财政主要支出项目”。由于社会保障、科教文卫两项支出之和与表 8－5 的“社会文教费”存在一些差额，把这些差额放在其他支出中抵补，使总支出保持不变。2007 年和 2008 年各项支出是按照 2002～2006 年平均支出比例推算的。

（2）预算外收入分为经济建设费、行政管理费和其他支出。《中国统计年鉴》2007 年提供了 1996～2005 年预算外收入数据来源及其分类。其中，经济建设费为基本建设支出；行政管理费为行政事业费支出；其他支出包括部分行政事业费支出，城市维护费支出，乡镇自筹、统筹支出。由于 1997 年很大一部分预算外收入纳入预算内统计口径，导致 1997 年之后预算外收入使用途径发生较大改变。因此，按照 1997～2005 年三项支出比例的平均水平推算 2005 年之后各年的三项支出规模。1997～2005 年，基本建设支出占预算外收入的比例为 10.02%，行政事业费占比为 64.98%，其他支出占比为 25%。比如，按照该比例可推算预算外支出的具体结构，2007 年预算支出 6112.42 亿元，其中经济建设费 612.25 亿元，行政管理费 3971.95 亿元，其他支出 1528.22 亿元。同时，按照 1996 年三项支出比例推算 1996 年之前各年的三项支出规模。

（3）社会保险基金支出全部归为社会保障费。政府收入中的社会保障费，包括财政支出中的社会保障费和社会保险基金支出。比如，2007 年财政支出社会保障费 5482.31 亿元，相当于 2007 年财政对社会保险基金的补贴，主要用于发放机关事业单位离退休人员养老金、弥补城镇职工养老金支出缺口、农村和城镇低保、救济抚恤等；同期社会保险基金支出7887.8亿元。两项相加得出政府收入中的社会保障费为13370.11亿元。1989~2007年社会保险基金支出数据来自《中国财政统计年鉴（2007）》，2008年数据来自社会事业统计公报。

（4）土地出让金支出分为经济建设费、行政管理费和其他支出。根据一些调查结果推算，用于农民和村集体的补偿费用占土地出让收入的30%，归于其他支出；35%用于地方政府搞经济建设和城市建设，归于经济建设费；35%用于供养土地部门超编人员和其他机关事业单位行政管理费，归于行政管理费。假定当年土地出让金收入全部用于当年土地出让金支出。

（5）体制外罚款收费收入分为经济建设费、行政管理费和其他支出。其支出比例按照预算外收入三项支出比例确定。1978~1996年，体制外收入按照1996年预算外收入支出比例使用，1997~2008年体制外收入按1997~2005年预算外支出比例使用。

按照上述分解办法，政府收入经济建设费来源于预算内经济建设费、预算外基本建设费、土地出让金用于经济建设的支出、体制外收入用于经济建设的支出四个渠道。行政管理费和其他开支分别来自这四个渠道。

6.2.2 财政支出规模和结构

为了后面的对比分析，先分析财政支出的规模和结构。预算内收入，即财政收入，是政府收入的主要来源。与此相对应，财政支出也是政府支出的最重要部分。这里主要先对财政支出作一个描述。表6-5是1978~2008年按功能性质分类的各项财政支出的规模，表6-6是1978~2008年按功能性质分类的各项财政支出的占比，图6-4是1978~2008年按功能性质分类的各项财政支出的占比变动曲线。我们从中可以得出以下基本结论。

表 6－5 1978～2017 年按功能性质分类的各项财政支出的规模

单位：亿元，%

年份	支出合计	经济建设费	社会保障费	科教文卫费	国防费	行政管理费	其他支出	支出占GDP比重
1978	1122.09	718.98	18.91	112.66	167.84	52.90	50.80	30.78
1980	1228.83	715.46	20.31	156.26	193.84	75.53	67.43	27.03
1985	2004.25	1127.55	31.15	316.70	191.53	171.06	166.20	22.23
1990	3083.59	1368.01	55.04	617.29	290.31	414.56	338.38	16.52
1991	3386.62	1428.47	67.32	708.00	330.31	414.01	438.51	15.55
1992	3742.20	1612.81	66.45	792.96	377.86	463.41	428.71	13.90
1993	4642.30	1834.79	75.27	957.77	425.80	634.26	714.41	13.14
1994	5792.62	2393.69	95.14	1278.18	550.71	847.68	627.22	12.02
1995	6823.72	2855.78	115.46	1467.06	636.72	996.54	752.16	11.22
1996	7937.55	3233.78	182.68	1704.25	720.06	1185.28	911.50	11.15
1997	9233.56	3647.33	328.42	1903.59	812.57	1358.85	1182.80	11.69
1998	10798.18	4179.51	595.63	2154.38	934.70	1600.27	1333.69	12.79
1999	13187.67	5061.46	1197.44	2408.06	1076.40	2020.60	1423.71	14.71
2000	15886.50	5748.36	1517.57	2736.88	1207.54	2768.22	1907.93	16.01
2001	18902.58	6472.56	1987.40	3361.02	1442.04	3512.49	2127.07	17.24
2002	22053.15	6673.7	2636.22	3979.08	1707.78	4101.32	2955.05	18.33
2003	24649.95	6912.05	2655.91	4505.51	1907.87	4691.26	3977.35	18.15
2004	28486.89	7933.25	3116.08	5143.65	2200.01	5521.98	4571.92	17.82
2005	33930.28	9316.96	3698.86	6104.18	2474.96	6512.34	5822.98	18.52
2006	40422.73	10734.63	4361.78	7425.98	2979.38	7571.05	7349.91	19.07
2007	49781.35	13838.43	5482.31	9040.76	3751.67	9453.39	8214.79	19.35
2008	62427.03	17353.73	6874.96	11337.33	4704.68	11854.78	10301.55	20.76
2009	76299.93	33006.29	7606.68	18569.32	4951.10	9415.15	7947.34	21.86
2010	89874.16	42016.39	9130.62	22147.08	5333.37	9606.38	8218.08	21.76
2011	109247.79	51897.82	11109.40	28648.22	6027.91	11297.36	9215.51	22.33
2012	125952.97	60181.03	12585.52	35208.19	6691.92	13034.29	9593.98	23.31
2013	140212.10	68556.02	14490.54	37910.35	7410.62	14110.89	11058.57	23.56
2014	151785.56	57475.22	15968.85	41224.45	8289.54	13629.04	11611.76	23.57

续表

年份	支出合计	经济建设费	社会保障费	科教文卫费	国防费	行政管理费	其他支出	支出占GDP比重
2015	175877.77	69925.1	19018.69	47164.27	9087.84	14028.11	13050.51	25.52
2016	187755.21	72090.66	21591.45	50958.59	9765.84	15272.52	12931.31	25.25
2017	203085.49	75223.24	24611.68	55262.72	10432.37	17032.11	14190.58	24.55

注：①1978～2006年数据主要来源于《中国统计年鉴（2007）》的“表8－5国家财政按功能性质分类的支出”，其中社会保障支出和科教文卫支出来源“表8－4国家财政主要支出项目”。由于社会保障、科教文卫两项支出之和与表8－5的“社会文教费”存在一些差额，把这些差额放在其他支出中抵补，使总支出保持不变。②2009～2017年，表中科目的支出金额是根据历年统计年鉴相关科目支出数据计算得出的，其中，科教文卫费＝教育＋科学技术＋文化体育与传媒＋医疗卫生与计划生育；行政管理费＝一般公共服务＋外交；其他支出＝公共安全＋其他；经济建设费＝政府采购＋节能环保＋城乡社区事务＋农林水事务＋交通运输＋资源勘探信息事务＋商业服务业事务＋金融支出＋恢复重建支出＋援助其他地区支出＋国土资源气象等事务＋住房保障支出＋粮油物资储备事务

（1）财政支出受财政收入的限制，财政支出占GDP的比重的变化趋势总体上与财政收入占GDP的比重保持一致。财政支出规模快速增加，1978年财政支出1122.09亿元，1998年超过1万亿元，达到10798.18亿元，2008年增加到62592.66亿元，2017年达到203085亿元。改革开放初期，财政支出占GDP的比重持续下降，从20世纪90年代中期开始，该比重开始较快上升。1978年财政支出占GDP的比重为30.78%，1996年下降到11.15%，2008年回升到20.76%，2017年达到24.55%。

（2）尽管经济建设费占比不断下降，但经济建设费仍然是最大财政支出项目。经济建设费占比从1978年的64.08%下降到2007年的28.57%，体现了经济建设型政府向公共服务型政府转变对财政支出的客观要求。经济建设费总体规模增长较快，并且是最主要的财政支出部分。特别是2008年之后，财政支出中经济建设费大幅上升，2017年达到75223亿元，占财政支出比达到37.04%。

（3）行政管理费增长较快。2004 年之前，行政管理费在财政支出中的占比一直处于增长态势，2004 年行政管理费为 5521.98 亿元，占财政支出的 19.38%。在政府大力减缩“三公”经费的号召下，行政管理费占比有所下降，2017 年占比为 8.39%，比 2004 年最高值下降 10.99 个百分点。但是行政管理费规模不少，2017 年达到 1.7 万亿元。另外，在科教文卫、经济建设等支出中，有相当一部分是变相用于行政管理支出。客观地讲，随着各种物价上涨，公务员工资并不高，但公务员队伍过于庞大，影响其进一步显性加薪。

（4）社会保障支出快速增加。2017 年社会保障费 24611.68 亿元，占财政总支出的 12.12%。它是对我国过去社会保障体系不健全、社会保险基金不足所付出的代价的补偿。

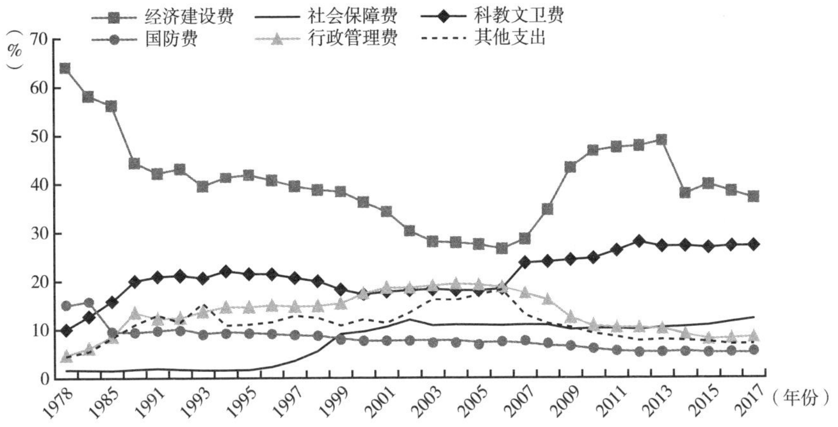

图 6－4　1978～2017 年我国各财政支出占比的变动曲线

6.2.3　政府支出规模和结构

根据上面的分析，我们对 1978～2017 年政府支出情况进行了计算，表 6－7 是 1978～2008 年按功能分类的各项政府支出的规模，表 6－8 是1978～2008 年按功能分类的各项政府支出占比的情况。从中可得出以下结论。

表 6－6 1978～2017 年按功能性质分类的各项财政支出的占比情况

单位：%

年份	经济建设费占比	社会保障费占比	科教文卫费占比	国防费占比	行政管理费占比	其他支出占比
1978	64.08	1.69	10.04	14.96	4.71	4.53
1980	58.22	1.65	12.72	15.77	6.15	5.49
1985	56.26	1.55	15.80	9.56	8.53	8.29
1990	44.36	1.78	20.02	9.41	13.44	10.97
1991	42.18	1.99	20.91	9.75	12.22	12.95
1992	43.10	1.78	21.19	10.10	12.38	11.46
1993	39.52	1.62	20.63	9.17	13.66	15.39
1994	41.32	1.64	22.07	9.51	14.63	10.83
1995	41.85	1.69	21.50	9.33	14.60	11.02
1996	40.74	2.30	21.47	9.07	14.93	11.48
1997	39.50	3.56	20.62	8.80	14.72	12.81
1998	38.71	5.52	19.95	8.66	14.82	12.35
1999	38.38	9.08	18.26	8.16	15.32	10.80
2000	36.18	9.55	17.23	7.60	17.42	12.01
2001	34.24	10.51	17.78	7.63	18.58	11.25
2002	30.26	11.95	18.04	7.74	18.60	13.40
2003	28.04	10.77	18.28	7.74	19.03	16.14
2004	27.85	10.94	18.06	7.72	19.38	16.05
2005	27.46	10.90	17.99	7.29	19.19	17.16
2006	26.56	10.79	18.37	7.37	18.73	18.18
2007	27.80	11.01	18.16	7.54	18.99	16.50
2008	27.80	11.01	18.16	7.54	18.99	16.50
2009	43.26	9.97	24.34	6.49	12.34	10.42
2010	46.75	10.16	24.64	5.93	10.69	9.14
2011	47.50	10.17	26.22	5.52	10.34	8.44
2012	47.78	9.99	27.95	5.31	10.35	7.62
2013	48.89	10.33	27.04	5.29	10.06	7.89
2014	37.87	10.52	27.16	5.46	8.98	7.65
2015	39.76	10.81	26.82	5.17	7.98	7.42
2016	38.40	11.50	27.14	5.20	8.13	6.89
2017	37.04	12.12	27.21	5.14	8.39	6.99

注：根据表 6－5 数据计算。

表 6－7　1978－2017 年按功能分类的各项政府支出的规模

单位：亿元，%

年份	政府总支出	经济建设费	行政管理费	社会保障支出	科教文卫费	国防费	其他支出	政府总支出占 GDP 的比重
1978	1602.14	905.36	209.78	18.91	112.66	167.84	187.59	43.95
1980	1801.65	937.86	262.73	20.31	156.26	193.84	230.65	39.63
1985	4126.31	1951.44	864.55	31.15	316.70	191.53	770.94	45.77
1990	7354.47	2967.22	1760.65	206.92	617.29	290.31	1512.09	39.40
1991	8356.30	3289.58	1980.54	243.43	708.00	330.31	1804.44	38.36
1992	9739.85	3814.42	2316.55	393.51	792.96	377.86	2044.54	36.18
1993	7201.88	2641.34	1313.15	557.45	957.77	425.80	1306.36	20.38
1994	9159.84	3437.02	1725.88	775.09	1278.18	550.71	1392.96	19.00
1995	11337.46	4267.69	2184.97	992.61	1467.06	636.72	1788.41	18.65
1996	15054.00	5576.51	3157.21	1265.06	1704.25	720.06	2630.91	21.20
1997	14879.80	4311.78	3692.75	1667.57	1903.59	812.57	2491.54	18.82
1998	17201.10	4758.57	4389.23	2232.52	2154.38	934.70	2731.70	20.38
1999	20508.26	5808.96	5184.02	3305.56	2408.06	1076.40	2725.27	22.87
2000	24716.77	6615.40	6709.39	3903.17	2736.88	1207.54	3544.40	24.91
2001	29488.81	7545.80	8215.57	4735.41	3361.02	1442.04	4188.97	26.89
2002	34645.54	8067.36	9469.18	6107.72	3979.08	1707.78	5314.42	28.79
2003	41376.39	9393.12	11460.73	6672.31	4505.51	1907.87	7436.84	30.36
2004	46825.01	10630.50	12970.28	7743.48	5143.65	2200.01	8137.08	29.29
2005	54286.02	12011.89	15039.26	9099.66	6104.18	2474.96	9556.06	29.63
2006	65625.93	14528.28	17437.70	10839.16	7425.98	2979.38	12415.42	30.97
2007	82041.64	19277.72	21693.24	13370.11	9040.76	3751.67	14908.15	31.88
2008	96300.68	22150.96	24538.77	16799.95	11337.33	4704.68	16768.99	32.03
2009	118904.68	38896.52	21765.68	23722.68	18569.32	4951.10	14472.48	34.06
2010	149749.94	52746.03	25643.62	27953.62	22147.08	5333.37	18824.22	36.26
2011	180663.35	63821.28	32213.40	35152.40	28648.22	6027.91	21113.31	36.92
2012	198969.83	70609.57	36725.52	41494.52	35208.19	6691.92	20312.28	36.82
2013	235595.74	83571.03	44280.54	49743.54	37910.35	7410.62	26082.86	39.58
2014	235620.51	73009.23	49276.85	55796.85	41224.45	8289.54	27164.16	36.59
2015	252146.66	81857.17	56552.69	65030.69	47164.27	9087.84	25174.24	36.59
2016	272325.68	85667.11	64663.45	75154.45	50958.59	9765.84	26374.12	36.62
2017	312967.70	94386.07	79364.68	91765.68	55262.72	10432.37	32159.03	37.84

注：数据来源和分解情况见 6.2.1 部分的相关内容。

表 6-8　1978～2017 年按功能分类的各项政府支出的占比

单位：%

年份	经济建设费	行政管理费	社会保障费	科教文卫费	国防费	其他支出
1978	56.51	13.09	1.18	7.03	10.48	11.71
1980	52.06	14.58	1.13	8.67	10.76	12.80
1985	47.29	20.95	0.75	7.68	4.64	18.68
1990	40.35	23.94	2.81	8.39	3.95	20.56
1991	39.37	23.70	2.91	8.47	3.95	21.59
1992	39.16	23.78	4.04	8.14	3.88	20.99
1993	36.68	18.23	7.74	13.30	5.91	18.14
1994	37.52	18.84	8.46	13.95	6.01	15.21
1995	37.64	19.27	8.76	12.94	5.62	15.77
1996	37.04	20.97	8.40	11.32	4.78	17.48
1997	28.98	24.82	11.21	12.79	5.46	16.74
1998	27.66	25.52	12.98	12.52	5.43	15.88
1999	28.32	25.28	16.12	11.74	5.25	13.29
2000	26.76	27.15	15.79	11.07	4.89	14.34
2001	25.59	27.86	16.06	11.40	4.89	14.21
2002	23.29	27.33	17.63	11.49	4.93	15.34
2003	22.70	27.70	16.13	10.89	4.61	17.97
2004	22.70	27.70	16.54	10.98	4.70	17.38
2005	22.13	27.70	16.76	11.24	4.56	17.60
2006	22.14	26.57	16.52	11.32	4.54	18.92
2007	23.50	26.44	16.30	11.02	4.57	18.17
2008	23.00	25.48	17.45	11.77	4.89	17.41
2009	32.71	17.03	18.31	15.62	4.16	12.17
2010	35.22	16.73	17.12	14.79	3.56	12.57
2011	35.33	15.96	17.83	15.86	3.34	11.69
2012	35.49	14.79	18.46	17.70	3.36	10.21
2013	35.47	15.42	18.80	16.09	3.15	11.07
2014	30.99	15.56	20.91	17.50	3.52	11.53
2015	32.46	12.81	22.43	18.71	3.60	9.98
2016	31.46	12.81	23.74	18.71	3.59	9.68
2017	30.16	13.22	25.36	17.66	3.33	10.28

注：根据表 6-7 数据计算而成。

（1）政府支出规模持续增加，其占GDP的比重是先降后升。政府支出从1990年的7354.47亿元，增加到2017年的312967.7亿元。政府支出占GDP的比重1990年高达39.40%，1995年下降到18.65%，2008年又回升到32.03%，2017年为37.84%。

（2）从支出结构看，1978~2008年间经济建设费和行政管理费依然位居支出前两位，社会保障支出快速增加。在2000年之前，经济建设费在政府支出中的占比位居第一位。从2000年起，行政管理费占比位居第一位。在1991年之前，社会保障支出微不足道，占比位居倒数第一位。在20世纪90年代，社会保障支出先后超越国防费、科教文卫费和其他开支，从1999年开始跃居政府支出的第三位。国防费、科教文卫费总体上保持平稳增长态势，其在政府支出中的比重相对稳定。比如，国防费占比大部分年份在5%左右。2009年起，经济建设费仍然一骑绝尘，其支出占比遥遥领先；社会保障支出迎头赶上，超过行政管理费，抢占老二的位置。2017年经济建设、社会保障支出在政府总支出中占比分别为30.16%和25.36%。

（3）支出呈现刚性增长特征。大部分支出都是经济社会发展必不可少的支出，很少支出是熨平经济增长的支出。

6.2.4 财政支出与政府支出结构的比较分析

通过1978~2008年的数据对比，可以得出以下结论。

（1）财政支出结构和政府支出结构总体上是一致的，即经济建设费占比有所下降，行政管理费占比逐步提高，但是两者仍然是财政支出和政府支出的主要内容，这说明我国目前依然是养人吃饭和经济建设型财政。并且从政府支出结构看，经济建设型和吃饭养人型财政的特征更为明显。

（2）预算外收入、土地出让收入、体制外罚款收费等非预算收入的相当一部分用于养人吃饭的支出。2008年财政支出结构中行政管理费占比为 18.99%，政府支出结构中行政管理费占比为 25.48%，后者比前者高出 6.5 个百分点。

（3）财政支出中社会保障费占比 11.01%，政府支出中社会保障费占比 17.45%，后者比前者高出 6.44 个百分点。这说明我国真实的社会养老保险收支缺口巨大，需要大量财政资金给予填补。

2009 ~ 2017 年间，财政支出：政府支出中的社会保障费的占比进一步扩大，2017 年财政支出中社会保障费占比 12.12%，比政府支出中社会保障费占比低了 13.24 个百分点。

6.2.5 政府支出结构的固化及其表现

政府支出结构固化，是一种形象的描述，主要是指各方面的支出呈现刚性，调整难度很大。由于财政资金是单向流动和无须补偿的，支出结构具有很强的自我强化功能。通过分析 2008 年前政府支出数据，发现政府支出结构固化主要表现在四个方面。

（1）经济建设开支规模偏高现象难以扭转。经济建设费在财政支出中的占比，从 1990 年的 44.36% 下降到 2008 年的 27.8%。它在政府支出中的占比，从 1990 年的 40.35% 下降到 2008 年的 23%。从纵向比，尽管经济建设开支占比逐步下降，但仍是第二大的政府支出项目和第一大的财政支出项目。从横向比，2008 年我国经济建设支出占 GDP 的比重为 7.4%，是经合组织国家平均水平的 3 倍，如果考虑隐性债务中的经济建设支出，政府经济建设费用占比还会提高不少。

（2）行政管理费开支持续膨胀趋势难以遏制。1993 年以来，行政管理费无论是绝对规模，还是相对规模都处于快速增长的态势。1993 ~ 2008 年，政府支出中的行政管理费平均增长 21.6%。行政管理费占政府支出的比例，从 1993 年的 18.23% 持续上升到 2005 年的 27.7%，2006 年以后有所下降，2008 年为 25.48%。

（3）社会事业投入比例偏低现象难以改变。改革开放以来，

1993 年科教文卫费用占政府支出的比重突破 10% 达到 13.3%，之后不升反降，2003 年低于 11%，2008 年回升到 11.77%。社会保障费在政府支出中的占比，从 1993 年的 7.74% 上升到 2008 年的 17.45%。但这种增加主要来自社会保险基金收入。1998 ~ 2008 年，来源于财政支出中的社会保障费占政府支出的比重一直徘徊在5% ~ 7%，1996 年之前的大部分年份在 1% 之内。

（4）压缩非财政开支比例的努力难以见效。非财政支出不受财政预算的约束，压缩之后，很快就反弹。改革开放以来，非财政支出占 GDP 的比重快速增加，1978 年为 13.17%，1992 年提高到 22.28%，1993 ~ 2000 年下降到 7% ~ 9%。进入 21 世纪以来，该比例有较大幅度增加，上升到 10% 以上，2007 年达到 12.5%。

2009 年之后，有三大支出汇聚在一起，让政府支出居高不下，使固定资产投资对经济的拉动作用减弱，政府修路架桥的投入对民营活动的外溢作用减弱，对民营经济的挤出作用增大，经济质量下降。三大支出分别是：为保障经济维持较高增速的经济建设的托底支出，该项支出在 2009 ~ 2017 年均超过 30%；为保障社会稳定的社会保障的刚性支出，过去社保欠账，必须用现在的真金白银偿还，2017 年各项社保支出达 9.17 万亿元，占政府总支出的 25.36%；为满足居民过上更高品质生活需求的科教文卫升级支出，2017 年该项支出占比达 17.66%。

政府支出结构固化的原因主要有三个方面：官员考核激励机制和地方经济竞赛相互作用，推动形成经济建设型财政；机构人员膨胀和预算控制不完善相互作用，推动形成了吃饭养人型财政；中央地方事权财权划分不合理和税种设置不科学，共同推动非财政支出的大量增长。[115]

6.2.6　政府支出结构固化的风险

主要有三大危害。一是增加了财政风险。由于我国政府收入用于经济建设和行政管理开支的比例过高，并呈现刚性，很难压缩，政府为应对养老、医疗等社会事业支出快速增加的压力，必然致使财政赤字率和债务率的提高。二是扩大了经济波动风险。一些研究表明，地方政府无论在经济繁荣期，还是经济下行周期，均采取扩张性财政政策。地方政府一般不管外部经济环境如何变化，都趋向于采取扩张性财政政策，大大弱化了财政政策熨平经济周期的作用，反而为经济过热推波助澜。在经济下行周期，为筹集庞大的政府开支所需资金，在税收随经济下行减少的情况下，采取各种办法增加非税收入。企业和居民的实际税负没有减少，增加了经济复苏的难度。三是阻碍了传统政府向公共服务型政府的转变。一方面是由于经济建设费、行政管理费占比过高，直接挤占了改善民生的投入；更重要的一方面是，人民群众在官员考核晋升、预算编制执行、政府征收各种收入合理性论证等方面缺少必要的话语权。

政府支出结构固化的调整措施有四个。①把所有政府开支纳入预算管理。把体制外收支纳入预算外收支，逐步把预算外收支纳入预算内收支管理。对土地出让收支、社会保险基金收支先做独立预算编制，待条件成熟后，并入现有财政预算。②控制政府支出总量在40%以内，以政府支出为基数而不是以财政支出为基数确定各项支出比例。经济建设费、行政管理费均要压缩10个百分点，控制在15%之内。适度增加国防开支，其余用于社会事业开支。③调整中央与地方财税体制。一方面是完善中央对地方的转移支付制度，另一方面，在保证中央集权和维护国家统一的情况下，赋予地方政府更大税收裁量权，增加地方政府税收来源，缩小现有财政收支缺口。④改进官员考核办法。坚持党管干部的原则，增加民生领域在政绩考核中的权重，提高人民群众在官员选拔、晋升中的话语权。

7　财政风险形成原因的实证研究

本章对影响财政风险的5个定性方面的原因进行了量化，构建了一组分析模型，采用1980~2008年的数据，运用主成分回归分析法和直接回归分析法对模型进行了精练和实证检验。并采用2009~2017年的期望值进行了有效性验证。研究发现，包括财政赤字率和隐性赤字率在内的政府收支赤字率是最能反映真实赤字水平的指标。我国的经济增长速度、货币供应量与政府收支赤字率正相关。地方经济竞赛对财政风险的影响非常复杂，一方面会导致地方以债务积累为代价实现经济增长，另一方面在一定程度上有利于控制赤字率的过快上升。财税体制不合理和预算制度不完善也是财政风险形成的重要原因。

7.1　问题的提出

本章主要用财政赤字率和债务率衡量财政风险。不同的国家，形成财政风险的原因也不尽相同。通过第二章的文献综述可知，从国内外的研究资料看，财政风险研究分为两个层次：一是对真实赤字率和债务率的统计研究，或有债务、隐性债务是发展中国家隐藏真实债务的重要手段，财政统计上的赤字率和国债率往往不能反映真实的水平；二是分析财政风险的形成原因，认为影响财政风险的主要因素可以归为财政政策、政治体制、财税体制、财政预算制度、老龄化和收入分配等方面。与此相对应，国内财政风险的研究面临两个方面的挑战。①一般用赤字率来衡量财政风险，财政部公布的财政赤字率显然不能反映中国的现实情况，那么我国真实赤字率到底是多少？②对财政风险形成的原因定性分析的比较多，定量分析的比较少。由于影响我国财政风险的除财政收入和支出方面的原因之外都是一些制度性原因，很难用定量指标对此进行描述，目前对这些定性分析成立的原因没有系统的研究和有效的检验。那么，在众多原因中，究竟哪一个对财政风险的影响最大。本章试图构建一个财政风险原因的分析模型，把定性原因定量化处理，对众多可能的原因进行实证检验分析，从而寻找影响财政风险的主要原因。

7.2 财政风险成因的理论分析

政府是由中央政府和各级地方政府及其组成部门构成的，各级政府及其组成部门都是“经济人”。本章从地方政府的财政行为入手，分析财政风险形成的原因。财政风险的形成是经济、政治、财政制度等方面因素共同作用的结果，更是中央与地方政府，各级地方政府之间，政府与企业、居民等各个群体之间相互博弈的结果。作为转型国家，我国财政风险成因既有一般市场经济国家的因素，也有自身的特殊因素。归纳各种研究可知，除财政政策之外，我国财政风险的原因主要集中在官员经济竞赛机制、中央与地方财税体制、财政预算制度、机构人员控制方式、和谐社会建设等五个方面。当然，(1) 实际 GDP 增长率、(2) 通货膨胀率、(3) 货币供应量是影响财政风险的最基本因素。

7.2.1 政府官员经济竞赛机制与财政风险

中华人民共和国成立之后，普遍实行的是干部鉴定制度。1979

年 11 月，中央组织部研究制定了《关于干部考核制度的意见》。之后，干部考核逐渐取代了干部鉴定。在提拔任用干部时，由上级组织进行全面考察。我们党对干部考核内容在不断完善，但总体上是考核德、能、勤、绩、廉等方面，其中着重考核工作成绩。在不同的发展阶段，工作任务不同，对工作成绩的评价标准也不同，但是发展经济一直是上级党委、政府考核下级党委、政府官员的主要标准。这就是各地政府竞相追求 GDP 和财政收入增长的政绩动因。具体说来，改革开放之前，政绩考核以产值为主，当时实行计划经济，建立的是以生产总值为核心的国民经济核算体系，极大化生产总值是经济社会发展的主要目标；同时实行赶超战略，认为经济发展越快越好。改革开放以后，政绩考核以 GDP、财政收入、城市建设为主，存在三种现象：①各级党的文件和政府工作报告中，把 GDP 增长、财政收入增长放在很重要的位置；②GDP 和财政收入增长速度与官员提拔机会是正相关的；③上级领导视察和指导工作时，对城市建设、办公大楼有所偏爱。从内容上来看，我们的政绩考核体制具有 GDP 崇拜情节，主要以 GDP 说明发展状况、以 GDP 反映政绩水平、以 GDP 提拔任用干部。这导致地方党政领导用尽一切手段，主导和推动本地区 GDP 增长，确保在 GDP 增长竞争中不落后。有什么样的考核体制，就会有什么样的行为。我们目前实行的是以 GDP 为主的政绩考核体制，其结果必然是各地竞相发展追求 GDP 增长。[116]

这种考核制度对政府财政行为的影响表现在以下几个方面：①直接利用财政资金发展经济，比如在短缺年代，大力发展国有企业；②通过政府担保、优惠贷款引进项目，形成或有债务；③利用政府资源大搞形象工程，包括直接投资和担保；④地方政府在公共管理和公共服务方面缺位严重，因为政府支配的资源是有限的，在经济增长上投入多了，自然在其他方面就少了。有人形容，有些地方政府演变成了国有企业，也以收益最大化为主要目标，处处与民争利，而在维护社会治安、义务教育、公共卫生、社会保障、促进就业等方面却投入不足，严重缺位。

关于政府用财政资金搞经济建设是否增加税收需要进一步深入分析。它主要取决于政府投资与经济增长、经济增长与税收增长的关系。由于大部分研究表明税收的经济增长弹性大于1，因此政府投资是否减少财政赤字，主要取决于政府投资与经济增长是否存在正相关。关于它们二者的关系存在很多争论。凯恩斯经济学认为，政府投资具有乘数效应，能促进经济增长。自由主义经济学普遍认为，政府投资会挤出私人投资，反而会妨碍经济增长。我们认为，在我国经济发展较为落后的地区，交通、通信、电力、能源等基础设施落后对经济增长制约明显，增加政府在这些方面的投资会促进经济增长。但同时也要看到，政府除垄断基础设施投资外，还会采取行政和非行政手段排除社会资本投资盈利高的行业，对社会资本投资形成挤出效应。在一些经济发达地区，这方面的情况可能普遍存在。总之，从理论上讲，对于政府财政赤字而言，这些指标值越高，财政风险就越高，即财政赤字率越高。但同时，如果政府投资促进经济增长，带动税收增加，财政风险反而会减少。如果政府投资回报率高于民间投资回报率，政府借钱搞建设是促进经济增长的一条有效途径。

同时，我们也要看到，在财政资金有限的条件下，如果政府用于经济建设投资的比例高了，在教育、医疗、养老、就业等社会领域的投资就会下降，而正是城乡居民在这些方面缺乏保障，导致他们不敢、不愿消费，从而使社会消费不足，影响经济增长。需要引起注意的是，有些地方政府，会通过优化地方投资环境、税收返还等手段增加地方投资，促进经济增长。这种方式会增加社会资本与政府投资的比例。

本章用（4）国有集体经济投资占全社会固定资产投资的比例、（5）预算内投资占社会投资总额的比重、（6）政府支出中经济建设费用占比、（7）财政支出中经济建设费用占比等四个指标作为官员经济竞赛机制对财政风险的影响因子。它们反映的是追求自身福利最大化的官员的投资行为。中国政府投资行为究竟是符合凯恩斯主义经济学的假设，还是符合自由主义经济学的假设，需要用实证分析来检验。

7.2.2 财税体制与财政风险

这里的财政体制的核心是指中央与地方事权和财权的划分。这里财政风险更多是指地方财政风险。我国现在实行的分税制，是1994年税制改革形成的，税收收入被划分为中央收入、地方收入和共享收入三部分，国税局和地税局分别征收不同的税种。同时，为了保证地方政府的收入不低于1993年的水平和适度增长，还建立财政返还制度和转移支付制度。新税制下的突出问题是地方政府的开支缺口大。1994年分税制改革一个突出特点是，财权层层向上集中，事权却层层下压，致使中央政府与地方政府的事权与财权划分不相一致。1994年税制改革的核心内容是税收划分制度。尽管地方政府的税收划分模式发生了变化，但是其支出责任的划分依然承袭了计划经济体制下的特点，并没有随之作出相应的调整。[117]还有人研究指出，县乡两级共同提供庞大而重要的公共服务，包括70%的预算内教育支出和55%～60%的医疗支出。地级市和县级市负责所有的失业保险、养老保险和救济。[118]中国省级以下政府（市、县、乡镇）承担了巨大的支出责任，这不符合国际实践。

中央与地方事权与财权划分的不一致，导致地方政府，特别是县乡财政严重收支不平衡。这是分税制留下的最大的问题。以湖北省为例，1994～2003年地方税收收入占地方财政支出的比重在不断下降，1994 年为 31.95%，2003 年下降到 24.88%，平均数为 28.36%。[119]理论上，地方税收收入一般不能低于地方政府必要职能项目的必要支出比例的 50% 左右。[120]另外，税收收支缺口更大的是县乡政府。

地方政府为解决预算内收支缺口，主要有三种途径：增加预算外收入、体制外收入、隐性债务收入。首先，预算外收入。预算外收入主要是各级政府的收费和罚款。随着改革的不断推进，中央政府的收费和罚款逐渐被取消，收费和罚款以地方政府为主，地方的预算外收入比重快速增加。1994 年分税制改革之前，中央与地方政府预算外收入的比为 40∶60，1994 年下降为 15.2∶84.8，2004 年继续下降到 8.3∶91.7。这里主要是指进入预算管理的收费和罚款，它们在地方政府总收入中占有重要的位置，总量在不断增加，从 1994 年的 1579.21 亿元，增加到 2003 年的 4187.43 亿元。当然，比重在下降，预算外收入占地方政府总收入的比重从 1994 年的 28.11%，降低到 2003 年的 19.55%。可是，从总体上来说，预算外收入仍然是地方政府收入的重要来源。

其次，不合理收费和罚款。这里主要是指没有进入预算外管理的各种收费和罚款。这部分从统计数据中是无法找到的。虽然在“费改税”后，各种乱收费得到了有效治理，但是地方政府在开支的压力下，这部分的规模应该还不小。据估计，2004 年没有进入预算外管理的各种收费和罚款为 3000 亿元左右，为进入预算内管理的 60% 左右，用来供养 1270 万县乡和 730 万村非编制干部。由此推算，不合理收费和罚款占地方政府总收入的 10% 以上。

最后，地方政府举债。从法律上，地方政府没有发行公债和借款的合法性，但是地方政府特别是县乡政府债务长期存在、大量存在。有人认为，目前发达地区和欠发达地区政府债务形成的共同原因就在于财政体制安排的“非效率的虚假均衡状态”。在中央与地方博弈中，中央利用决策优势使地方处于不利位置，而地方又利用信息优势谋求制度外收益——变相举债。[121]举债或者拖欠应付工程款、工资是地方政府特别是县乡地方政府弥补开支不足的重要手段。据不完全统计，目前我国县乡政府的债务总规模在4000亿元到1万亿元之间，另据里昂信贷证券的估计，我国县级财政债务高达3万亿元。即使按1万亿元的债务计算，中国2000多个县平均每个县负债高达5亿元，也就是说，地方政府靠债务维持其自身的运转。[122]有人对某经济发达省份的调查显示，越是经济发达的地区，其政府债务规模越大。当然，落后地区主要是为吃饭而借债，而发达地区主要是为经济发展，比如搞开发区而借债。前者可能风险更大。[123]需要引起注意的是，发达地区和落后地区地方政府都有债务，只不过借债的目的不同。[124]关于财税体制与财政风险关系，还要考虑土地财政收入不可持续的风险、税收征收体制的效率和税收流失的风险、中央代发地方债务的风险等问题。

总之，财税体制是政治体制的核心。中央与地方事权和财权的划分不合理，导致地方政府的开支缺口大，[117]倒逼地方政府增加预算外收入、体制外收入、隐性债务收入弥补开支缺口。尽管这样安排，能够保证中央本级的财政支出，控制中央政府财政赤字率，但它增加了债务赤字率和透支赤字率，从而提升了真实的赤字率。需要说明的是，尽管这种体制增加的是地方隐性债务，但是在目前的体制下，中央政府对地方政府债务承担兜底的责任，因此我们把地方债务作为中央政府隐性债务的一部分来对待。本文用（8）地方财政收入与中央财政收入的比例、（9）中央转移支付占地方财政总支出的比例、（10）地方政府在预算外收入占比、（11）地方财政支出与中央财政支出的比例、（12）地方政府预算内外收入与中央政府预算内外收入的比例五个指标反映财税体制对财政风险的影响因子。从上面分析看，中央政府通过制度安排，保证中央本级的财政支出，导致地方政府收支缺口巨大。尽管中央政府财政赤字可能会有所降低，但是地方政府为弥补制度内的收支缺口，除增加预算外收入之外，还会加大债务赤字，从而导致政府收支赤字的增加。

7.2.3 财政预算制度与财政风险

中国财政预算制度从无到有，从不规范、不健全向逐步规范、完善转变。贾康认为，中国要破解制度方面的后发劣势，突破矛盾激烈的瓶颈，或许可以依靠公共财政概念下的、各个方面很难拒绝的公共预算的一系列改革来进行。[125] 目前公共财政预算制度改革成为制度改革创新的重要突破口。关于中国预算制度改革的文献非常多。综合各方面的研究，中国目前预算制度有以下几个方面需要改进。一是预算不完整。当前，包括社会保障收入、土地收入、国有资产收益等大量的预算外资金和制度外资金的存在破坏了预算体系的完整性，导致政府资金使用缺乏统一性，形成“预算之外有预算、制度之外有制度”的管理格局，预算外资金在体外循环，没有纳入预算内管理，从而形成了大量公共资金脱离预算约束的现象。有专家估计，2007 年各级政府纳入预算的资金是 5 万多亿元，而实际收入估计是 8 万多亿元。二是预算决策程序不规范。预算编制和形成过程，既是政府财政行为，更是政治民主行为。没有规范的预算程序，就不可能有科学的预算。三是预算内容不详细。预算编制项目过粗也是导致预算缺乏刚性的重要原因，并且也只有细化预算才能发现预算中存在的问题，才便于在预算编制过程中及时进行调整，才便于对预算执行情况进行有效监督。四是预算约束力不强。软预算约束是我国预算制度的痼疾，存在人大对政府预算的监督处于“程序合法，实质虚置”的尴尬境地，部分项目预算与决算偏差过大的问题依然存在。五是财政绩效评价体系不健全。没有评价，就失去比较、监督的基础。六是预算监督不力。

国外研究表明，财政预算制度与财政风险密切相关。中国财政预算制度不健全不完善，主要通过以下几个途径影响财政行为，从而产生财政风险。①政府收入支出统计数据不一致，增加财政风险监测难度。②预算支出调整的随意性，一方面会加大对刺激经济增长的投入，另一方面是增加形象工程的投入，与此相对应的是社会事业和公共管理投入不足。③预算支出低效。预算制度软约束为重复建设、挤占挪用、腐败浪费等行为提供了条件。尽管目前对预算内收入和支出的监督非常弱，但比预算外、体制外资金的监督要严格得多，并且地方政府往往会牺牲预算内资金的增长来获取预算外收入的增长。由于体制外收入和举债收入占预算内收入比例的数据的不可得性，暂不考虑。预算外和土地出让金收入比例越高，预算与决算差距越大，真实的财政赤字率和债务率越高，财政风险越大。

为此，我们用（13）预算内收入与预算外收入的比例、（14）财政收入占政府收入比例、（15）预算内外收入占政府收入比例、（16）税收收入占预算内外收入比例四个指标作为衡量财政预算制度影响财政风险的指标。这四个指标比例值越高，代表财政制度越完善，财政风险越小，即财政赤字有所降低。

7.2.4 机构人员膨胀控制机制与财政风险

改革开放40年来，国务院进行了1982年、1988年、1993年、1998年、2003年、2008年、2013年和2018年的八次机构大改革，每5年一次。精简机构人员数量是这些改革的核心之一。[126]但这些改革始终没有走出“精简—膨胀—再精简—再膨胀”的怪圈。机构人员规模越大，政府官员控制权越大。扩大机构人员规模是政府官员的财政行为之一。任何组织都有自我膨胀的机制，这种膨胀并不代表该组织任务的增加。著名的帕金森定律告诉人们：雇员的数量和实际工作量之间根本不存在任何联系。[127]目前，中央政府主要通过编制数量来控制政府机构人员膨胀，但由于控制的是由财政供养的公务员编制，地方政府及其各部门通过新设事业单位、扩大事业单位规模变相增加人员编制。对于一些事业编制，政府还实行“只给编制、不给经费，但给收费罚款权力”的做法，要求这些单位依靠“创收”给他们提供工资和办公经费。加上预算制度不完善，政府部门公务消费年年攀升，具有很大随意性。

现有机构人员膨胀控制机制的失效，与预算制度不完善有关，一并加大了财政风险。主要途径是：鼓励和支持政府各部门增加罚款收费收入和政府行政开支比例过高，导致财政不可持续。由此推测，政府机构规模越大，财政风险越大。为此，我们选取（17）国有集体单位就业人员占城镇就业人员比例、（18）国有集体单位就业人员占城乡就业人员比例、（19）政府支出中行政管理费占比、（20）财政支出中行政管理费占比四个指标作为衡量机构人员膨胀机制对财政风险影响的指标。这四个指标值越高，表示机构人员越膨胀，财政赤字会越高，即财政风险越大。

7.2.5 社会和谐建设与财政风险

西方发达国家的财政风险主要由人口老龄化带来养老保险、医疗保险、社会救济等社会福利开支增长过快引起。改革开放以来，中国正在享受人口红利、城乡人口转移、三元福利体制等为动力的经济增长带来的好处。在新的发展阶段，建设和谐社会的任务越来越迫切，政府在建设和谐社会方面的责任越来越重大。我们选取了六个代表社会和谐的指标，分别是（21）职工平均工资增长速度、（22）城镇失业率、（23）农村贫困发生率、（24）城乡收入差距（城乡收入比的1%）、（25）城镇化率、（26）社会保险覆盖面（参保人数占总人口比例）等。和谐社会建设需要以财政支出为支撑，社会越和谐，财政赤字会越高。当然，财政成本增加，减少了社会动荡的成本。

7.3 实证分析的数据来源和基本思路

实证分析基本思路是：借鉴国内外研究模型，结合中国的实际，选取大量可能影响财政风险的指标建立财政风险原因分析的实证模型，最后从实证结果中筛选出真正影响财政风险的指标。由于本研究分析了三个口径的财政赤字，为此按照同样的思路构建了三个实证分析模型，这也有利于我们检验三个口径赤字的定义是否合理。在数据处理上，由于采用时间序列数据，影响财政风险的各个指标存在较高的相关性，为此我们首先对每个方面的几个指标进行主成分分析，确定第一主成分为其代表性指标，然后对其进行建模回归分析，确定影响财政风险的主要因素。

7.3.1 研究数据说明

三种口径的赤字率。①财政赤字率。它是国家财政支出减去国家财政收入之差占 GDP 的比重，是财政部公布的数据。②政府收支赤字率。它是政府财政赤字和隐性债务赤字之和。③隐性赤字率。隐性债务赤字主要包括养老保险的隐性债务、国有经济隐性债务和地方政府债务三部分。在借鉴他人研究的基础上，对隐性债务进行了合理推算，并进行年度化处理，从而获得后两种赤字率的数据。[128]对于哪种赤字率更符合中国的实际情况，需作进一步检验。

其他 26 个指标的数据。本研究使用了财政收入和政府收入及其支出结构的数据。其中，政府总收入包括预算内收入、预算外收入、社会保险收入、国有经济收入（包括国有企业利润收入和国有资产转让收入）、土地出让收入、体制外收入（没有纳入预算内外管理的罚款收费）。[129]数据主要来自部分年份的《中国统计年鉴》（电子版），《中国统计摘要》，《中国财政统计年鉴》，《中国金融统计年鉴》，第四、五次人口普查数据，中宏数据库等。本研究选取1980～2008 年上述指标的数据。

7.3.2 实证模型的一般表达式

高赤字率和高债务率主要来源于扩张性财政政策。国外很多研究关注的是财政政策对财政风险的影响，重点关注的是赤字是否会减弱增长，并且赤字规模是否持续变大，从而引发财政危机。Jaejoon Woo（2003）研究认为，一般来说影响财政风险的原因至少有以下三个基本变量：①实际 GDP 增长速度 x_1；②通货膨胀率 x_2；③货币供应量 x_3。加上 7.2 部分中的 23 个指标，本研究共选取 26 个指标作为财政风险的解释变量。根据前面的研究，有三个被解释变量，分别是政府财政赤字率、政府收支赤字率和政府隐性赤字率，分别对应于财政赤字率模型、政府收支赤字率模型和隐性赤字率模型。后两个模型包括全部 26 个指标。基本模型直接剔除了（6）、（14）、（19）3 个指标，它们是与政府收入有关的指标。模型可表示为：

$$y_i = a_0 + a_1 x_1 + a_2 x_2 + a_3 x_3 + \beta X + \varepsilon \qquad (7-1)$$

式中，y_0，y_1，y_2 分别代表政府财政赤字率、政府收支赤字率和隐性赤字率。X 是除前三个解释变量以外的解释变量向量。β 是解释变量向量 X 对应的系数。ε 是误差项随机变量。

7.3.3 实证分析的两种技术路线

根据数据选取，本研究采用两种分析方法。

第一种：主成分回归分析法。由于本研究采集了 1980～2008 年以上 26 个指标的数据，直接用线性回归显然解释变量过多。这些时间序列数据指标存在高度自相关。另外，解释变量过多，但样本容量不大。为此我们先采用主成分分析法，然后再进行线性回归。

第二种：直接回归分析法。第一种分析方法主要是试图把我们和其他研究者认为可能影响财政风险的因素尽量纳入模型，如果分析结果不是很理想，最后进入回归模型的变量将非常有限。为便于不同模型的比较，我们直接筛选一些代表某些制度的指标，进行直接回归。进入直接回归模型的变量，一是按照对主成分的贡献大小，选择一些对主成分贡献大的指标进入直接回归模型；二是在直接回归分析过程中，剔除对模型解释程度贡献不大、统计不显著的指标。

另外，主要采用 SPSS 13.0 版本和 EVIEWS 5.0 版本进行本章相关数据分析。

7.4　主成分回归分析及其结果

7.4.1　解释变量的合成和精选

首先，分别对代表经济竞赛机制、财税体制、财政预算制度、机构人员膨胀机制、社会和谐建设的若干指标进行相关性分析，提取每组的第一主成分作为衡量该组的指标。五组的第一主成分依次记为 c_1、c_2、c_3、c_4、c_5。在财政赤字率模型中，五组的第一主成分的解释程度分别为 68.62%、70.21%、74.88%、96.09%、83.07%。在政府收支赤字率和隐性赤字率模型中，五组的第一主成分的解释程度分别为 74.96%、70.21%、72.12%、95.37%、83.07%。也就是说，除代表经济竞赛机制的第一主成分 c_1 的解释程度接近 70% 之外，其他组的第一主成分均超过 70%，为此我们可以用第一主成分值作为代表该组影响财政风险的因素。

其次，逐步回归分析，寻找影响财政风险的因素。在基本变量回归模型的基础上，逐步把每组的第一主成分加入回归模型，观察模型系数的变化，寻找有价值的结论。由于是时间序列数据，先对每个指标的平稳性进行了检验，具体结果见表 7-1 和表 7-2。实际 GDP 增长速度 x_1、通货膨胀率 x_2、代表财税体制的主成分 c_2 三个指标是平稳的，其他变量一阶差分是平稳的。对于平稳的变量，直接进入回归模型；对一阶差分平稳的变量，用其一阶差分作为解释变量进入回归模型。另外，y_0，y_1 是平稳的，y_2 是一阶平稳的。

表 7-1　财政赤字率模型五个主成分变量的平稳性检验结果

P 值	c_1	c_2	c_3	c_4	c_5
原变量	0.1893	0.0363	0.9253	0.5708	0.2474
一阶差分	0.0000	—	0.0001	0.0029	0.0000

表 7-2　政府收支赤字率和隐性赤字率模型五个主成分变量的平稳性检验结果

P 值	c_1	c_2	c_3	c_4	c_5
原变量	0.1159	0.0363	0.8887	0.6486	0.2474
一阶差分	0.0000	—	0.0005	0.0065	0.0000

7.4.2　财政赤字率主成分回归模型分析

财政赤字率模型的被解释变量就是政府财政赤字率。本研究采用逐步回归方法寻找真正影响财政赤字率（财政风险）的因素。首先，在任何回归子模型中实际 GDP 增长速度 x_1 和通货膨胀率 x_2 均无法通过显著性检验，给予剔除。这是一个非常有中国特色的结论，国外很多实证研究认为财政赤字具有周期性特点，GDP 增长速度和通货膨胀是影响政府财政赤字的重要因素，而在中国这一结论似乎不成立。其次，加入代表经济竞赛机制的 c_1、财税体制的 c_2 后，两者均通过显著性检验，模型的解释程度不断提高，并且带动货币供应量 x_3 以高的概率通过显著性检验。再次，加入财政预算制度 c_3 后，模型解释程度没有多大提升，并且通过显著性检验的概率非常低，暂时不予考虑。最后，在逐步增加 c_4、c_5 时，回归模型的解释程度反而下降，并且无法通过显著性检验，给予剔除。这也是一个与常识相悖的结论，一般认为政府机构膨胀会增加财政赤字，社会事业投入过多也会增加财政赤字，但是本研究模型无法对此给予证实。

通过以上分析，我们认为货币供应量 x_3、经济竞赛机制 c_1、财税体制 c_2 是影响政府财政赤字的主要因素，并构建回归模型，称之为精选后的基本模型。可表示为：

$$y_0 = a_0 + a_3 Dx_3 + \beta_1 c_1 + \beta_2 c_2 + \varepsilon \qquad (7-2)$$

该式 $D-W$ 检验的 d 值为 1.167，不能判断它是否存在自相关。考虑加入 y_0 滞后一期 y_{0-1}项，并对变量再次进行精选，进行回归分析。精选后的财政赤字率主成分回归模型为：

$$y_0 = a_0 + a_1 Dx_3 + \beta_2 c_2 + \beta_{0-1} y_{0-1} + \varepsilon \qquad (7-3)$$

该模型的具体回归结果见表 7-3。由于财政赤字率和政府收支赤字率主成分回归模型分别有滞后期变量进入，自相关检验无法用 $D-Wd$ 检验。因此考虑使用德宾 H 检验，H 统计量为：

$$H = (1 - \frac{1}{2}d)\sqrt{\frac{n}{1 - n\mathrm{var}(\beta_{-1})}}$$

其中，β_{-1}为式（7-3）滞后期的系数。在原假设为模型不存在自相关的条件下，H 服从标准正态分布。此时得出 $H=0.446$，均小于 5% 显著性水平下的 1.96 临界值，模型无法拒绝不存在自相关的原假设。模型的 t 统计量和 F 统计量都能通过显著性检验。

表 7－3 精选后的财政赤字率主成分回归模型及其结果

变量	系数	标准误差	t 统计量	概率
a_0	0.003069	0.001896	1.618356	0.1181
Dx_3	0.047622	0.022273	2.138165	0.0425
c_2	0.0013	0.000559	2.326011	0.0284
y_{0-1}	0.472356	0.124908	3.78614	0.0009
R^2	0.513063	因变量均值	0.009922	
调整后的 R^2	0.45463	因变量标准差	0.0079	
回归标准误差	0.005843	赤池信息准则	－7.322817	
残差平方和	0.000851	施瓦茨准则	－7.134224	
对数似然值	110.1808	F 统计量	8.780433	
$D-W$ 统计量	1.873362	概率（F 统计量）	0.000377	

进入模型的三个解释变量对财政赤字率影响如下：

（1）货币供应量 Dx_3，其代表 M_2/GDP 的一阶差分，含义是，货币供应量 t 期的变化量（$x_{3t}-x_{3t-1}$）比 $t-1$ 期变化量（$x_{3t-1}-x_{3t-2}$）每提高 1%，政府收支赤字率会上升 0.0476%。

（2）代表财税体制主成分 c_2，其含义可理解为，地方政府收入在国家财政收入中占比越高，中央政府赤字率也就越高。c_2 每上升 1%，财政赤字率会上升 0.0013%。因为地方收入占比上升，中央收入必然下降，在地方收支平衡的情况下，财政赤字率必然上升。

（3）财政赤字率滞后 1 期 y_{0-1}，其含义可理解为，$t-1$ 期财政赤字率每提高 1%，t 期财政赤字率会提高 0.472%。

7.4.3 政府收支赤字率主成分回归模型分析

政府收支赤字率主成分回归模型的被解释变量为政府收支赤字率，它是政府财政赤字率和债务赤字率之和。我们继续采用逐步增加解释变量的做法对该模型进行逐步回归。从显著性检验和解释程度来看，子模型 4 较为理想〔见式（7－4）〕，具体回归分析结果见表 7－4。

表 7-4 政府收支赤字率主成分回归子模型及其结果

变量	系数	标准误差	t 统计量	概率
a_0	0.051324	0.01362	3.768146	0.0011
x_1	0.251116	0.116309	2.159035	0.0420
x_2	0.097322	0.042715	2.27839	0.0328
Dx_3	0.111425	0.06416	1.736678	0.0964
Dc_1	-0.082583	0.03658	-2.25759	0.0342
c_2	0.007313	0.001439	5.082533	0.0000
R^2	0.693671	因变量均值	0.088754	
调整后的 R^2	0.624051	因变量标准差	0.021316	
回归标准误差	0.01307	赤池信息准则	-5.649618	
残差平方和	0.003758	施瓦茨准则	-5.364146	
对数似然值	85.09465	F 统计量	9.963638	
$D-W$ 统计量	0.688094	概率(F 统计量)	0.000044	

$$y_1 = a_0 + a_1x_1 + a_2x_2 + a_3Dx_3 + \beta_1Dc_1 + \beta_2c_2 + \varepsilon \tag{7-4}$$

由于 $D-W$ d 统计量为 0.69，无法判断是否存在自相关，为此进一步用一阶自相关系数ρ 对模型进行变换，减弱自相关。这里的ρ使用 y_1 模型的估计结果得出。其中，$\rho \approx 1-d/2$，d 为 $D-W$ 检验结果。为此有：

$$\rho \approx 1 - \frac{d}{2} = 1 - \frac{0.693671}{2} = 0.653$$

根据以上变换进行回归分析发现，此时模型能通过自相关检验，但调整后的拟合程度 0.314。考虑赤字率通常有一定惯性，因此考虑将其滞后项 y_{1t-1} 加入模型，并将不显著的 x_2 和 c_2 剔除。精选后模型为：

$$y_1 = a_0 + a_1x_1 + a_3Dx_3 + \beta_1Dc_1 + \beta_{t-1}y_{1t-1} + \varepsilon \tag{7-5}$$

与式（7-4）相比，式（7-5）剔除了解释变量通货膨胀率 x_2 和代表财税体制 c_2，只剩下三个解释变量，回归结果见表 7-5。此时模型因含有因变量的滞后项，自相关检验无法用 $D-W$ d 检验。因此考虑使用德宾 H 检验。此时 $H=1.70$，小于 5% 显著性水平下的 1.96 临界值。因此无法拒绝模型不存在自相关的原假设。

表 7-5　精选后的政府收支赤字率主成分回归模型的回归结果

变量	系数	标准误差	t 统计量	概率
a_0	-0.007751	0.013557	-0.571723	0.5731
x_1	0.275943	0.08967	3.077329	0.0053
Dx_3	0.085478	0.046531	1.837024	0.0792
Dc_1	-0.049916	0.028517	-1.750369	0.0934
y_{1t-1}	0.726728	0.093607	7.763596	0
R^2	0.810278	因变量均值	0.088754	
调整后的 R^2	0.777283	因变量标准差	0.021316	
回归标准误差	0.01006	赤池信息准则	-6.200148	
残差平方和	0.002327	施瓦茨准则	-5.962254	
对数似然值	91.80207	F 统计量	24.55754	
$D-W$ 统计量	1.44114	概率（F 统计量）	0	

四个解释变量对政府收支赤字率的影响如下：

（1）实际 GDP 增长速度 x_1，其含义是，经济增长速度每提高 1%，政府收支赤字率就提高 0.276%。这说明在现有体制下，政府以隐性债务的增加为代价实现经济快速增长。

（2）货币供应量 Dx_3，其代表 M_2/GDP 的一阶差分，含义是，货币供应量 t 期的变化量（$x_{3t}-x_{3t-1}$）比 $t-1$ 期变化量（$x_{3t-1}-x_{3t-2}$）每提高 1%，政府收支赤字率会上升 0.085%。

（3）代表经济竞赛机制的 Dc_1，其含义是，政府动用更多的资源去搞经济建设，政府收支赤字率反而会下降。具体来说，t 期的变化量（$c_t - c_{t-1}$）比 $t-1$ 期变化量（$c_{t-1} - c_{t-2}$）每提高 1%，政府收支赤字会下降 0.050%。

（4）滞后一期的政府收支赤字率 y_{1t-1}，其含义是，$t-1$ 期政府收支赤字率每提高 1%，t 期政府收支赤字率会提高 0.727%。

7.4.4 隐性赤字率主成分回归模型分析

隐性赤字率模型的被解释变量为隐性赤字率 y_2 的一阶差分 Dy_2。经检验 y_2 是一阶平稳的。采取同样的逐步回归办法，筛选出精选后的隐性赤字率主成分回归模型：

$$Dy_2 = a_0 + a_1 x_1 + a_2 x_2 + \beta_2 c_2 + \varepsilon \qquad (7-6)$$

只有三个解释变量进入模型，其他变量均被剔除。表 7－6 是其具体回归分析结果。从该表可知，该模型各变量和总体均通过显著性检验。查表可知，当 3 个自变量和 28 个样本数据时，德宾－沃森（$D-W$）d 统计量 1% 的显著点是 d_l 为 0.969，d_u 为 1.415。模型 $D-Wd$ 值为 1.78，模型通过不存在自相关的检验。

三个变量对隐性赤字率的影响如下：

（1）实际 GDP 增长速度 x_1，其含义是，经济增长速度每提高 1%，隐性赤字率 t 期的变化量（$y_{2t} - y_{2t-1}$）就会比 $t-1$ 期变化量（$y_{2t-1} - y_{2t-2}$）提高 0.277%。这说明在现有体制下，政府以隐性债务的增加为代价实现经济快速增长。

（2）通货膨胀率 x_2，其含义是，通货膨胀每提高 1%，隐性赤字率 t 期的变化量就会比 $t-1$ 期下降 0.064%。中央政府在繁荣期对地方举债控制更为严格。越是繁荣期，出现债务偿还风险的概率更少。

（3）代表财税体制的 c_2，其含义是，地方财政收入在国家财政收入中占比越高，隐性赤字率会越低。c_2 每上升 1%，隐性赤字率 t 期的变化量就会比 $t-1$ 期下降 0.0021%。

表 7-6 精选后的隐性赤字率主成分回归模型的回归结果

变量	系数	标准误差	t 统计量	概率
a_0	-0.022561	0.006501	-3.470357	0.002
x_1	0.277126	0.064818	4.275459	0.0003
x_2	-0.064339	0.027657	-2.32633	0.0288
c_2	-0.002107	0.000992	-2.032252	0.0533
R^2	0.479999	因变量均值	0.001515	
调整后的 R^2	0.414998	因变量标准差	0.012042	
回归标准误差	0.009211	赤池信息准则	-6.40534	
残差平方和	0.002036	施瓦茨准则	-6.215025	
对数似然值	93.67475	F 统计量	7.384575	
$D-W$ 统计量	1.783023	概率(F 统计量)	0.001135	

7.5 直接回归分析及其结果

直接回归解释变量选择也分为两步进行。第一步是从主成分分析的 23 个代表不同制度的变量中选取，主要选择一些对主成分贡献大的指标。第二步是采取逐步回归方法，剔除一些对模型没有什么贡献的指标。第一步主要选择以下变量进入模型：①实际 GDP 增长速度 x_1；②通货膨胀率 x_2；③货币供应量 x_3；④代表经济竞赛机制的指标，包括财政支出中经济建设费用占比 x_4、政府支出中经济建设费用占比 x_{42}；⑤代表财税体制的指标，包括地方政府预算内外收入与中央政府预算内外收入的比例 x_5、地方财政收入与中央财政收入的比例 x_{51}；⑥代表预算制度的指标，包括财政收入占政府收入比例 x_{61}、预算内外收入占政府收入比例 x_{62}；⑦代表机构人员膨胀的指标即财政支出中行政管理费占比 x_7；⑧隐性债务率 x_8；⑨透支收入 x_9；⑩三种赤字滞后期变量。根据被解释变量的不同，同样分为三组模型进行回归。在逐步回归的基础上，得出了各组精选模型及其回归结果。平稳性检验结果是：x_1、x_2、x_4、x_5 为平稳序列，x_3、x_6、x_7、x_8、x_9 等变量为一阶平稳序列。

7.5.1 财政赤字率直接回归模型及其结果

财政赤字率直接回归模型的被解释变量就是财政赤字率 y_0。经过逐步回归，剔除不显著变量之后，得出了精选后的财政赤字率直接回归模型：

$$y_0 = a_0 + a_3 Dx_3 + a_5 x_5 + \beta y_{0-1} + \varepsilon \tag{7-7}$$

只有三个解释变量被保留。该模型的具体回归结果见表 7－7。由于有滞后期变量进入模型，同样使用德宾 H 检验，不存在自相关。

表 7－7 精选后的财政赤字率回归模型及其结果

变量	系数	标准误差	t 统计量	概率
a_0	0.008683	0.004138	2.098093	0.0466
Dx_3	0.04725	0.023601	2.00208	0.0567
x_5	－0.003716	0.00213	－1.744626	0.0938
y_{0-1}	0.491576	0.15381	3.195988	0.0039
R^2	0.48542	因变量均值	0.009735	
调整后的 R^2	0.421098	因变量标准差	0.007979	
回归标准误差	0.006071	赤池信息准则	－7.239037	
残差平方和	0.000885	施瓦茨准则	－7.048722	
对数似然值	105.3465	F 统计量	7.56667	
D－W 统计量	1.601769	概率（F 统计量）	0.001006	

进入模型的三个变量对财政赤字率影响如下：

（1）货币供应量 Dx_3，其代表 M_2/GDP 的一阶差分，含义是，货币供应量 t 期的变化量（$x_{3t}-x_{3t-1}$）比 $t-1$ 期变化量（$x_{3t-1}-x_{3t-2}$）每提高 1%，财政赤字率会上升 0.047%。

（2）地方政府预算内外收入与中央政府预算内外收入的比例 x_5，

它代表财税体制的指标，其含义是，该比例每上升1%，财政赤字率会下降0.0037%。这与大家普遍认同的一种观点相一致：地方政府的财权与事权不匹配，导致地方大量吸取预算外收入，用预算外收入弥补预算内支出，致使财政赤字率下降。

（3）财政赤字率滞后期 y_{0-1}，其含义是，本期的财政赤字率与上期赤字率呈现较大的正相关性，$t-1$ 期赤字率每提高1%，t 期财政赤字率会提高0.49%。

7.5.2 政府收支赤字率直接回归模型及其结果

政府收支赤字率直接回归模型的被解释变量为 y_1。经过逐步回归，剔除不显著变量之后，得出了精选后的政府收支赤字率直接回归模型：

$$y_1 = a_1x_1 + a_3Dx_3 + a_4x_4 + \beta_{y1-1} + \varepsilon \qquad (7-8)$$

只有四个变量被保留在模型中。具体回归结果见表7-8。由于有滞后期变量进入模型，同样使用德宾 H 检验，H 检验值为1.205，低于临界值1.96（5%的显著性水平），因此模型不存在自相关。

表7-8 精选后的政府收支赤字率直接回归模型及其结果

变量	系数	标准误差	t 统计量	概率
x_1	0.374603	0.074569	5.023553	0
Dx_3	0.098192	0.040168	2.444564	0.0222
x_4	-0.037842	0.016338	-2.316194	0.0294
y_{1-1}	0.685404	0.06751	10.1527	0
R^2	0.813008	因变量均值	0.088754	
调整后的 R^2	0.789634	因变量标准差	0.021316	
回归标准误差	0.009777	赤池信息准则	-6.286067	
残差平方和	0.002294	施瓦茨准则	-6.095752	
对数似然值	92.00491	$D-W$ 统计量	1.574431	

进入模型的四个变量对政府收支赤字率的影响如下：

（1）实际 GDP 增长速度 x_1，其含义是，经济增长速度每提高 1%，t 期的政府收支赤字率会比 $t-1$ 期提高 0.375%。

（2）货币供应量 Dx_3，其代表 M_2/GDP 的一阶差分，含义是，货币供应量 t 期的变化量（$x_{3t}-x_{3t-1}$）比 $t-1$ 期变化量（$x_{3t-1}-x_{3t-2}$）每提高 1%，政府收支赤字率会上升 0.098%。

（3）代表经济竞赛机制的变量"经济建设费用在财政支出的占比"x_4，其含义是，经济建设费用在财政支出的占比每提高 1%，政府收支赤字率会下降 0.0378%。

（4）政府收支赤字率滞后期 y_{1-1}，其含义是，本期的财政赤字率与上期赤字率呈现较大的正相关性，$t-1$ 期政府收支赤字率每提高 1%，t 期政府收支赤字率会提高 0.685%。

7.5.3 政府隐性赤字率直接回归模型及其结果

政府隐性赤字率直接回归模型的被解释变量就是隐性赤字 y_2 的一阶差分 Dy_2。经过逐步回归，剔除不显著变量之后，得出了精选后的隐性赤字率直接回归模型：

$$Dy_2 = a_0 + a_1 x_1 + a_2 x_2 + a_{62} Dx_{62} + a_9 Dx_9 + \varepsilon \tag{7-9}$$

有四个变量被保留在模型之中。具体回归结果见表 7-9。没有滞后期变量进入模型，对自相关用 $D-W$ d 检验。在 4 个解释变量和 28 个样本数据情况下，$D-W$ d 统计量在 0.05% 显著性水平上的 d_l 和 d_u 分别为 1.104 和 1.747。此时的 $d=1.99$，大于 d_u，因此不存在自相关。

在该模型中，隐性赤字率主要受四个变量的影响：

（1）实际 GDP 增长速度 x_1，其含义是，经济增长速度每提高 1%，隐性赤字率 t 期的变化量（$y_{2t}-y_{2t-1}$）就会比 $t-1$ 期变化量（$y_{2t-1}-y_{2t-2}$）提高 0.258%。

表 7－9　精选后的隐性赤字率直接回归模型及其结果

变量	系数	标准误差	t 统计量	概率
a_0	－0.022096	0.006094	－3.626027	0.0014
x_1	0.258138	0.059771	4.318794	0.0003
x_2	－0.096264	0.027575	－3.491058	0.002
Dx_{62}	－0.513217	0.1684	－3.047609	0.0057
Dx_9	－0.995113	0.293996	－3.384781	0.0026
R^2	0.593594	因变量均值	0.001515	
调整后 R^2	0.522915	因变量标准差	0.12042	
回归标准误差	0.008318	赤池信息准则	－6.580389	
残差平方和	0.001591	施瓦茨准则	－6.342496	
对数似然值	97.12545	F 统计量	8.398407	
$D-W$ 统计量	1.989768	概率（F 统计量）	0.000249	

（2）通货膨胀率 x_2，其含义是，通货膨胀每提高 1%，隐性赤字率 t 期的变化量就会比 $t-1$ 期下降 0.096%。中央政府在繁荣期对地方举债控制更为严格；另外，越是繁荣期，出现债务偿还风险的概率越小。

（3）预算内外收入占政府收入比例 Dx_{62}，它是代表预算制度的指标。其含义是，预算内外收入占政府收入的比例 t 期的变化量比 $t-1$ 的变化量每提高 1%，隐性赤字率 t 期的变化量就会比 $t-1$ 期下降 0.51%。因为预算外收入主要归地方所有，该比例的上升，说明地方政府拥有的财力上升，至少会减少地方政府弥补公共服务支出不足的举债规模。大量调研资料显示，越是基层政府、越是落后地区，举债用于公共服务的比例越高。

（4）透支收入 Dx_9，其含义是，透支收入 t 期的变化量比 $t-1$ 的变化量每提高 1%，隐性赤字率 t 期的变化量就会比 $t-1$ 期下降 0.995%。因为包括土地出让收入、体制外罚款收费等在内的透支收入，与隐性债务收入具有很强的互补性，前者增加了，后者会相应地减少一些。

要说明的是，模型没有检验出 $t-1$ 的隐性赤字对 t 期的影响。主要是财政赤字具有很强依赖性，但隐性债务规模主要受当期地方官员的价值取向和政策的影响。

7.6　两种方法比较分析

主要从模型构成和影响程度两个方面进行比较。

7.6.1　模型构成的比较和最优赤字率指标的选择

从前面六个精选回归模型构成看，进入这些模型的变量较为集中，除代表财税体制主成分 c_2 之外，其他同一变量在不同模型中对赤字率影响方向基本一致。另外，在两种回归方法中，在同一被解释变量的情况下，被保留的变量也有较大程度的一致性。表 7－10 列出了各精选模型的解释变量和被解释变量。解释变量后括号内的符合为“＋”表示该变量与被解释变量正相关，“－”表示该变量与被解释变量负相关。

表 7－10　精选模型的变量组成与对比

模型类型	被解释变量	解释变量及其影响	调整后拟合度
财政赤字率主成分回归模型	财政赤字率	$Dx_3(+), c_2(+), y_{0-1}(+)$	0.455
财政赤字率直接回归模型	财政赤字率	$Dx_3(+), x_5(-), y_{0-1}(+)$	0.421
政府收支赤字率主成分回归模型	政府收支赤字率	$x_1(+), Dx_3(+), Dc_1(-), y_{1t-1}(+)$	0.777
政府收支赤字率直接回归模型	政府收支赤字率	$x_1(+), Dx_3(+), x_4(-), y_{1-1}(+)$	0.790

续表

模型类型	被解释变量	解释变量及其影响	调整后拟合度
政府隐性赤字率主成分回归模型	政府隐性赤字率	$x_1(+), x_2(-), c_2(-)$	0.415
政府隐性赤字率直接回归模型	政府隐性赤字率	$x_1(+), x_2(-), Dx_{62}(-), Dx_9(-)$	0.523

这些精选模型到底哪个更为符合中国的实际？由于解释变量来源几乎相同，为此我们按照拟合程度来选择最优的模型。从拟合程度来看，在主成分回归系列中，政府收支赤字率模型为77.7%，远高于财政赤字率和隐性赤字率模型的45.5%和41.5%。在直接回归中，政府收支赤字率模型为79.0%，远高于财政赤字率和隐性赤字率模型的42.1%和52.3%。为此，根据拟合度高低，认为政府收支赤字率模型为最优的模型，进而认为政府收支赤字率为最能反映真实赤字水平的指标。这也证明了本研究的一个假设，即财政赤字率不足以反映赤字率的真实水平，包括隐性赤字率在内的政府收支赤字率是一个更好地反映赤字率水平的指标。另外，两种方法相对应的精选回归模型的拟合程度相差不大。这说明本研究模型的构建、方法的选择、变量的设计基本上经得起检验。

7.6.2 两种方法回归结果比较分析

由于两种分析方法的部分解释变量的数据不一样，不能对其具体的影响程度作直接对比，只能做一些趋势性的比较。

（1）经济增长速度 x_1 的影响。在两种分析方法中，都不能检验出经济增速对财政赤字率的影响，但都能检验出它与政府收支赤字率和隐性赤字率正相关。经济增长速度每提高1%，在主成分回归中，政府收支赤字率提高0.276%，隐性赤字率提高0.277%；在直接回归中，前者提高 0.375%，后者提高 0.258%。国外很多实证研究认为财政赤字具有周期性特点，经济增长速度、通货膨胀均与财政赤字率负相关。本章的研究结论是否成立？我们认为，这个结论基本符合中国国情。国外财政政策有逆周期性，即处于经济上升周期时，政府会减少开支；当经济处于下降周期时，政府会增加开支。而国内各级政府总是以经济增长最大化为目标，逆周期性不强，始终采取扩张性财政政策。2008 年国际金融危机发生后，研究发现，很多发展中国家的财政政策竟然是顺周期的，这与传统的观点不符。人们相信顺周期性的财政政策应该对长期经济增长过程中的宏观经济波动负主要责任。方红生、张军研究发现，在经济繁荣期，中国地方政府有 63.78% 的概率执行扩张性政策，而在经济衰退期，中国地方政府有 75.16% 的概率执行扩张性政策。[130] 地方政府往往通过加大对国有企业、大型项目的信贷干预、支持地方融资平台举债搞建设、对养老保险欠账等方式来执行扩张性政策，这些活动容易产生隐性债务，或者是地方政府的显性债务，但不会直接表现为中央政府的财政赤字。这种政策往往以隐性债务的累积为代价实现经济高速增长。马骏和刘亚平 2005 年的一个研究认为，在目前的制度环境、官员激励机制和约束机制下，经济增长和地方政绩是以财政风险的不断增加为代价的。[63]

（2）通货膨胀率 x_2 的影响。在两种方法中，它都没有进入财政赤字率和收入赤字率的回归模型，但进入隐性赤字率模型。通货膨胀率每提高 1%，在主成分回归中，隐性赤字率 t 期的变化量就会比 $t-1$ 期下降 0.064%；在直接回归中，会下降 0.096%。主要是因为中央政府在繁荣期对地方举债控制更为严格，在萧条期对地方举债更为宽松。在经济上升周期，如果经济增速高于债务增速，隐性赤字率反而会下降。

（3）货币供应量 Dx_3 的影响。在两种方法中，货币供应量与财政赤字率、政府收支赤字率呈正相关。货币供应量 t 期的变化量比 $t-1$ 期的变化量每提高 1%，在主成分回归中，财政赤字率会上升 0.048%，政府收支赤字率会上升 0.085%；在直接回归中，前者会上升 0.047%，后者会上升 0.098%。国外很多研究也支持这一结论，但是国内外传导机制不一样。受选举政治的影响，国外政府不会轻易增税，而是依靠发行国债来应对开支压力。货币供应量增加，发债成本越低，政府发行国债越容易，因此政府财政赤字会增加。在国内，从财政赤字融资方式看，存在财政赤字影响货币供给的传导机制，财政赤字的增加是解释中国货币供给增加的重要因素之一。此外，中国主要采取相机抉择的货币政策，在经济上行周期采取紧缩性货币政策，在经济下行周期采取扩张性货币政策。

一个解释就是政府，特别是地方政府对银行信贷和企业债务融资进行干预，使金融资源流向有利于提升其政绩的项目，这些项目形成坏账的可能性更大。地方政府采用两手来获取金融资源，一手是用优厚的“配套”条件或其他因素来诱引银行在本地投入金融资源，一手是更多地通过默许、容忍甚至鼓励本地企业用展期、拖欠甚至逃废债的方式来攫取全国性金融资源。[131] 另一方面，货币供应量的增加，本身就是政府化解财政压力的手段。

金融和财政是政府支配社会资金的两个主要渠道，在出现财政赤字时，中央政府通过公开举债甚至增发货币弥补赤字。地方政府不能举债，通过隐性担保、项目支持、税收奖励和返还、资源价格优惠等方式鼓励银行给本区域企业贷款。

（4）经济竞赛机制的影响。在主成分回归中，经济竞赛机制主成分变量 Dc_1 对政府收支赤字率有负的影响，该变量当期变化量比上期的变化量每提高 1%，政府收支赤字率会下降 0.05%。在直接回归中，代表经济竞赛机制的经济建设费用占财政支出的比例 x_4 每提高 1%，政府收支赤字率会下降 0.038%。对经济竞赛机制减少财政赤字可作以下解释：一方面，财政收入最大化和增长速度最大化本身就是官员追求的目标，地方政府着力发展税源经济；另一方面，地方政府会加大用政府收入搞经济建设的力度，1978～2008 年年经济建设费占政府支出比例的平均值为 36.44%，这都会促进经济增长和税收增加，有利于减少赤字率。当然，在指标选取方面，由于数据可得性原因，主要选取了一些反映政府动用资源搞经济建设的指标来衡量经济竞赛程度。如果考虑举债竞赛搞经济建设情况，该影响程度会减弱一些。在隐性赤字率回归模型中，没有检验出上述经济竞赛指标对隐性赤字率的影响。只要政府用于搞经济建设的支出使经济增长速度大于债务增长速度，就有利于减少财政赤字。凯恩斯主义经济学认为，在一定条件下，政府投资有利于促进经济增长。我们的结论证明目前我国的情况更符合该假设。

（5）财税体制的影响。在主成分回归中，代表财税体制的指标 c_2 与财政赤字率正相关，与隐性赤字率负相关。c_2 主要反映地方政府在国家总收入中的占比情况。因为地方收入占比上升，中央收入必然下降，在地方收支平衡的情况下，中央政府财政赤字率必然上升。另一方面，地方财力上升，地方政府收支缺口越小，隐性债务赤字会有所下降。

（6）预算制度的影响。代表预算制度的“预算内外收入占政府收入比例” x_{62} 与隐性赤字率负相关。该变量当期的变化量比上期的变量化每提高 1%，隐性赤字率会下降 0.51%。因为预算外收入主要归地方所有，该比例的上升，说明地方政府拥有的财力上升，它至少会减少地方政府弥补公共服务支出不足的举债规模。这说明完善预算制度有利于控制隐性债务。

（7）透支收入 Dx_9 的影响。它与隐性赤字率成负相关。因为包括土地出让收入、体制外罚款收费等透支收入，与隐性债务收入具有很强的互补性，前者增加了，后者会相应地减少一些。

（8）滞后期的影响。财政赤字率和政府收支赤字率受滞后期的影响，而隐性债务赤字率不受滞后期的影响。另外，本研究并没有证明机构人员膨胀、和谐社会建设与财政风险无关，由于这些指标均没有进入模型，这也许与本研究选取的指标有关。

7.6.3 模型回溯

（1）利用三组回归模型结果对2009～2017年赤字率求出模型期望值，与实际赤字率进行对比（具体结果见表7－11），发现原来的回归模型总体上是有效的。一是模型期望值与实际赤字率差距较小；二是财政赤字率模型的差距最小，说明随着预算外收入纳入预算内管理，财政赤字率模型的解释力越来越强。

表7－11 2009～2017年实际赤字率与模型期望值对比

年份	实际财政赤字率	财政赤字率模型期望值	差异（绝对值）
2009	0.021189213	0.01505	0.006139
2010	0.015725239	0.015985	0.00026
2011	0.010606977	0.011814	0.001207
2012	0.015734665	0.012799	0.002936
2013	0.017809491	0.014814	0.002996
2014	0.017565927	0.015361	0.002205
2015	0.034178838	0.018207	0.015972
2016	0.038044045	0.024031	0.014013
2017	0.037192834	0.021255	0.015938
年份	实际收支赤字率	收支赤字率模型期望值	差异（绝对值）
2009	0.196280879	0.103753	0.092528
2010	0.122799773	0.157461	0.034661
2011	0.12371056	0.100113	0.023598
2012	0.145035713	0.102424	0.042611
2013	0.150353593	0.115642	0.034712
2014	0.160945512	0.120837	0.040109
2015	0.162919232	0.132219	0.030701
2016	0.143292501	0.12852	0.014773
2017	0.165024301	0.106011	0.059013

续表

年份	实际隐性赤字率（一阶差分）	隐性赤字率模型期望值	差异(绝对值)
2009	0.078712	-0.04303	0.121743
2010	-0.068017	0.00421	0.072227
2011	0.006029	0.008121	0.002092
2012	0.016197	0.024437	0.008239
2013	0.003243	-0.02279	0.026035
2014	0.010835	0.003793	0.007042
2015	-0.014639	0.031222	0.045861
2016	-0.023492	-0.00556	0.017934
2017	0.022583	-0.01629	0.038877

（2）利用1980～2017年的数据对三组模型进行重新回归，发现财政赤字率模型各项系数依然显著有效，其他两个模型个别变量出现不再统计显著的状况。特别是财政赤字率模型的回归系数与原模型的差距不大（见表7－12）。如前所述，在1908～2008年的数据回归中，从模型拟合度来看政府收支赤字率模型是最优的；但在1980～2017年的数据回归中，财政赤字率模型是最优的。

表7－12　原模型与现模型回归系数对比

	变量	原模型系数	现模型系数	变化
财政赤字率模型	D_{x3}	0.04725*	0.059214***	同向，增大
	x_5	-0.003716*	-0.0051685***	同向，增大
	y_{0-1}	0.491576***	0.6839042***	同向，增大
	a_0	0.008683**	0.0094095***	同向，增大
收支赤字率模型	x_1	0.374603***	0.2277121	不显著
	D_{x3}	0.098192**	0.1421186*	同向，增大
	x_4	-0.037842**	-0.0234238	不显著
	y_{0-1}	0.685404***	0.7635881***	同向，增大

续表

	变量	原模型系数	现模型系数	变化
隐性赤字率模型	x_1	0.258138***	0.2257577**	同向，减小
	x_2	-0.096264***	-0.0553227	不显著
	D_{x62}	-0.513217***	1.103685***	异向
	D_{x9}	-0.995113***	0.9061456***	异向
	a_0	-0.022096***	-0.0117552	不显著

注：*** 表示在1%置信水平上显著，** 表示在5%置信水平上显著，* 表示在10%置信水平上显著。

7.7 基本结论及政策建议

通过以上分析，可得出以下结论。①经济增长速度、货币供应量与政府收支赤字率和隐性赤字率呈正相关，这说明在一定程度上我国是以隐性债务的积累为代价实现经济高速增长。②目前官员考核激励制度下的地方政府行为，对赤字率的影响非常复杂。一方面会导致直接债务和隐性债务的增加，另一方面地方政府往往动用行政手段，调动更多资源用于经济建设，控制债务与收入比例的上升。在一定程度上，经济竞赛机制有利于减少赤字率。③财税体制越合理，就越有利于控制赤字率。目前财力过度偏向中央的财税体制，会增加财政风险。④预算制度越完善，财政风险会越小。⑤本章研究并没有证明机构人员膨胀、和谐社会建设与财政风险无关。

简短的政策建议：①改革中央与地方的财税体制，增加地方政府的税收来源，减轻其对土地出让收入、体制外收入、隐性债务收入的依赖；②改革经济竞赛机制，关键是促进以经济增速和政府收入最大化为导向的考核机制，向就业民生为重的考核机制转变，引导地方政府调整支出结构，减少对经济建设的投入；引导地方政府放弃对经济发展的过多干预，避免继续走债务累积、效率低的发展模式；③改革预算体制，逐步把政府所有收入纳入预算管理，增加财政透明度；④有效控制机构人员膨胀，减少行政管理费开支，加大和谐社会建设的投入。此外，加强对真实的政府收支赤字率统计口径的研究，为研究财政风险奠定基础。

8 财政风险制度控制研究

风险控制是指风险因素的发现、防范和化解的一个系统过程。财政风险是未来财政收支的不确定性，它伴随财政运行的全过程。因此，财政风险控制贯穿于财政管理和财政运行的始终。一般来说，研究者对于财政风险及其原因的认识，决定其财政风险控制的对策。根据前面的分析可知，隐性债务和隐性赤字是我国转轨时期财政风险的主要来源。从收入和支出来看，主要面临政府收入不规范、不可持续风险和支出结构固化的风险。官员激励约束机制不合理、地方经济竞赛、中央与地方财权事权划分不合理、预算体制不健全、税收体制不完善等是财政风险形成的深层次原因。本章针对财政风险形成的原因，从构建和完善制度入手，提出了防范化解财政风险的政策建议。

8.1 财政风险现状及其变化趋势

通过前文分析可知，政府收支赤字率是最能反映我国转轨时期真实赤字率水平的指标，与之相对应，政府总债务更能反映真实的债务水平。1980～2008 年政府收支赤字率平均值为 8.78%，最小值为 1981 年的 3.03%，最大值为 2003 年的 12.66%。也正是从 2004 年开始，政府收支赤字率逐渐下降，2007 年为 9.05%。从其构成看，财政赤字率从 2003 年开始逐渐下降，2007 年出现盈余 0.6%；

隐性赤字率从2004年开始逐渐下降，2008年为8.86%。1980～2008年，财政赤字率和隐性赤字率平均值分别为0.99%和7.79%。2008年财政赤字率比改革开放以来其平均水平低62.7%。尽管2008年隐性赤字率和政府收支赤字率高于其过去30年的平均水平，但是高出的幅度非常小，仅分别高出13.7%和4.8%。通过上面的比较分析，我们可以简单地推断，目前我国财政风险总体上处于安全可控的状况。

我们用第7章政府收支赤字率直接回归模型的结果对未来政府收支赤字率水平进行了推算。假设2015年经济增长速度为9%，当期货币供应量的增量比上一期的增量提高2%，经济建设费在财政支出中的占比下降到25%，上一期的政府收支赤字率为9%，则2015年政府收支赤字率为8.95%。假设到2020年，经济增长速度下降到8%，经济建设费在财政支出中的占比下降到20%，则2020年政府收支赤字率为8.76%。假设到2030年，经济增长速度下降到7%，经济建设费在财政支出中的占比下降到15%，则2030年政府收支赤字率为8.58%。推算结果表明，从现在到2030年，政府收支赤字率应在过去40年的平均水平附近波动，不会出现大幅度的变化。

无论是从财政风险现状看，还是从其变化趋势看，转轨时期我国财政风险总体上是安全可控的。主要有以下几个方面的理由。一是人口红利持续存在。劳动力数量及其质量的增长速度是影响经济增长速度最主要的因素。曾经对劳动力从过剩到短缺的拐点何时出现存在较大争议，统计数据显示，我国15～59岁劳动年龄人口在2011年达到峰值9.25亿人，2015年降至9.11亿人。尽管劳动力总量下降，但随着教育水平提高，我国总的人力资本水平还是能够支持经济在较长时期内保障中等（5%～7%）增速。二是我国有较高的储蓄率。尽管不同的政策会对储蓄转化为投资的途径产生影响，但较高的储蓄率能为扩大投资、保持一定经济增速提供保障。三是我国存在大量的国有资源和资产，2017 年，全国国有企业资产（不含金融企业）183.5 万亿元，国有资本及权益总额 50.3 万亿元；国有金融企业资产总额 241 万元，形成国有资产 16.2 万元。国有资产处置和国有资源出让能有效控制赤字率的过度扩大。四是地方经济竞赛机制在短期内难以改变，尽管中央政府在对地方政府的考核中会加大对就业、社保、社会安全等方面的考核权重，但经济和税收保持一定的增速始终是解决民生问题的基础。从化解国有经济债务和养老保险债务的经验看，尽管我国存在较大的转轨性财政风险，但都能有效防范和控制。

8.2 财政风险控制制度设计的原则

建立财政风险控制制度应该坚持以下五个方面的原则。①建立静态和动态的债务总量警戒控制系统。借鉴国际上其他国家控制债务的有效办法，根据我国转轨时期财政风险的主要来源，形成真实的赤字率和债务率的计算方法，建立债务负担率和赤字率的警戒线。②实行过去与未来债务的隔离，要逐步消化历史债务。对社会养老保险历史欠账、国有企业和银行欠账、地方政府债务等进行全面清理，形成解决各种历史债务方案。建立各种新债务产生的约束制度，地方政府借债需要使其合法化，借债行为要公开透明。③收入和支出均要规范。要清理各种不规范收入，把预算外、体制外、土地出让收入全部纳入预算管理，建立全口径政府收入统计指标。要调整和优化支出结构，减少建设性支出，增加社会建设支出，控制行政管理开支，提高支出效率。④中央与地方政府财政风险的隔离。目前地方政府债务最终由中央政府兜底，如不建立地方和中央财政风险隔离机制，地方政府将会顺利地把地方债务风险转嫁给中央政府，从而增加国家财政风险。巴西就是一个典型的例子。巴西目前是在分权趋势与民主化进程推动下的联邦国家，其州政府获得了相对独立的收入控制和融资权限，加上多元化的融资渠道，致使州及州以下各级地方政府债务不断扩张。从20世纪80年代末期到90年代中期，巴西地方债务过度膨胀导致了三次大规模的地方债务危机，每一次危机都以中央政府出面援助而宣告结束。中央政府援助的重要方式之一，是联邦与州政府再协议借款，借款额度从无到有，快速上升，借款占GDP比例从1994年的1.1%增加到1998年的9.5%。⑤形成制约和监督机制。制约监督作为一种财政精神和思想，要贯穿于财政运行的各个环节、各个部门。财政预算制度设计要体现决策、执行和监督的制衡。财政资金投资使用要加大监督和绩效考核力度。

8.3 防范和控制财政风险的路线图

我国未来财政风险安全可控的判断是建立在人口、资本、资源和技术进步处于有利于经济增长的假设之上的。也就是说，这些外部因素的变化总体上为我们防范和化解财政风险提供了有利的条件，财政风险的控制处于战略机遇期。如果处理得当，我国转轨时期财政风险不会酿成财政危机。同时，这种判断也是建立在影响财政风险的地方经济竞赛、财税体制等主要因素逐步加以改进的基础之上的。针对我国转轨时期财政风险的现状及其主要来源，结合财政风险控制制度设计的原则和中国经济社会发展实际，我们提出防范和控制财政风险先易后难、先技术后利益、先中央后地方的改革路线图。首先，先易后难、循序渐进的改革指导思想，是转轨时期很多领域的改革得以顺利推进的重要原因，它也是财政风险控制制度改革的指导思想。比如，改革地方经济竞赛机制方面，如果更多的在维护社会稳定、扩大就业、改善民生等方面作出突出贡献的地方政府官员得到提拔和重用，以经济增长和税收最大化为导向的考核激励机制就会逐步改变。其次，先技术后利益，具体是指先运用一些技术手段控制财政风险的发生，然后再对利益格局进行调整，这样可以尽可能地减小改革的阻力。比如，在隐性债务赤字监测方面，国有经济债务赤字确实很难估算，但只要中央政府下决心，统计地方债务赤字还是可以做到的；只要设定一个让老百姓过上有尊严的生活的养老标准，社保债务赤字也是能够科学推算出来的。只有对地方债务的统计在技术上可行和准确，中央政府对地方政府举债的规定才能真正得到贯彻执行。最后，先中央后地方，一方面在中央与地方的利益博弈中，中央政府首先要让出部分利益归地方，比如加大财权向下转移的力度，使地方的财权与事权相匹配；另一方面，对于一些改革，中央政府要率先垂范，比如，预算制度改革，只有中央政府建立完整、规范、统一的预算制度，地方政府才会效仿，中央政府的改革举措才会可实施和可执行。

根据以上的改革路线图，结合财政风险的原因分析，下一步要逐步建立以下几项控制财政风险的制度：①针对缺少财政风险的科学衡量指标，建立真实的赤字率和债务率监测制度；②针对地方债务给财政风险带来越来越大的影响，建立地方政府债务的约束制度；③针对财政风险形成的三个制度原因，建立以民生就业为重的政府官员考核激励制度，构建有利于防范化解风险的财税体制，改革和完善公共预算制度等；④针对国有经济隐性债务，建立国有经济部门的风险防范化解机制，完善金融风险与财政风险的隔离制度。本章接下来的几个部分分别对此进行具体分析。

8.4 建立真实的赤字率和债务率监测制度

缺乏全面科学反映我国真实财政风险的指标是目前财政面临的

最大风险之一。因为缺乏与国际上口径可比的衡量指标，很多研究会对财政风险真实状况作出错误的判断，从而给决策提供错误信号。财政赤字率和国债负担率是衡量财政风险较为通用、简单的指标。尽管大家对《马约》财政状况稳定的标准，即赤字占当年国内生产总值的比重不应超过3%，政府债务总额占国内生产总值的比重不应超过60%，存在一定的争议，[132]但它还是一个可以参考、借鉴的标准。我国财政赤字率和债务率远远低于《马约》标准，主要是因为国内这两个指标的计算口径不合理所致。本书第3章和第5章的研究发现，改革开放以来我国财政赤字率都在3%之内，但隐性债务赤字率远远超过了该水平。20世纪90年代以来，包括财政赤字率和隐性赤字率在内的政府收支赤字率在10%左右。2008年我国的国债负担率仅为17.73%，但政府总债务负担率为67.5%。因此，建立一个能衡量真实赤字率和债务率的指标是研究财政风险的前提和基础。需要说明的是，仅仅用这两个指标来衡量财政风险是不够的。为此，有人建议采取更多的指标来衡量国债风险。比如安国俊研究认为，除国债负担率和赤字率之外，还有借债率、偿债率、国债依存度、中央财政国债依存度、居民应债能力等。这些指标含义及其安全界限参见表8-1。因此，我们不可以简单地把《马约》标准当作放之四海而皆准的真理。但是，由于本章的研究重点在财政风险成因及其控制制度设计方面，没有办法对其衡量指标作过多的深入研究。为研究方便，本章暂把《马约》两个指标作为债务安全警戒线的标准加以分析，重点是使国内赤字率和债务率计算方法与欧盟各国相同，使其具有可比性。

（1）建立科学完善的赤字率和债务率指标。建立一个全口径赤字率和债务率指标并确立其警戒线，是建立财政风险监测制度最核心的内容。在政府收入与财政收入存在较大差距时，赤字分为政府财政赤字和政府收支赤字。其中，财政赤字为核心赤字，应控制在

表 8-1　适度国债规模的衡量指标及其安全界别

指标	表达式	安全界别(%)
国债负担率	国债余额/GDP	60
赤字率	财政赤字/GDP	3
借债率	当年国债发行额/当年 GDP	10
偿债率	国债还本付息额/财政收入	10
国债依存度	当年国债发行额/财政支出	20
中央财政国债依存度	当年国债发行额/中央财政支出	30
居民应债能力	国债余额/居民储蓄存款	<100

注：①该表的资料来源，见安国俊．国债管理研究［M］．北京：经济科学出版社，2007：106～108；②国债负担率国际公认≤45%，欧盟≤60%，发展中国家≤30%，美国联邦政府对地方政府偿债率以20%～25%为警戒线，参见赵迎春．地方政府债务风险防范研究——基于发达地区政府债务的样本分析［J］．中央财经大学学报，2006（10）。

3%以内；政府收支赤字是真实赤字，应分别控制在10%以内。要逐步化解隐性赤字。随着政府收入的统一、规范和完整，三个口径赤字率的差距应逐渐缩小。

根据现有债务规模，从现在到2030年，我国债务率警戒线是国债负担率控制在40%以内，总的债务负担率控制在80%以内。从现在到2015年，国债负担率从目前的18%提高到30%，其他直接债务负担率从目前的25%减少到20%以内，间接债务负担率从目前25%减少到20%，总的债务负担率控制在70%以内。2016～2020年，国债负担率提高到45%，其他直接债务负担率降低到15%以内，间接债务负担率下降到15%，总的债务负担率控制在75%以内。到2030年，国债负担率提高到60%，其他直接债务负担率下降到10%以内，间接债务负担率下降到10%，总的债务负担率控制在80%以内。

总之，准确衡量真实赤字率是研究财政风险的前提。在转轨期间，地方政府往往采取推迟当期支付和透支未来收入的方式维持当前的财政收支平衡，形成大量的隐性债务和较高的隐性赤字率。因此，统计计算包括隐性赤字和透支赤字等在内的真实赤字，有利于正确认识我国财政风险的大小。尽管本研究试图去构建这样的指标，但在对国有经济债务、地方债务等的推算上还存在一些不足之处。我们建议，从国家层面，建立能反映真实赤字率和债务率的指标，并结合我国经济社会发展的阶段性特点，确立不同阶段的警戒线，而不能简单地以财政赤字率和国债负担率作为衡量标准，以免给决策传递错误信号。

（2）建立债务风险预警体系和风险准备金制度。财政风险预警方法，是近年来一些学者在借鉴其他领域预警方法，特别是宏观经济预警方法和金融危机预警方法的基础上，逐步发展起来的。丛树海教授等对预警方法研究作了较为全面的论述，并且在建立财政风险预警指标体系上作了有益的探索。他们从影响财政风险的主要方面，选择财政内部风险指标、财政风险外部指标和财政抵御风险能力指标构成预警指标体系，并从定性和定量两个角度进行了分析。尽管他们在定性分析时把影响财政风险的主要因素都考虑到了，既包括财政收入、财政支出、赤字、债务等内部风险指标，又包括宏观经济运行、或有债务、隐性债务等财政风险外部指标，也包括政府增收、减支、举债、变卖国有资产等财政抵御风险的能力指标，但由于数据可得性等原因，其20个定量指标仅仅局限于传统的预算内财政风险的分析。正如作者自己所阐述的那样，缺乏财政外部风险和财政抵御风险能力指标，比如金融机构不良资产比率、养老保障基金缺口，等等。[11]也就是说，对转轨性财政风险形成原因考虑不够。许涤龙、何达之构建了由四类风险、20个指标构成的财政风险预警指标体系，并据此估测了2006～2010年财政风险程度。[133]上述这些研究至少在两个方面存在不足：一是转轨时期财政风险成因没有被有效地纳入，使其计算的财政风险不全面；二是他们主要致力于财政风险程度的揭示，而不是财政风险的防范和化解。当然，尽管各种研究存在一些不足，但都为财政风险预警系统的建立提供了参考和借鉴。

我们认为，不仅要建立财政风险预警体系，同时还要运用现代风险管理技术对财政风险进行管理，其中一个重要手段就是建立风险准备金制度。根据我们的定义，财政风险主要是指政府收入和支出不规则波动导致收支不匹配和支出困难的风险。在我国转轨时期，财政风险分为一般性财政风险、转轨性财政风险、特殊性财政风险。财政风险来源不同，其风险转化为危机的可能性也不同。我们认为应对不同的财政风险建立有针对性的风险监测指标，并根据风险发生的可能性，提取不同的风险准备金。

（i）一般性财政风险预警指标。可分别用以下指标来衡量：①财政赤字率；②国债负担率；③国债借债率；④国债的偿债率；⑤国家财政国债依存度；⑥中央财政国债依存度。

同时，还包括一些反映外债债务风险的指标：①外债偿债率，指一国外债还本付息额占当期商品劳务出口外汇收入的比重，主要反映某个时期的偿债能力；②外债负债率，指外债余额占当期 GDP 的比重，主要反映外债总规模；③外债债务率，指外债余额占当期商品劳务出口外汇收入的比重，主要反映债务总规模及创汇偿债能力；④短期外债率，指一国一年以内的外债占全部外债余额的比重。此外，还有外汇储备支持月进口时间。

（ii）转轨性财政风险预警指标。它主要来源于养老金赤字和国有经济赤字及其债务，可分别用以下指标来衡量。①养老金财政补贴占养老金总支出的比重。养老金支出来源于三个部门：一是养老金收入中社会统筹部分，制度设计上它们用于现收现付制；二是挪用个人账户资金用于统筹账户的支出，形成空账；三是财政补贴部分，随着退休金水平的提高和个人账户的做实，财政对养老金补贴比例不断提高。该指标比重越高，说明现有社保收支缺口越大，风险越大。②社会保障覆盖面，即城乡参保人口占全国应参保的人口的比重。从前文分析可知，养老保险的最大隐性债务是农民工和农民社会保障缺失，导致未来政府的巨大财政责任毫无资金准备。因此，目前养老保障覆盖面越小，未来的财政风险越大。③国有商业银行资本金充足率。资本金充足率是衡量银行抵御风险能力的一个主要指标。根据《巴塞尔协议》，银行充足率应不低于8%。④国有商业银行的不良贷款率。银行大部分呆坏账主要来源于不良贷款。⑤国有商业银行资产收益率。它反映的是银行盈利能力，资产收益率越高，抵御风险能力越强。⑥国有企业的资产负债率。国有企业的资产负债率过高，是导致国有企业经营困难的重要原因。⑦国有企业亏损面。⑧国有企业隐性债务率。

（ⅲ）特殊性财政风险预警指标。它主要来源于土地出让收入、体制外罚款收费不可持续的风险，可分别用以下指标来衡量。①土地出让收入占政府总收入的比重。由于目前土地出让模式具有不可持续性，该比重越高，面临的财政风险越大。②体制外罚款收费占政府总收入的比重。体制外收费罚款规模与经济增长、创业就业成反向关系，该比重越高，面临的财政风险也越大。③地方政府债务占GDP的比重。地方债务是平衡地方财政收支缺口的重要手段，该比重越高，面临的财政风险越大。

最后，反映宏观经济运行的指标主要有：①国民经济宏观税负；②GDP增长率；③通货膨胀率；④经常项目赤字率等。

根据上述指标，采用一定技术方法，可以构造一个反映转轨时期财政风险的预警指标体系，对财政风险状况进行分析，并对未来的趋势作出预测。

8.5 建立政府债务的约束制度

尽管我国法律不允许地方政府出现赤字，但是各级地方政府均通过债务来弥补赤字。由于1994年分税制改革后财权层层向上集中、事权层层向下转移，以及追求政绩超前搞建设导致建设支出比例过高等方面的原因，地方政府存在较大的收支缺口，地方政府履行公共管理和公共服务的财力不足。2009年中央代地方政府发行2000亿元债券，目的就是缓解地方政府因国际金融危机导致土地出让收入和土地开发税费锐减所带来的支出压力。中央代替地方发债的模式，尽管能控制地方政府的显性债务规模，但是不能控制地方政府的隐性债务规模。另外，由于这种模式的风险全部由中央政府承担，地方政府在债券资金的使用方向、使用监督、项目运行等方面不会尽职尽责把好风险关，极容易出现道德风险。既然地方政府债务是不可避免的，不如设计有效制度，规范借债行为，建立制衡、规范和约束地方政府的借债行为，控制地方政府债务无节制地增长，避免由地方政府债务累积而引发的全国性的财政危机。

（1）中央政府要下决心避免对地方举债行为的财政机会主义。本书第4章分析了中央政府的财政机会主义行为对地方债务膨胀的影响，中央政府对地方政府举债规模的最大容忍度主要受挤出效应的影响，偿还税率高低对其没有实质性影响，并且隐性债务对中央政府负面影响更小。假设偿还税率高为公开举债，偿还税率为0可认为是隐性举债。在两个地方政府公共管理水平相等和挤出效用既定情况下，公开举债和隐性举债下中央政府对地方债务规模的最大容忍度没有多大区别。其他条件相同，地方政府隐性举债时，中央政府最大债务容忍度是地方债务率为74.5%；地方政府公开举债时，中央政府最大债务容忍度是地方债务率为72.8%，见表4－11的第

12 行和 28 行。当社会公众和投资机构知道一个国家的地方债务率高于 70% 以上时，继续发债难度非常大，甚至会出现债务危机。当存在同等程度的隐性债务时，至少由于信息不对称，发债难度不是太大，债务这个雪球还能较为容易地不断滚动。

如果一个地方公开举债，另一个地方隐性举债，为达到竞争均衡，公开举债的地方债务率会远大于隐性举债的地方债务率。两个地方都隐性举债 20 个单位，隐性债务率为 47.2%；如果一个地方继续隐性举债 20 个单位，另一个地方公开举债，在偿还税率为 5% 时，要举债 44.5 个单位才能使其在竞争中不处于劣势，此时公开举债地方的债务率为 94%，隐性举债地方的债务率反而下降到 39.9%，见表 4 - 10 的第 3 行和第 5 行。推而广之，隐性举债成为地区之间、国家之间的主要竞争手段。

隐性举债行为，比如大量政府隐性担保的贷款和建设项目、社会保障体系不健全等，短期内对于促进地方经济增长会起到一定效果，但长此以往，会成为财政危机、金融危机甚至经济危机爆发的导火线。因此，中央政府一定要以对历史、对国家、对人民负责任的态度，约束自身在地方债务上的机会主义。2010 年 3 月，我们看到财政部、人民银行、银监会等部门加大了对地方融资平台贷款的清理和审查力度，以防范和化解日益增加的债务风险。也正是 2009 年 3 月左右，人民银行等部门联合下文，要求各地组建地方融资平台，争取贷款给中央一些刺激经济的项目提供配套资金。建立一个全面准确的衡量国家总的债务率的指标，并向社会公开，对于约束中央政府的财政机会主义具有重要意义。

（2）建立地方政府发债的控制机制。[134] 要按照隐性债务显性化、显性债务规范化的思路，建立对地方政府发债行为的全过程监督机制。

①摸清底数，准确把握历史债务规模。要控制地方政府借债规

模，建立各级政府债务统计、汇总、预警和控制机制。对各级地方政府的债务进行一次普查，摸清债务的总规模。对不同债务规模和还债可能的地方政府进行危机、危险、不良、良性等负债分类。将一些隐性债务、或有债务显性化；一些建设的设施项目，可以企业化经营的，要通过改制、拍卖等方式，将负债企业化；同时要清理、收回、出售政府的债权和股权，用其收入冲抵政府债务。

②把建设性国债、地方政府债务、经常性债务分开。在控制债务总量的同时，还要针对转轨时期的特殊性，对债务总量进行分解。要控制建设性国债的规模。由于地方政府政绩考核的标准是经济增长速度和一些政绩工程，地方政府花钱搞建设的愿望非常强烈。地方政府投资建设是形成呆坏账的重要来源。因此，既要把建设性国债与一般性国债分开，又要完善建设性国债发行方式。

③地方政府发债规模需由上级有关部门核准。地方政府借债、债务担保和发行债券等，需要由国家发展和改革委员会、财政部、人民银行及对应的省属机构进行宏观调控。地方发债主要用于市政基础设施建设。原则上，经常性项目、社会保障项目不得借债；建设项目可以借债，但应采取政府建议、同级人大批准、上级有关部门核准、资信机构评级、向市场发行的方式，除此以外，不得以其他法律没有规定的方式借债进行项目建设。对于地方政府借债用于发放工资、补贴办公经费、社会保障开支等一般性财政开支，需要发展和改革、财政等部门进行审批。

④地方政府发债需由同级人大审议批准。完善地方人大对政府借债的监督、制约、否决和批准程序，一定规模以上和累积一定额度以上的借债，包括重大的借债行为，不能由地方主要党政领导决定，需要由党委常委会、政府市长办公会、人大常委会等通过，对地方特别重大的借债行为应当进行社会听证。

⑤编制地方政府财务报告并向同级人大报告。财务报告不仅包

括显性借债，还应包括隐性借债和或有债务。政府财务报告，由有关法律规定，应将各级政府，包括其各部门以及其派出机构所借的所有债务，所欠的所有款项，都纳入财务报告的统计、记账和管理范围。不纳入其中管理的，应当由借债人自我负担，政府不承担还债的义务。以此来约束政府官员的欠款行为。

⑥建立健全地方政府发债的法律法规。需要尽快重申和颁布地方政府不得随意借债的法律或者国务院条例，以遏制地方借债规模的膨胀。比如出台政府借债及偿还法，对政府借债适用范围、规模、方式、行为、使用、监督等，以法律的形式规定下来，并且对借债的动议、审议、通过、监督等规定法定的程序；同时界定上级综合部门、本地人大等各自的审议、审批和监督权限，使政府的借债走上法制化的轨道。

⑦多种方式综合解决地方债务问题。首先，可通过出售地方级优质国有企业、经营性设施、土地，甚至政府非经营性国有资产等的收入冲抵债务；其次，债务证券化，按资信评级拍卖或者出售，所得收入冲抵债务，债务进入经常性预算的长期还本付息科目，即债务消解长期化；最后，对一些财政贫困的老少边穷地区，中央政府不直接承担其债务，而是通过对经常性预算中的付息项目给以专项转移支付补助的方式进行帮助。

8.6 建立以民生就业为导向的政府官员考核激励制度

我们分别在第 4 章和第 7 章从理论模型和实证检验方面，论证了以经济增长速度和税收收入最大化为官员考核激励机制下的地方政府经济竞赛，是政府真实赤字率和总的债务率不断上升的重要原因。而以经济规模和税收最大化为导向向以民生就业为重的考核激励机制转变，是防范和化解财政风险最重要的手段。

（1）政绩考核体系的现状。党的十六届三中全会以来，从中央到地方都在积极探索建立符合科学发展观和正确政绩观要求的党政领导干部政绩考核制度，比如，2006 年 7 月中央组织部印发了实施《体现科学发展观要求的地方党政领导班子和领导干部综合考核评价试行办法》（以下简称《综合考核评价试行办法》），经过试点后，目前正在全国推广。各省、市、区也纷纷研究制定了新的党政领导干部考核评价体系。党的十七大对建立符合科学发展观的政绩考核体系又提出了新要求，采取一些新措施。从各地反映的情况来看，新的政绩考核评价体系带来了新的变化、新的气象。这对进一步完善地方党政领导干部政绩考核体系起到积极推动作用。新的政绩考核的总体目标是：按照科学发展观和正确政绩观的要求，从过分强调经济指标向全面考核社会主义经济建设、政治建设、文化建设和社会建设内容转变，加大对民生问题的考核权重，建立科学的地方党政领导干部政绩考核体系。

（2）设计以民生就业为重的考核指标。美国设计地方政府绩效评估体系，主要遵循五个原则：①绩效指标一定是关于具体的某类公共服务，而不是关于政府的一般职能；②绩效指标必须含有外部性，而不是把企业、个人可以内在化的经济活动作为政府绩效的指标；③政府绩效的测度应是结果关注型的，不应是产出关注型的，不应是政府活动关注型的，也不应是投入关注型的；④绩效目标必须“少、简单，且能引起最大的共鸣”；⑤绩效目标必须是公众看得见的。[135]它主要对政府的公共管理和公共服务水平进行考核，弱化了对经济发展的考核；注重降低考核成本，提高考核的可操作性，减少考核指标；注重发挥群众的考核监督作用。

借鉴这些原则，结合中国实际，对地方官员考核指标进行设计。在经济发展方面，可以考核以下三个指标：①经济活动的人均 GDP，替代对常住人口，或者户籍人口的人均GDP；②调查失业率，替代现在登记失业率；③政府对经济减少干预的指标，如让企业注册登记时间减少的度量，减少企业税外杂费负担的指标，以及企业对政府满意度的指标。

在社会管理方面，可以考核以下三个指标：①社会治安，如降低犯罪率；②安全生产的指标，如降低矿难率、降低重大事故发生率；③环境保护的指标，如一级天气率、节能降耗率、污水垃圾处理率。

在改善民生方面，可以考核以下四个指标：①教育方面的指标，如义务教育的覆盖率，政府教育投入占财政支出的比重；②社会养老保障覆盖率；③基本医疗保障覆盖率；④人们生活改善的指标，如弱势群体的生活改善程度、农民工工资增长情况、城乡收入差距。

在民主法制方面，可以考核以下三个指标：①大决策和地方法规制定听取专家、公众意见的情况；②城乡居民对执法机构的满意度；③新闻调查机构调查的党政领导满意率。

（3）改进考核办法，提高考核质量。首先，从领导评价为主向领导评价和群众评价相结合转变。群众的意见对干部提拔起不到什么实质性作用，更多时候群众也没有发表意见的机会，这是目前干部只对上负责、不对下负责的根本原因。在维护党的领导地位和中央权威的基础上，积极探讨如何扩大干部工作中的民主，真正落实群众的参与权、知情权、选择权、监督权。目前，我们主要通过上级党委和政府设立机构、扩大队伍和权力向上集中，来督促下级党委和政府履行为人们群众谋发展的职能。上级党委和政府（比如省委、省政府）比下级党委和政府（市委、市政府）掌握的信息更少，对群众需求愿望的了解更少。从制度设计上看，这种依靠上级党委、政府代表广大群众来监督下级党委、政府的做法，会导致上级党委和政府机构膨胀、成本过高、效率低下，效果也不会很好。

如果各级党委、政府都这样做，势必导致各级党委、政府都不断膨胀。这种做法只能解决极少数突出问题，不能推而广之。其实提高考核质量的关键，在于发动群众有序参与，让受益者参与考核、参与监督。其次，要依靠社会力量和先进技术收集考核数据。比如，对劳动就业的考核，不能根据各地政府公布的登记失业率，而是请调查公司去做调查，以调查失业率作为考核劳动就业的依据。

8.7 建立有利于防范化解风险的财税体制

中央政府总体上不存在收入不可持续风险，因为税收占比还有很大的提升空间，发债余地也还很大，特别是中央政府控制着几十万亿元的国有资产，在相当长一段时期内，可以依靠出售国有资产来弥补收支缺口。政府收入不可持续的风险主要集中在地方政府。从前面分析可知，在现有分税制下，地方政府主要依靠预算外收费、体制外罚款收费、土地出让收入、各种隐性债务来保证财政收支账面上的平衡。在中央与地方之间事权、财权划分不合理的情况下，地方政府收入不可持续、不稳定、不平衡是财政风险的重要来源。为此要着眼于化解地方政府的不可持续风险，应采取以下政策措施。

（1）调整和改革地方政府的卖地和收费收入结构。卖地收入和罚款收费收入日益成为地方政府的重要收入来源。土地收入相当于GDP 比重从 2000 年的 1.18%，上升到 2008 年的 3.19%，成为目前政府第三大收入来源。有些地区，卖地收入占到地方政府收入的50% 以上。受 2008 年国际金融危机的冲击和影响，房屋价格和成交量有所下降，土地出让速度下降，地方政府出让土地收入下降直接导致财政开支的困难。从土地出让和开发面积来看，如果继续保持过去几年的增长速度，18 亿亩耕地红线也将难以保证。从 2009 年上半年房地产市场企稳回升势头来看，土地标王频现，归根结底还是地方政府过度依赖土地财政，不愿也不敢让房地产调整到位。同时，我们也应看到，在2009年上半年财政收入支出缺口有所增加的情况下，各级政府加大各种收费征缴力度，非税收入大幅度上升。2009年5月，财政收入中的非税收入达到860亿元，比上年同期增加了1.3倍，使当月财政收入告别连续数月的负增长，首次“转正”。6月，非税收入完成1383.91亿元，创造了非税收入单月最高纪录。6月财政收入比上年同期增加的1123.65亿元中，非税收入提供了一半的贡献。[136]尽管这种做法在一定程度上缓解了政府支出的压力，但是这种加强收费罚款的做法，无异于“杀鸡取卵”，加重了企业和投资者负担，致使企业关闭和创业意愿下降，阻碍了经济复苏。过去几年，我国中小企业数量不增反减就是一个例证。在经济下行周期中，政府一般用减税刺激经济增长，如果考虑我国非税收入增长，企业和居民税收负担还在增加。

解决地方政府卖地和收费收入结构，不是简单地斩断地方政府卖地之手和收费之手，而是需要组合拳，制订地方财政的可持续收入计划。总体思路是，赋予地方政府更多的税收权和税收收入，用来缓解土地出让金和收费收入下降带来的压力。合理划分中央与地方事权，使事权和财权相匹配。开征房产税也是一个较好的药方。其他具体措施在以下部分会进一步阐述。

（2）调整中央与地方税制，给予地方更大税收自主权。中央、省（区、市）和市县三级政府，按照其负责事务范围的不同，应当拥有各自的税权，划定各自独立的税种，形成独立的税收征管体系。①在严格控制税种的前提下，给地方一定的税收设置权。一些地方税种，地方可以选择，可以开征，也可以不开征；对某项税税率的高低有决定权。地方税种和税率的设置，可以由政府建议，或者其他法人和自然人建议，但是，讨论、审查和批准的权力在同级人大，并且要在人大进行听证，必要时要区域内全体公民投票决定。②划分中央、省（区、市）和市县的税种和收入范围。中央政府收入以社会保障税为主，包括关税、海关代征消费税和增值税、燃油税、个人所得税、公司所得税、海洋石油资源税等，还包括铸币收益、中央级国有资产收益等；省（区、市）政府收入以销售税为主，包括公司所得税、个人所得税和遗产税等，还包括省级国有资产的收益；市县政府以房地产税为主，包括土地增值收益所得税、资源税、排污税、车船牌照费等（对目前的土地和房产税费需要清理，一些税费项目需要废除，一些需要归并，最后统一为1～2个税种，留为市县级税种）。③对税收结构和税制进行调整改革，以鼓励投资、创业，促进就业，实现企业间的公平竞争。从宏观上讲，为了鼓励投资、创业和扩大就业，整个国家的税收结构需要从目前的大部分税收在企业项下征收，逐步向社会保障税、增值税、个人所得税、销售税、财产税等调整；④合理确定中央财政和地方财政各自在国家财政中的比例。一种观点认为要降低中央财政比重。目前一些地方政府的意见是，适当降低中央财政占全国财政收入的比重。中央财政和地方财政在全国财政收入中的比重，以各占50%为宜，或者中央财政的比重略低于50%，比如占45%；地方财政的比重略高于50%，比如占55%。地方增加的财力主要用于解决基层财政的困难。这样的分配比例，既可以保证中央政府的宏观调控能力，又可充分发挥地方政府的积极性，促进地区经济发展。另一种观点是提高中央财政比重。目前地方财政预算内收入中没有包括预算外收费和土地两项收入，如果包括，地方财政的比例实际要比预算内的高得多；更加重要的是，中国作为一个大国，发展不平衡，加上社会保障要提高到中央统筹层次，考虑转移支付，中央财政收入的比重应当保持在总财政收入的55%以上为宜。[137]

（3）调整中央与地方事权，使事权与财权相匹配，减少地方政府收支缺口。中央与地方各自的事务界定，是各自财政预算支出范围划分的前提，也是划分税收和决定转移支付项目和规模的基础。目前，中国地方财政的问题是，地方负责事务的范围与地方的财权和上级的转移支付不对应，结果地方事务所需的财政能力与需要的支出缺口很大，造成了地方政府较大规模的显性、隐性和或有债务，造成了地方政府提供公共服务和产品的严重不足，造成了地方政府想方设法税外收费和出卖土地的格局，造成了地方政府千方百计“进京跑部”的局面。因此，需要界定地方政府的事务和支出范围。①中央政府的事务和支出范围。行使外交、国防、反恐等维护国家主权、安全、统一等职能；在经济管理上，保持宏观经济健康发展和稳定运行，限制垄断、保护竞争，重大资源的战略性平衡；全国性交通、能源等重大项目建设；在地区发展协调上，缩小地区发展差距；形成统一、平等和能促使劳动力在全国流动的养老、医疗等社会保障体系。因此，中央政府财政的主要支出项目应当为国防、外交、社会保障、中央政府的行政管理、全国性重大建设项目的付息、地区转移支付、国立教育、对居民社会保障的转移支付，等等。②省级政府的事务和支出范围。地区社会管理，区域市场的监督和管理；地区性法规的制定和中级司法活动；省级交通道路、水利枢纽等工程项目；省立教育；省级的社会保障项目；省级治安管理；公共卫生，等等。因此，其支出项目包括社会保障、教育、治安设备及警察、建设项目付息、行政公务等大类。③市县级政府的事务和支出范围。市县内社会管理和市场监管；基层司法；城市管理；市区县消防和社会治安；基础教育，创业和技能培训；市县级公路，市内交通；城市供排水系统；生态环境保护；廉租房和最低生活保障；失业保障和促进就业，等等。因此，市县级政府的支出项目应当为城市管理、教育、低收入人群保障、消防和警察、生态环境保护、建设项目付息，等等。

在中央与地方的财政关系上，应当遵循有多少钱办多少事的原则。事权和财权相对应；上下有多少事务需要管理，需要多少钱，全社会能集中多少财力，能办多少事，哪些事务由地方哪一级政府承担，哪些事务由中央政府承担，中央政府能转移支付多少，据此来决定中央政府和地方各级政府的财力分配比例和事务承担范围。[137]

（4）开征房产税，给地方政府增收确立一个稳定的税源。现在房地产开发与建设带来的各种税费成为地方政府的主要财源之一。现有房地产税制，主要在房地产开发建设、初次销售环节征重税，而在房地产保有、再交易环节不征什么税。另外，实行土地“批租制”，土地开发时一次性收取未来40~70年的租金。这样，要维持房地产税费的持续增长，地方政府就必须不断加大土地批租和房地产开发建设力度，这与土地资源有限是相矛盾的。这也是地方政府主导的房地产热持续不断的重要根源。可见，加快房地产税的改革，既是抑制地方政府投资冲动的重要举措，又是稳定地方政府财源有效途径。

下一步，要以房产税为核心，重新调整和改进房地产税制体系。首先，要减少税种，清理不合理的收费；其次，要减轻开发前、开发流通中的税负；最后，要改变土地批租制。房产税归市县政府所有，成为地方政府稳定税源。这样，从制度上减少地方政府房地产开发的冲动。对于现有房地产，房屋所有者在购置时，通过房屋价格一次性付给各种费用和税收，如果再向他们开征房产税，势必带来重复征税，加重所有者的负担。因此，应该采取新旧有别、区别对待的办法，对现有的房屋减征房产税。

（5）完善转移支付制度，减少转移支付的漏损，增加转移支付的公平性。中央对地方的转移支付，一是要解决地区间发展不平衡的问题；二是要保持中央政府的权威性和保持国家的统一；三是建立民众对国家的信任和依赖；四是要讲效率和公开透明。①转移支付的项目和内容。转移支付包括经常项目转移支付（如对地方的行政公务、教育卫生等转移支付，对西部地方发债的建设项目付息转移支付等），社会保障预算转移支付，以及中央政府发债对地方建设项目预算的转移支付；社会保障的大部分由中央政府统收，经过国库，由社会保障支付系统直接对居民进行转移支付，以避免中间环节漏损。②中央向地方两级政府转移支付。中央向地方的转移支付项目，有的向省（区、市）政府进行转移支付，有的直接向市县级政府转移支付，比如对民族自治市县的补助，避免省级环节的截留和节省中间管理成本，提高转移支付的效率。③转移支付的机制。任何转移支付项目和资金，都必须经过这样的程序和环节：地方政府和部门提出项目和动议，由国家发改委和财政部门建议，编入中央财政预算，人大专门和分项讨论、审议和批准。④转移支付的原则。尽量减少普遍和一般性的转移支付，重点对涉及国家统一和权威、全国性人口流动和劳动力市场形成、地区间平衡发展、人民对国家的向心力等项目，进行转移支付；逐步清理和规范目前的转移支付项目，减少和取消税收返还性质的转移支付；转移支付要公开透明，编制预算年初要公布转移支付的项目，所报和所提议的转移支付项目要公示，最后对转移支付的预算法案要进行公告。[138]

8.8 改革和完善公共预算制度

预算制度决定政府资金在各部门、各地区的分配使用比例和各群体受益的大小，它是控制财政风险最为关键的环节。预算制度由预算思想、预算方法、预算编制、预算执行、预算监督等方面组成。预算思想位居预算制度最为核心的位置。至少可从两个方面来分析预算思想：一是谁对预算说了算，这是政治层面的事情；二是采用何种方式组织预算，这是技术层面的事情。预算思想直接决定预算方法、预算编制、预算执行、预算监督等方面的政策。我国预算制度改革取得积极成效，但对其存在不足，各方有着不同的观点，财政部门主要认为预算到位率低、预算执行进度慢、项目支出管理不够严等问题仍然存在，专家学者更多地关注预算权力集中等问题。

（1）建立相互制衡、完整统一、公开透明的公共财政预算体制。这是预算制度改革的总体目标。①建立分权制衡的预算制度。目前我国预算决定权主要集中在代表政府的财政部门，作为预算审批部门的全国人大及其常委会没有发挥应有作用。要强化人大的审批权、审查监督权；要实行参与式预算，扩大人民群众的预算监督权。从美国的实践来看，美国预算经历了三个发展阶段：1921 年以前是国会占主导地位的古典预算时期，行政部门只是执行预算的工具；1921 年以后，以总统为首的行政部门在预算过程中逐渐占据主导地位；在 20 世纪 70 年代以后，国会与行政预算共同起作用的时期。政府和人大在预算中的地位和作用是在历史中形成的，建立分权制衡预算制度是一个长期的过程。②建立完整统一的预算制度。从中央到乡镇各级政府所有收入均纳入预算管理，所有支出均通过预算编制，受到人大和人民的监督。完整统一预算的目标是，建立由一般性预算、建设性预算、国有资本经营预算、政府性基金预算和社会保障预算组成，有机衔接的国家公共财政预算体系。当务之急是大力清理体制外收入，把确实应该存在的体制外罚款收费纳入预算外管理，把所有预算外收入和土地出让收入纳入预算内管理，尽快建立中央和省级统筹的社会保障预算。③各级财政的一般性预算与建设性预算分开，建设预算由发债解决。一般性预算主要指行政管理、社会保障、医疗卫生等公共服务方面的收入和支出的预算，它们构成公共财政预算的核心。一般性预算的支出缺口只允许发行短期债务解决，目的是解决收入和支出时间结构不匹配的问题。如果经过上级政府转移支付仍然不能解决一般性预算的不足，则需通过减少行政人员经费、减少社会福利开支等方式解决。建设性支出占比过高，是挤占私人储蓄和其他公共开支的主要原因。坚持把一般性预算与建设性预算分开，建设预算由发债解决，其利息纳入政府一般性支出。在风险可控、完善制度的情况下，允许地方政府发行市政建设债券，同时引入债券信用评级制度，运用市场机制和行政手段控制其发行规模。

（2）公共预算体制改革的主要内容。[137] ①中央财政一级预算编制和执行分开。我们认为，在中国，中央一级财政预算编制和执行应当分开。理由有二。一是财政编制和执行分开是一个国际通行的原则。有的国家是财政部内编制和执行分开，相对独立运作；有的国家是政府下编制和执行分开，是两个相互独立的政府部门。二是中国是一个人口众多、多行政区多民族、发展不平衡、公共事务繁杂的大国，一个部门既编制预算又执行预算，编制容易粗糙，权力过于集中，透明性较差。预算编制和执行分开，便于进行编制和执行的专业化分工，通过编制和执行之间的制衡，提高预算的透明度。分开有几种方案：一是财政部内预算编制与预算执行分开，优点是有专门的编制人才，缺点是部门内编制与执行分离，起不到制约作用；二是单独设置总理预算编制办公室，优点是独立和超脱，直接归总理领导，没有部门利益，缺点是需要调进人才，熟悉工作，与宏观的规划可能脱离；三是在国家发展和改革委员会内部设总理预算编制办公室，由总理直接领导，优点是预算可以与国家的中长期发展规划，与煤电油运平衡相协调，缺点是其他部门可能会认为发改委权力过大，集中度过高。我们建议采取第二种方案，设立总理预算管理办公室，负责预算的编制。

②改革预算编制和审批时间。我国《预算法》规定预算年度从1月1日起到12月31日止，但《预算法实施条例》又规定预算年度开始的1月份省、自治区、直辖市政府财政部门汇总上报本级总预

算草案，预算经人大审批通过的时间一般在3月中下旬。从理论上讲，经过人大审批通过的预算案才具有法律效力。但在我国目前的情况下，预算年度开始后，预算还处在编制和审批中，待预算获得正式批准后，预算执行差不多已过去三四个月，在有些地方甚至已过去半年。财政在较长时间里的无预算运行，形成先执行、后编制、再审批的局面，使预算从立法上缺乏应有的严肃性和权威性，客观上限制了预算的法律约束力。一旦预算执行中出现问题，就缺乏追究有关人员责任的法律依据。

安排充足的编制时间是保证预算编制质量的重要条件。从大部分国家的实践看，预算正式编制之前的准备时间普遍较长，许多国家预算编制时间一般都在一年左右。在每一个预算年度开始之时，就着手下一年度的预算编制工作，使得预算的编制有较充分的筹备、测算、讨论过程，保证了经济资料搜集、指标测算、项目取舍等工作的必要时间，提高了预算编制的准确性。美国联邦预算的编制审批时间是18个月，其中编制时间需要9个月，这样就为收集资料，进行相关论证提供了充分的时间。为保证预算本身的客观性和科学性，提高其可行性，减少在执行中的频繁调整，应适当延长预算的准备期。参考其他国家的做法，结合我国的实际，年度预算编制、审查和批准时间程序有两种选择方案：一是每年2~5月编制部门预算，6~8月由中央预算编制办公室和地方财政部门汇编预算，8~9月由各级人大预算委员会讨论、辩论、预审查预算，10~11月内召开各级人民代表大会审查批准预算，预算执行年度时间不变；二是将预算编制、讨论和审批时间顺延四个月，将预算执行年度改为当年4月1日~次年3月31日。通过立法明确规定有审查或者审批预算议程的人民代表大会会议，应当自下而上逐级提前召开，保证按照上级政府汇编预算所需要的时间，提交经过本级人大审批通过的本级预算和本级总预算，从根本上解决部门或者财政部门代编代定预算的问题。

③建立和完善人大对预算的审查和批准体制。社会主义政治文明的重要特征之一是人民当家做主。在社会主义社会，公民将自己的一部分权力和财力让渡给国家后，公共权力是怎样被运用的，特别是钱是怎样花的，需要有一个极为透明的制度来满足公民作为纳税人和缴费人的知情和监督权益。这也是社会主义制度下，人民民主的一个最基本的体现。因此，财政是不是公开透明，是不是由人民来批准和监督，是反映社会主义政治文明的重要标志。

将一切决定税收、收费和罚款的权力授予人大，取消政府和政府各部门决定税收、收费和罚款的权力。建议人大专门设立筹款委员会，具体负责政府和部门提交的税收、收费和罚款议案和条款。从目前的情况看，人大审议财政决算和预算报告，特别是下年度预算报告，只是在人大会议的期间，基层只有三五天，全国“两会”也只有十多天，还要审议其他报告。而财政预算是一个科目多、项目杂、审阅量大、专业性强的非常复杂的文件，实际上几天时间根本无法认真审议，特别是一些从事非经济工作的代表，看不懂预算报告，即使能看懂的代表，在时间不允许的情况下，审议只能走过场。因此，需要按照以下科学程序，留出足够的时间来审查预算。财政预算方面，政府与人大以及国家元首之间具体的制衡程序和过程如下所示。

第一步，税收和预算议案的提交和听证。总理预算管理办公室提出预算方案，或者政府及政府部门或社会上提出要设立新的税收、收费和罚款法案，包括修改以往税收、收费和罚款的动议，人大筹款委员会和预算委员会就此进行听证会。首席证人是总理预算管理办公室主任、财政部部长、税务局局长，其次是预算司司长、央行行长，还要有专家（经济学家、律师、会计师等）和社会其他有关方面的证词。中央政府方面由财政部分管副部长和国家税务总局局长负责各种税改方案的制定，税政司下设税收分析处、税收立法顾问处和国际税收顾问处，应当由若干经济学家、统计学家、税务律师、会计师等组成。总理预算编制办公室、国务院研究室、国务院发展研究中心等机构，也有对财政税收部门和其他政府部门的税收、收费和罚款方案提出意见的权利和义务。人大筹款委员会和预算委员会分别隶属于人大预算委员会和预算常设办公室，前者负责预算的审议并向人大提交对国家和中央政府预算草案审议的意见；后者主要负责为人大预算委员会提供分析材料，进行中长期预测。

第二步，议案审议通过或者被否决的程序。税收、收费、罚款，或者预算方案在人大先辩论，否决或者通过；报国家主席，同意或者否决；重新表决，通过后形成法律或者否决后议案作废。先由人大预算委员会举行听证会，进行辩论后，或者否决，或者形成意见较为一致的报告报人大，再由全部人大代表辩论，一般会通过。人大通过后报国家主席，国家主席同意或者否决；如果国家主席将其否决，则发回人大重议；人大重新表决，多数通过原来议案，则推翻主席否决，强行成为法律；若达不到原议案支持的票数，如果是税改方案，该议案作废；如果是预算方案，则要重新修改。

中央政府预算办公室和财政部门只有调整预算方案的建议权，如需修改，必须经过人大讨论审查批准；地方政府则由财政部门提出修改建议，通过地方同级人大讨论审查和批准调整预算。考虑到中央与地方管辖范围的不同，省（区、市）和市县镇的税收预算体制，不设政府预算编制办公室，由财政部门代替。地方税收、收费、罚款和预算方案，在同级政府、人大之间进行制衡。政府财政和国有资产是公共财产，除了涉及军事和国家安全的，全部预算和国有资产经营信息必须向公众公开。一切税法、税收、收费和罚款法律条款，预算法及各级政府的预算法定方案，其全部和详细内容，除受安全保密法特殊限制的，必须通过出版物、政府公告、政府网站等途径向公众公开。

关于预算制度改革技术层面的工作，有些是现在要抓紧解决而且能够解决的问题：比如弥补时间上的空当，调整人大每年开会的时间，以便预算执行至少是有形式上的法律依据；建立复式预算体系，在此框架下将所有政府收入无一例外地纳入预算体系；向社会公开除关系国家安全的所有财政信息。有些是需要长期努力才能加以解决的问题：比如完善部门预算制度、引入绩效预算、实行参与式预算，等等。

8.9 建立国有经济部门风险的防范化解机制

国有企业和金融风险是转轨国家财政风险的重要来源。从 2008 年国际金融危机发生后各国救市的政策措施来看，金融风险和大型企业风险也是市场经济国家财政风险的重要来源。国有企业风险和金融风险与财政风险是相通的，银行损失额和国有企业债务总额最后均需财政来承担支付责任。要针对国有经济风险的主要来源及其特点，建立有针对性的防范化解机制。

（1）继续推进国有经济战略性重组、国有企业改革和国有资产监督管理体制改革，化解国有企业经营风险。

①推进国有企业战略性重组，缩小国有企业战线。长期以来国有企业规模庞大，为保持其生产发展，不得不通过银行体系、资本市场把大部分社会储蓄投入机构臃肿、效益不高的国有企业，从而制约了整个经济社会的创新活力和发展动力，这是国有企业带来的社会风险。我国一直没有停止国有企业重组改制的步伐，但总体上是形式大于内容，主要是在企业数量上做加减，没有真正从市场有效性、公共性角度来审视国有企业的范围。比如，自 2003 年 4 月以来，国资委先后 16 次对中央企业进行了调整或重组，中央企业总户

数也由国资委成立时的198家减至2007年12月底的151家。一方面，央企依然在一些领域拥有超强的垄断优势。另一方面，国有经济布局分散，由传统计划经济承接下来的国有经济面面俱到的配置格局并未根本改变。在国民经济的95个大类行业中，中央企业三级以上企业涉足86个行业，行业分布面达到90%以上。[139]继续推动国有企业战略性重组，调整国有经济的布局和结构，总体方向就是继续推动国有资本向关系国家安全和国民经济命脉的重要行业和关键领域集中，向大企业集中，加快形成一批拥有自主知识产权和国际知名品牌、国际竞争力较强的优势企业，并从一般竞争性行业逐步退出，对大多数中小国有企业实施放开搞活战略。对于那些长期积累的一批资不抵债、扭亏无望的国有企业，要继续实施政策性关闭破产。

②继续完善国有企业公司治理结构。随着国有企业进一步向大型集团化公司发展，完善公司治理结构和内部控制机制越显重要。从最近几年国有企业发生的腐败案件看，公司治理结构不完善和内控制度不健全是其重要的制度原因。社会化企业和国有企业在完善公司治理结构方面最大的区别是，前者的所有者是到位的，而后者的所有者是虚设的，它是全民的一个代理人。这个代理人由政府指定的国有资产管理者，比如国资委、财政部、中央汇金公司来指定。全民所有者—政府—国有资产管理者—国有企业董事会这条长长的委托代理链条，决定了其存在非常高的代理成本，其结果必然是国有企业董事会很难像社会企业的董事会一样尽职尽责地履行职能，更谈不上股东大会对董事会的有效约束。这是完善国有企业公司治理结构面临的第一个大难题。第二个大难题是如何坚持和完善国有企业党的领导体制机制。在国有企业坚持党的领导是由政治体制所决定的，党的领导主要体现在党委会参与国有企业的重大决策和领导干部的管理，党委会决策的出发点和衡量标准有时会与企业发展

的要求不一致，甚至会发生冲突。目前主要采取党委会成员与董事会、经理层双向进入、交叉任职的办法。在这种体制下，一些党委会的书记比较强硬，董事会和总经理完全听从他的指挥，但后者的作用得不到真正发挥，并且党委会书记的权力不受限制；有些党委会书记比较弱，董事会和总经理比较强势，党委会作用则得不到较好发挥。第三个大难题是如何避免国有企业内部人控制。国有企业内部一团和气并不代表其治理结构是完善的，它可能是以牺牲国有资产所有者（国家和全民）的利益为代价，来不合理地提高员工的福利待遇，以此换取职工对领导层的支持和拥护。在社会企业中，股东大会对董事会、经营者有约束作用；在国有企业中，这种约束作用非常弱小。第四个大难题是如何避免国有企业内部对一些关键环节管控薄弱和不到位而引发的操作风险。操作风险成为国有企业风险的一个重要来源。我们一直在探索解决这些难题，但都没有得出很好的解决办法。解决这些难题，关键是要对国有企业定好位，对于竞争性领域的国有企业继续引入战略投资者，通过股权改革和股权结构的多元化，推动治理结构的改革。对于垄断性、战略性的国有企业，重点是加强和改进党的领导，真正发挥党委会在公司治理中的积极作用。

③深化推进国有资产管理体制改革。如何监督考核国有企业是一个世界性难题。在西方发达国家有两种思路主导国有企业考核。第一种思路是严格限制国有企业经营范围，相当于用市场代替国有企业。第二种思路认为国有企业就是低效的政府机关，以对政府机关的考核方式来考核国有企业，对国有企业经营成本、利润和产量都设定目标值。我国在探索第三条道路，就是把国有企业当作市场经济主体来考核，认为国有企业与私营企业、股份制企业一样充满活力，主要考核效益。改革开放以来，我们一直在探索用新的管理办法，来验证第三条道路的假设是正确的。党的十六大以后，建立

了管资产、管人、管事相结合的国有资产管理体制。它是一个积极的探索，也取得了一些成绩，但也还有很多需要完善的地方，这种体制并不能从根本上把国有企业变成市场经济下具有创新精神的企业。同时，我们还要看到，金融行业、事业单位等国有资产管理体制还处于探索阶段。目前国有资产监管部门有向国有企业行政主管部门转变的趋向，国有企业利润收入存在在国有企业内部循环的特征。国有资产管理体制改革大的方向是出资人要到位、监管要到位，以此促进国有企业的有效运营。

④建立国有资本经营预算制度和利润分红制度。目前国有企业经营亏损是国家的，赚钱是企业的。在 20 世纪 80、90 年代，国有企业净利润是负数，对国有企业利润分不分红不重要。在 21 世纪初开始的这一轮经济增长周期中，国有企业利润大幅度增加。2006 年超过 1 万亿元，2007 年增加到 1.62 万亿元，其中中央企业利润近万亿元。在这种情况下，继续不把国有企业一些利润分配给所有者而全部留归企业显然已不合适了。党的十七大提出要加快建立国有资本经营预算制度。2007 年 12 月，财政部和国资委发文规定，中央企业分三类分别向财政部上缴利润率的 10%、5% 和三年暂不上交。地方国有企业有的已实行利润上交制度。但这一制度还需完善。在上交比例方面，应该借鉴上市公司国有股权分红的办法，给予逐步规范。在支出方面，应明确优先用于加强优势领域、支付部分国企破产兼并的改革成本、充实社会保障基金和支付对老职工的欠账等。国有资本经营预算制度牵涉大量国有资本的效益如何分配使用，它同社会公共财政预算、社会保障基金预算等，构成财政预算的庞大体系，需统筹考虑、稳步推进，在实践中不断加以完善。[140]

⑤遏制国有企业呆坏账和经营损失问题。长期以来，政府就一直在冲销国有企业的呆坏账和不良资产，加大了企业破产力度。尽管最近几年，国有企业总利润超过万亿元规模，数字非常漂亮，但

是利润主要集中在少数几家垄断行业的企业，绝大多数国有企业处于亏损状况。在市场经济热浪已经席卷神州大地的年代，最好的办法就是在非国有经济能够生存的行业和领域，推进国有企业股份制改革，实行国有资本的社会化，把国有企业改为职工和地方政府共同所有的企业，通过转让国有企业部分股权给职工，换取政府对职工就业安置和福利等责任的解除。

（2）防范化解金融风险。经过近年来的改革上市，国有银行累积风险逐步化解，现在面临的主要问题是如何防范新的风险。特别是在2008年应对国际金融危机时，我国采取了适度宽松货币政策，2009年新增贷款10.6万亿元，很多人担心这些贷款主要流向铁路、公路等基础设施项目，比较容易形成新的呆坏账。同时，流动性相对充裕，股市和楼市等资产价格大幅度上涨，资产泡沫化明显。如果宏观经济出现反转，资产价格泡沫刺破，会形成大量新的呆坏账。防范化解金融风险的任务仍然相当艰巨，当前的重点是继续深化改革，增强金融保险企业的抗风险能力。①建立资本金的补充机制。金融机构资本金的来源有三个渠道：一是自我积累；二是本国政府注资；三是国内资本市场的股权性融资。为建立及时补充资本金机制，应该鼓励金融机构发行股票并上市。只要符合公募发行并上市的基本条件，金融机构都可以上市；同时，在合法合规的前提下，鼓励金融机构之间的重组与并购，壮大金融机构的规模，增强抗风险能力。在特殊情况下，政府可以对金融机构继续注资。需要注意的问题是，金融机构补充资本金必须立足于国内投资者和本国资本市场，必须防止外资控制中国金融机构。[141]

②进一步拓宽金融机构经营渠道，形成合理的收入来源结构。2008年发达国家银行业倒闭、重组、亏损的新闻屡见报道，中国银行业成为全球盈利能力最强的银行。但是我们应看到，我国银行业利润主要来源于政府管制下过大的存贷利息差，通过隐蔽的手段把

老百姓的财富转移给银行。长期以来我国银行获得了大量的存贷息差补贴，我国存贷息差在3%以上，假设比正常水平高出1个百分点，银行每年的息差收入就是上千亿元。目前银行产品、业务等方面创新不够，并没有提供太多的高附加值的服务。国内金融机构必须抓住政策给予的机遇，及时改善管理，提高风险管控能力，增强服务创新能力，从而进一步提高盈利能力。

③推进国内资本市场改革，形成合理的直接融资和间接融资比例。国内资本市场不够健全，直接融资比例不高，间接融资比例过高，使大部分实体经济风险传导给银行业。千呼万唤始出来的创业板市场终于可以运行了，这将大大促进中国资本市场发展，扩大直接融资比重。有人提出以下发展直接融资市场的措施：取消股票、债券等直接融资的行政审批制，改为交易所的备案制；把证券交易所恢复为公司制的交易所而不是作为证监会的下属部门；在资本市场超涨超跌的制度性根源没有消除之前，暂缓推出指数期货等衍生产品；健全资本市场的税收制度，尽快征收资本利得税，在虚拟资本与产业资本之间形成公平的税赋环境。征收资本利得税可以增加投资者的透明度和资本市场的透明度，而增加透明度是提高资本市场监管效率的前提，从而也是资本市场健康发展的前提。[141]此外，要防止金融政策决策风险，这是最为根本的方面。决策失误导致的风险，远远大于任何金融机构经营失误导致的风险。坚持以我为主、可控、渐进的原则，制定和实施对等的金融业对外开放政策。

8.10 建立金融风险和财政风险的隔离制度

从一些风险发生后的救助措施看，金融风险与财政风险最终相连相通，但在它们之间建立有效的隔离墙，能够大大降低最后的救助成本。

（1）财政风险和金融风险相通的途径分析。一是金融风险向财政风险转化的途径。国外应对金融风险和金融危机的措施，一般分两步。先是中央银行运用金融手段对出现金融风险的金融机构进行救助，比如提供流动性，提供存款和债务担保。其次才是财政出手救助，并且财政资金主要救助一些“大而不能倒”的企业。因为如果不给予救助，这些个体性金融风险极有可能演变为系统性金融风险。国内一般是财政直接出手救助。国内金融风险转化为财政风险的途径主要有财政直接注资，财政出资成立资产管理公司并剥离不良资产，中央财政和地方财政为金融机构的退出埋单，中央银行再贷款，用上缴利润冲销呆坏账，中央银行贷款利息减免等手段。

二是财政风险向金融风险转化的途径。从国外一些风险和危机事件看，国家债务规模不断扩大，如发生债务危机，最终需增发货币，通过货币贬值和通胀来化解债务风险。在危机来临之前，可通过赤字融资方式来看财政风险向金融风险转化的途径。国外主要用发行公债、铸币税等方式弥补政府收支赤字。国内主要有以下五种方式。①赤字的货币融资方式。在1994年《中国人民银行法》实施前，可通过发行货币直接弥补财政赤字。②赤字的国债融资方式。如果国债由中央银行购买，相当于货币融资方式。如果国债由商业银行购买，最终需增加货币供应量。如果国债由居民购买，一方面是会导致债务规模扩大和利息支出上升，进而加大财政风险；另一方面是财政支出会挤出私人投资，经济增长乏力，财政收入减少，赤字减少难度增加。③赤字的信贷融资方式，也可称为信贷资金财政化。在政府干预下，一些银行信贷资金流向很多应该由财政资金负担支出和补贴的项目，比如对国有企业特别是亏损国有企业的贷款、各种政策性贷款、对地方融资平台的贷款等。在这种方式下，银行成为政府的“钱袋子”。刘尚希教授曾经指出，这是赤字货币化在中国转轨环境中的一种隐性表现形式，也是赤字货币化的一种特殊转化机制。④赤字的隐性债务融资方式。它是财政对一些应该支出的项目而不支出形成的，主要有养老金隐性债务、国有经济隐性债务和地方政府债务三部分。⑤透支收入融资方式。比如，国有资产出让和国有股减持是变现国有资产获取当期收入，土地收入是以牺牲未来增收能力获取当期的财政收入，收费罚款是以牺牲税收收入获取体制外收入。此外，还有赤字的铸币税方式。

（2）财政风险和金融风险相通的原因分析

我国财政风险和金融风险相通既有其一般性，又有其特殊性。首先，财政和金融的功能决定了两种风险相通有其必然性。金融的基本功能是资金的融通和分配，财政的基本功能是收入再分配，最终目的都是促进经济可持续发展和社会和谐稳定。金融风险和财政风险发生的一个重要标志是其功能丧失，危害了经济的可持续发展。作为宏观调控的两种基本手段，当任何一种风险发生时，都会相互救济，从而导致风险的相互转化和传递。为此，金融风险和财政风险最后必然是相通的。国内主要经历了一些运用财政手段化解金融风险的事件。财政风险演变为金融风险的事件在很多转轨国家曾经上演过，比如拉美国家债务危机、东南亚金融危机、俄罗斯债务危机以及希腊债务危机，等等。

其次，我国转轨时期的一些特征决定了两种风险相通有其特殊性。在成熟的市场经济国家，在金融风险发生之初，主要寻求运用金融手段给予化解，比如中央银行对出现个体性金融风险的机构提供流动性支持；当财政风险初显时，也主要考虑增加税收和减少支出来减少赤字。回顾我国化解金融风险的措施会发现，我们主要采取财政手段化解金融风险。在1994年之前主要采用赤字货币化弥补赤字。即使1994年从法律上不允许地方政府出现赤字之后，实际通过地方融资平台、对贷款担保等方式弥补隐性赤字。大量的信贷资金被财政化了。为什么我国基本上是直接用财政手段化解金融风险呢？主要有三个方面的原因。

①信贷资金的财政化和政策化形成了大量不良资产，其损失必然由中央和地方财政承担。国有企业资金提供由拨改贷后，国有银行和证券市场代替财政向国有企业提供资金，银行称为“准财政”，国有企业的僵化体制、沉重的历史包袱等因素共同导致国有企业贷款形成的不良资产率非常高。在地方国有企业和中央国有企业分级管理后，地方政府通过贷款担保、贷款奖励等方式，激励银行加大对区域内大企业、大项目的信贷支持力度，其信用风险必然由地方财政承担。在中央所属的国有银行控制全国大部分资金分配权的情况下，地方政府成立基础设施建设公司、交通建设公司、城建投资公司等各种融资平台争取信贷资金和社会剩余资金，以支持当地经济快速发展。这些融资平台形成的不良资产必然由地方政府承担，这也是目前主要的金融风险。另外，政策性金融机构开展的业务，本来就是应由财政资金给予支持的项目，其造成的损失必然由财政负责。总之，很多不良资产是因为政策干预的业务形成的，或者是为承担财政责任的业务形成的，从逻辑上讲，理应由财政承担责任。

②国有银行激励、惩处和约束机制不健全形成的不良资产，被政策性干预所掩盖，制约了银行管理水平的提高。国有银行是一种典型的国有企业，国有企业这种制度所拥有的弊端，如预算软约束、道德风险、责权利不对称等问题国有银行都存在。从国有银行股份制改革上市财政所承担的成本看，国有银行不良资产形成机制并没有消除。对于已经上市的几家银行，是不是也存在过去的一些做法，如对一些效益不好甚至亏损的国有企业循环放贷，支持它们苟延残喘，避免出现不良资产，做到表面上不良资产率的下降。另一方面，通过发行次级债和增发股票从资本市场吸血，保证资本金充足和信贷规模的扩大。只要不出现大的体制变革，这个雪球就能不断滚下去。即使最后出现一发不可收拾之局面，又可归之于信贷的财政化

之理由。特别是应对 2008 年国际金融危机实施的 4 万亿元投资计划，为这种解释提供了充分的依据。

③财政预算约束不严，为财政直接承担化解金融风险成本提供了便利。我国还没有建立严格意义上的公共财政预算制度。预算制度不完整，政府收入的 40% 游离于预算之外，没有纳入预算管理。经济建设费和行政管理费在政府支出中占据大头，支出压缩空间非常大。为保持税收和财政收入的持续增长，在政府各种收入中，留出一定的征收空间，适当加大征收力度，就能增加一些财政收入。在这样的一种体制下，财政有能力、有条件为化解金融风险埋单。

（3）建立财政风险与金融风险隔离机制的基本思路。无论是金融风险还是财政风险，累积到一定程度，就必须同时采用财政手段和金融手段给予救助，被迫实现财政风险与金融风险的相通。为此，两种风险隔离的重点应放在风险发生之前。

①实施科学合理的财政政策和货币政策，注重从源头上防范金融风险和财政风险。宏观审慎监管的重点，就是综合运用财政政策和货币政策这两大调控手段，避免宏观经济的大起大落，从而产生系统性风险。政策不当—信贷投放过多—经济过热—股市、房市价格飙升—外部冲击和预期改变—股市、房市泡沫破裂—银行形成大量不良资产和货币贬值—金融和财政救助，这是很多危机的演进规律。在 1997 年东南亚金融危机、日本金融危机、拉美债务危机和 2008 年国际金融危机等事件中，股市、房市泡沫破裂无疑是危机发生的导火索。2009 年我国为应对危机，信贷规模达到 10.6 万亿元，大部分流向大型央企和地方政府融资平台，并最终流向房地产开发和基础设施建设项目。目前，我国房地产过热明显，股市主要靠流动性过剩的预期支撑，任何救市政策退出信号都有可能引发股市和房市价格大幅度下挫。房市价格下挫，必将导致国有企业，特别是从事房地产的国有企业出现大量不良资产，引发银行业危机。房市

的降温和经济下滑，必将导致地方财政收入下降，很多以财政担保的由地方政府融资平台开发的项目，一些债务将无法得到偿还，出现大量呆坏账。

②完善对金融机构的风险监管机制。首先，在银行风险监管方面，传统信贷业务领域重点是从制度上杜绝不良资产的形成机制。继续加强银行的现代企业制度建设，完善公司治理结构，严格区分政策性业务和市场化业务，使商业银行成为真正的市场竞争主体。推行全面风险管理，完善银行财务风险指标体系，加强对银行风险的监测分析和预警处置。在金融创新领域，充分吸取 2008 年国际金融危机的经验教训，加大金融创新的信息披露和监管力度，坚持服务于实体经济和风险管理的方向，避免不合理的激励和过度投机。其次，在保险业风险监管方面，重点推进保险产品定价的市场化改革，促进公司提高经营管理水平，发挥保险保障和风险管理优势。

③建立财政对金融机构救助的条件和法定程序。财政对金融机构的救助应该符合以下条件：如果财政不救助，个体金融机构风险容易转化为系统性金融风险，金融机构自救、中央银行注入流动性等金融手段救助可能面临失败，股东、债权人等利益攸关方共同承担损失；制定可操作的财务重组计划。救助方案应由财政部、人民银行和金融监管部门共同讨论提出，在征求社会各界意见的基础上，由全国人大预算委员会审查，最后由全国人大常委会批准后才能实施。此外，还要建立财政部门、人民银行和金融监管部门加强宏观调控和应对危机的协调机制。

结　论

本书按照“财政风险的衡量标准→形成机制→形成原因→制度控制”的基本思路，以转轨性和特殊性财政风险为主要对象，对我国转轨时期财政风险的形成原因及其控制制度进行了深入研究，从理论和实证上论证了隐性债务和隐性赤字，以及政府收入不规范不统一和支出结构不合理是转轨时期财政风险的主要来源，证明了在当前官员考核激励机制下的地方经济竞赛、财税体制不合理和预算制度不完善是财政风险形成的主要原因，并着眼于建立健全防范化解财政风险的体制机制，提出了要建立真实的赤字率和债务率监测制度等七个方面的政策建议。下面，结合本研究重点关注的几个问题，对全书的主要观点和创新点进行总结。

（1）财政赤字、隐性赤字和政府收支赤字。本书第3章从赤字融资方式的角度，对政府收支赤字的构成进行了理论分析，构建了财政赤字率、隐性赤字率和政府收支赤字率三种口径的赤字率指标。其中，政府收支赤字率等于财政赤字率和隐性债务赤字率之和。本书采用直接估算法，对我国1978～2008年隐性赤字三个主要领域的债务规模进行了推算，并且按照一定的方法使之年度化，从而估算出隐性债务赤字率。1980年以来我国财政赤字率都在3%之内。1984年以来我国隐性债务赤字率为6%～10%。20世纪90年代以来，政府收支赤字率围绕10%波动。债务是赤字的累积。2008年底政府总债务规模为20.29万亿元，政府总债务负担率为67.5%；国债余额为5.3万亿元，国债负担率为17.73%。从政府收支赤字的构成看，我国与很多转轨国家一样，通过隐性债务赤字来转移财政支出压力，结果是积累了大量隐性债务。

（2）隐性债务累积和财政风险的形成机制。本书运用经济学的厂商理论、博弈论理论、效用理论、均衡理论等，以地方政府举债为例，从理论和数据模拟两个方面分析了财政风险的形成机制。论证了所有地方均举债是地方政府博弈唯一的纳什均衡，地方政府举债具有无限膨胀的内生机制。两个地方政府达到竞争均衡时的债务比例，本研究称为两个地方政府的最优债务比例，与两个地方的债务偿还税率的差距、行政管理水平的差距相关，与它们绝对值的相关程度很低。中央政府在短期内是举债的受益者，因此中央政府极易采取财政机会主义。地方政府举债规模超过某个临界值，就会使中央政府效用小于其在地方政府不举债时的效用，这个临界值就是中央政府对地方政府举债规模的最大容忍度。它主要受挤出效应的影响，偿还税率高低对其没有实质性影响。挤出效应越大，与中央政府最大容忍度相对应的地方债务规模越小；挤出效应越少，与中央政府最大容忍度相对应的地方债务规模越大。

（3）地方经济竞赛、财税体制和预算制度与财政风险。本书运用我国1980~2008年期间的样本数据，采取主成分回归分析法和直接回归分析法对影响财政风险的原因进行实证检验。研究表明，政府收支赤字率是最能反映真实赤字水平的指标。经济增长速度、货币供应量与政府收支赤字率和隐性赤字率成正相关，这说明在一定程度上我国是以隐性债务的积累为代价实现经济高速增长。目前官员考核激励制度下的地方政府经济竞赛行为，对赤字率的影响非常复杂。一方面会导致直接债务和隐性债务的增加，另一方面地方政府往往动用行政手段，调动更多资源用于经济建设，控制债务与收入比例的上升。在一定程度上，经济竞赛机制有利于减少赤字率。

财税体制不合理和预算制度不完善也是形成财政风险的重要原因。

（4）财政风险的制度控制。从构建和完善制度入手，提出了防范化解财政风险的政策建议，包括建立真实的赤字率和债务率监测制度，建立政府债务的约束制度，建立以民生就业为重的政府官员考核激励制度，建立有利于防范化解风险的财税体制，改革和完善公共预算制度，建立国有经济部门风险的防范化解机制，完善金融风险与财政风险的隔离制度等。

（5）不足与研究展望。本研究有一个非常好的设想，但是在研究过程中遇到很多挑战，不足之处在所难免：①本书试图构建真实的财政赤字率指标，但在对隐性债务和隐性赤字，特别是对国有经济债务、地方政府债务等的规模推算上还是存在一些有待改进的地方；②在财政风险形成机制方面，主要进行了静态完全信息博弈分析，从动态博弈和不完全信息角度对其进行分析，可能会得出一些新的结论；③在财政风险成因的实证研究方面，尽管本书试图对制度原因进行量化处理，但是由于数据可得性的原因，在代表某个制度的变量选择上存在一些不足，有效指标不能完全反映制度的特点。

本书仅仅是对财政风险成因和控制研究的一个开端，还有很多后续研究值得去做。比如，真实赤字率和债务率统计指标的建立，财政风险形成机制模型的进一步完善，从技术分析方法和制度的变量选择上完善财政风险原因的实证分析，等等。

参考文献

[1] 张馨．比较财政学教程［M］．北京：中国人民大学出版社，1997.

[2] 本报记者．2009 年美国财政赤字高达 1.42 万亿美元［J］．经济参考报，2009－10－15.

[3] 陈琴．希腊债务危机未散［J］．新世纪，2010（4）。

[4] Hana Polackova Brixi、马骏．财政风险管理：新理念与国际经验［M］．北京：中国财政经济出版社，2003.

[5] 佚名．学界探讨人口老龄化与退休行为［J］．光明日报，2009－3－25.

[6] 陈共．财政学（修订本）［M］．成都：四川人民出版社，1994.

[7] Allan H. Willett. 风险及保险经济理论［J］．1991 年哥伦比亚大学博士论文。

[8] 普雷切特（S. T. Pritchett）．风险管理与保险（第 7 版）［M］．北京：中国社会科学出版社，1998.

[9] 哈林顿（Scott E. Harrington）、尼豪斯（Gregory R. Niehaus）．风险管理与保险［M］．北京：清华大学出版社，2002.

[10] 卓志．风险管理理论研究［M］．北京：中国金融出版社，2006.

[11] 从树海．财政扩张风险与控制［M］．北京：商务印书

馆，2005.

[12] 刘宇飞．当代西方财政学［M］．北京：北京大学出版社，2002.

[13] 多恩布什，费希尔．宏观经济学中译本［M］.6 版．北京：中国人民大学出版社，1997.

[14] Lloyd-Ellis H, Zhu X. Fiscal shocks and fiscal risk management [J]. Journal of Monetary Economics, 2001, 48 (2): 309 - 338.

[15] Forni M, Reichlin L. Risk and potential insurance in Europe [J]. Ulb Institutional Repository, 1999, 43 (7): 1237 - 1256.

[16] P Sanguinetti, M Tommasi. Intergovernmental Transfers and Fiscal Behavior: Insurance versus Aggregate Discipline [J] . Journal of International Economics, 2003, 62 (1): 149 - 170.

[17] Craig Burnside, Martin Eichenbaum, Sergio Rebelo. Government guarantees and self-fulfilling speculative attacks [J] . Journal of Economic Theory, 2004, 119 (1): 31 - 63.

[18] Lewis B D. Local Government Borrowing and Repayment in Indonesia: Does Fiscal Capacity Matter? [J] . World Development, 2003, 31 (6): 1047 - 1063.

[19] Polackova H. Contingent Government Liabilities: A Hidden Risk for Fiscal Stability [J] . Policy Research Working Paper, 1998.

[20] Polackova H, Papp A, Schick A. Fiscal Risks and the Quality of Fiscal Adjustment in Hungary [J] . Social Science Electronic Publishing, 2016.

[21] Polackova H, Shatalov S, Zlaoui L. Managing Fiscal Risk in Bulgaria [J] . Policy Research Working Paper, 2000.

[22] Islam R, Ghanem H, Polackova H. Fiscal Adjustment and Contingent Government Liabilities: Case Studies of the Czech Republic and

Macedonia [J] . Policy Research Working Paper, 2016.

[23] Brixi H P, Schick A. Government at risk : contingent liabilities, and fiscal risk [J] . World Bank Publications, 2002, 9 (7): 533.

[24] Kharas Mishra. Hidden Deficits and Currency CRISE [J]. Washington DC. World Bank, 1999.

[25] Barro S M. European Union accession : the challenges, for public liability management in Central Europe [J] . World Bank Pubn, 1998.

[26] Hemming R, Petrie M. A Framework for Assessing Fiscal Vulnerability [J] . Imf Working Papers, 2006, 00 (52).

[27] Irwin T, Klein M, Perry G E, et al. Managing Government Exposure to Private Infrastructure Risks [J] . World Bank Research Observer, 1999, 14 (2): 229 -245.

[28] Schneider F. Political Cycles and the Macroeconomy by A. Alesina; N. Roubini; G. D. Cohen [J] . Journal of Economics, 1999 (2): 223 -225.

[29] Woo J. Economic, Political, and Institutional Determinants of Public Deficits [M] // The Political Economy of Fiscal Policy. Springer Berlin Heidelberg, 2006: 387 -426.

[30] Easterly W. , Rodriguez C. , Schmidt-Hebbel, K. . Public Sector Deficits and Macroeconomic Performance [M] . Oxford University Press, New York. 1994.

[31] Easterly W. When is fiscal adjustment an illusion? [J] . Economic Policy, 2010, 14 (28): 55 -86.

[32] Schneider F. Political Cycles and the Macroeconomy by A. Alesina; N. Roubini; G. D. Cohen [J] . Journal of Economics, 1999 (2): 223 -225.

[33] Alesina A, Perotti R. Income distribution, political instability, and investment [J] . Nber Working Papers, 1993, 40 (6): 1203 - 1228.

[34] Craig, J. D. Transparency in government operations [M]. International Monetary Fund, 1998.

[35] Shi M, Svensson J. Conditional Political Budget Cycles [J] . Cepr Discussion Papers, 2002.

[36] Alesina A., Tabellini G. A positive theory of budget deficits and government debt [J] . Review of Economic Studies, 1990. Vol. 57: 403 - 414.

[37] Persson, Torsten, Svensson, Lars E. O. Why a Stubborn Conservative would Run a Deficit: Policy with Time-Inconsistent Preferences [J] . The Quarterly Journal of Economics, 1989, 104 (2): 325 - 345.

[38] Alt J E, Lassen D D. Fiscal transparency, political parties, and debt in OECD countries [J] . European Economic Review, 2006, 50 (6): 1403 - 1439.

[39] Alesina A, Rodrik D. Distributive Politics and Economic Growth [J] . Cepr Discussion Papers, 1991, 109 (2): 465 - 490.

[40] Persson T, Tabellini G. Is Inequality Harmful for Growth? Theory and Evidence [J] . Social Science Electronic Publishing, 1991, 84 (3599): págs. 600 - 621.

[41] Woo J. Social polarization, industrialization, and fiscal instability: theory and evidence [J] . Journal of Development Economics, 2003, 72 (1): 223 - 252.

[42] Hana Polackova. Population aging Financing of government Liabilities in New Zealand [J] . Policy Research Working paper,

The World Bank. February 1997.

[43] Allen Schick. A Cotemporary Aprroach to Public Expenditure Management. Economic Development Institute [J] . Washington DC, The World Bank. 1998.

[44] Polackova H, Shatalov S, Zlaoui L. Managing Fiscal Risk in Bulgaria [J] . Policy Research Working Paper, 2000.

[45] Miguel Almeyda, Sergio Hinojosa. Revision of State of the art contingent Liability Management [J] . World Bank Policy Research Working paper. Washington DC, May 2001.

[46] Ter-Minassian, Teresa, Jon Craig. Control of Subnational Government Borrowing, in Teresa Ter-Minassian ed. Fiscal Federalism in theory and practice [J] . Washington: International Monetary Fund, 1997.

[47] Jr R E L, Stokey N L. Optimal fiscal and monetary policy in an economy without capital [J] . Journal of Monetary Economics, 2006, 12 (1): 55-93.

[48] Bohn H. Tax Smoothing with Financial Instruments [J] . American Economic Review, 1990, 80 (5): 1217-1230.

[49] Lloyd-Ellis H, Zhu X. Fiscal shocks and fiscal risk management ☆ [J] . Journal of Monetary Economics, 2001, 48 (2): 309-338.

[50] 刘尚希，赵全厚．政府债务：风险状况的初步分析［J］．管理世界（月刊），2002（5）.

[51] 刘尚希．财政风险：一个分析框架［J］．经济研究，2003（5）.

[52] 刘尚希．宏观金融风险与政府财政责任［J］．管理世界（月刊），2006（6）.

[53] 刘尚希．财政风险：从经济总量角度的分析［J］．管理世界（月刊），2005（7）.

[54] 刘志强．财政政策作用机制和政策风险的动态计量研究［M］．上海：上海社会科学院出版社，2006.
[55] 樊纲．论“国家综合负债”——论如何处理银行不良资产［J］．经济研究，1999（5）．
[56] 贾康，赵全厚．国债适度规模与我国国债的现实规模［J］．经济研究，2000（10）．
[57] 余永定．财政稳定问题研究的一个理论框架［J］．世界经济，2000（6）.
[58] 马拴友，于红霞，陈启清．国债与宏观经济的动态分析［J］．经济研究，2006（4）．
[59] 王金龙．或有债务及其造成的财政风险［J］．经济研究参考2005（9）．
[60] 张海星．政府或有债务问题研究［M］．北京：中国社会科学出版社，2007.
[61] 刘星，刘谊．中国地方财政风险及其控制与防范［M］．北京：中国财政经济出版社，2006.
[62] 冯静．地方政府债务控制：经验借鉴与模式选择［J］．财贸经济，2008（2）．
[63] 马骏，刘亚平．中国地方政府财政风险研究——“逆向软预算约束”理论的视角［J］．学术研究，2005（11).
[64] 刘溶沧，赵志耘．中国财政理论前沿Ⅲ［M］．北京：社会科学文献出版社，2003.
[65] 吴垠．包含制度因子的财政风险分析框架、模型及实证分析［J］．硕士论文，西南大学，2006－4.
[66] 刘溶沧，赵志耘．中国财政理论前沿［M］．北京：社会科学文献出版社，1999.
[67] 世界银行．1988年世界银行发展报告［M］．北京：中国财政

经济出版社，1988.

[68] Ronald. Fisher. 州和地方财政学［M］. 北京：中国人民大学出版社，2000.

[69] Homi Kharas、Deepak K. Mishra. 隐性赤字与货币危机，载 Hana Pola kova Bri i、马俊. 财政风险管理：新理念与国际经验［M］. 北京：中国财政经济出版社，2003.

[70] Homi Kharas，Deepak K. Mishra. Look beyond the budget defi it［J］. 载 Hana Pola kova Bri i，Allen S hi k. 政府风险：或有债务和财政风险［M］. 世界银行报告英文版 2002 年［EB/OL］，世界银行网站，2002.

[71] 张健华，张怀清. 人民银行铸币税的测算和运用：1986～2008［J］. 经济研究，2009（7）.

[72] 周黎安. 晋升博弈中政府官员的激励与合作——兼论我国地方保护主义和重复建设问题长期存在的原因［J］. 经济研究，2004（6）.

[73] 刘剑雄. 中国的政治锦标赛竞争研究［J］. 公共管理学报，2008（3）.

[74] 中国金融年鉴编辑部. 中国金融年鉴［M］. 北京：中国金融出版社，2009.

[75] 李朝鲜，陈志楣，李友元. 财政或有负债与财政风险研究［M］. 北京：人民出版社，2008.

[76] 唐福勇. 量化分析国企改制［EB/OL］. 河南省国资委网站，2009－6－11.

[77] 赵迎春. 地方政府债务风险防范研究——基于发达地区政府债务的样本分析［J］. 中央财经大学学报，2006（10）.

[78] 曹信邦，裴育，欧阳华生. 经济发达地区基层地方政府债务问题实证分析［J］. 财贸经济，2005（10）.

[79] 贾康．地方债务的规模可能达4万亿［EB/OL］.21世纪经济报道，2009－3－16.

[80] 范柏乃，张建筑．地方政府债务与治理对策研究［J］．浙江大学学报（人文社会科学版），2008（3）：48～56页．

[81] 洪源，李礼．我国地方政府债务可持续性的一个综合分析框架［J］．财经科学，2006（4）.

[82] 周静雅．银行不惧：地方平台贷5.8万亿风险可控［EB/OL］．第一财经日报，2010－3－30.

[83] 冯哲．银监会和财政部正分头化解地方融资平台风险［EB/OL］，新世纪，财新网，2010－3－15.

[84] 史进峰，范红叶．地方融资平台坏账率或升4%～6%［J］.21世纪经济报道，2010－5－18.

[85] 田林．央行副行长朱民：即使房价下跌也不会出现金融危机［J］.21世纪经济报道，2010－3－26.

[86] 卢先展．地方融资平台还款“无风险假设”［J］.21世纪经济报道，2010－3－26.

[87] 庄序莹，范琦，刘磊．转轨时期事业单位养老保险运行模式研究——基于上海市事业单位的方案设计和选择［J］．财经研究，2008（8）.

[88] 人保部昨回应：改革一如既往没有改变［EB/OL］.http：//insuran e. he un. om/2009－03－12/115552554. html，2009－3－12.

[89] 杨良初．当前行政事业单位养老办法存在的问题［J］．经济研究参考，2006（87）：35～36.

[90] 2002年国家机关、政党机关、社会团体的从业人数．中国统计年鉴2008年［M］．国家统计局网站．

[91] 事业单位养老保险改革：很急很低调［EB/OL］．中宏数据

库，2008 -8 -4.

[92] 贾康，张晓云，王敏，等. 关于中国养老金隐性债务的研究 [J]. 财贸经济，2007 (9).

[93] 孙祁祥. 空账与转轨成本——中国养老保险体制改革的效应分析 [J]. 经济研究，2001 (5).

[94] 汪朝霞. 我国养老金隐性债务显性化部分的测算与分析 [J]. 财贸研究，2009 (1).

[95] 中国财政年鉴编辑部. 中国财政年鉴 (2008) [M]. 北京: 中国财政杂志社，2009.

[96] 李君如，吴焰. 建设中国特色农村社会保障体系 [M]. 北京: 中国水利水电出版社，2008: 133 ~134.

[97] 佚名. 改革农民工养老保险制度的对策建议 [EB/OL]. 中宏数据库，2008 -7 -18.

[98] 杜宇. 人保部详解《农民工参加基本养老保险办法》[EB/OL]. 新华社，2009 -2 -6.

[99] 财政部. 我国财政收入规模的国际比较 [EB/OL]. 财政部网站。

[100] 叶檀. 审计署土地出让金调查显示土地财政没有根本性改进 [J]. 上海国资，2008 (6).

[101] 夏杰长. 转轨时期中国政府收入结构的实证分析与完善对策 [J]. 财贸经济，2001 (6).

[102] 席斯. 推算每年规模 827 亿小金库清理第 12 次 [J]. 经济观察报，2009 -5 -8.

[103] 周天勇. 中美财政支出结构和公共服务程度比较——中美财政税收体制比较之二 [J]. 北京大军经济观察研究中心网站，2005.

[104] 陈志勇. 财政学原理 [M]. 北京: 中国财政经济出版

社，2001.
[105] 许建国，刘源．关于宏观税负问题研究的文献述评［J］．财贸经济，2009（1）．
[106] 刘秋生．关于财政收入占国民收入比重的几个问题兼与黄宇光、白明本同志的“比重提高论”商榷［J］．经济研究，1991（10）．
[107] 樊丽明，李文．我国宏观税负水平评价［J］．税务纵横，1998（5）．
[108] 安体富，林鲁宁．宏观税负实证分析与税收政策取向［J］．经济理论与经济管理，2002（4）．
[109] 林赟，李大明，邱世峰．宏观税负的国际比较：1994～2007年——基于OED的概念界定［J］．学习与实践，2009（1）．
[110] 高培勇．税收的宏观视野——关于当前若干重大税收问题的分析（上）［J］．税务研究，2002（2）．
[111] 陈小平．我国政府财政合理规模研究［J］．福建税务，2001(12).
[112] 吴凯，储敏伟．政府最优收入平滑分析——对中国1953～2005年数据的实证研究［J］．财经研究，2007（8）．
[113] 滕发才．科学预算编制视角下中国最优预算收入规模的测算［J］．中央财经大学学报，2009（2).
[114] 财政部财政科学研究所．中国财政管理体制改革10年回顾［J］．经济研究参考，2004（2）．
[115] 胡锋．政府支出结构的固化和风险［J］．中国经济时报，2010－1－6.
[116] 周天勇，胡锋．政府与投资行为及经济增长模式相关问题研究．2007年全国人大财经委委托课题研究报告，2007.
[117] 平新乔，白洁．中国财政分权与地方公共品的供给［J］．财

贸经济，2006（2）.
[118] 中国基层政府财政改革课题组．推进中国基层财政体制改革［J］．财贸经济，2006（8）.
[119] 林颖．地方税收入现状的经济分析与启示［J］．税务研究，2006（1）.
[120] 许建国．地方税收入规模衡量标准及其国际比较［J］．扬州大学税务学报，1997（1）.
[121] 赵迎春．地方政府债务风险防范研究——基于发达地区政府债务的样本分析［J］．中央财经大学学报，2006（10）.
[122] 杨华．县乡财政：困境与出路［J］．中央财经大学学报，2006（1）.
[123] 任宝玉．财源政治——“财政下乡”视角下的财政合法性研究［M］．北京：中国社会科学出版社，2008.
[124] 周天勇，胡锋．政府与投资行为及经济增长模式相关问题研究报告［J］．课题研究报告，全国人大财经委委托，2007.
[125] 贾康，蔡定剑．公共财政预算改革［J］．领导者，2008（12）.
[126] 佚名．改革开放30年：政府体制改革6大调整与未来走向［J］．中宏数据库，2008-11-16.
[127]〔美〕诺思科特·帕金森，罗伯特·奥斯本．帕金森．法规职场潜规则［M］．北京：中国人民大学出版社，2007.
[128] 胡锋．我国政府财政赤字率究竟是多少［J］．中国经济时报，2009-11-24.
[129] 胡锋．宏观税负水平与财政政策工具的选择［J］．中国经济时报，2009-12-11.
[130] 方红生，张军．中国地方政府扩张偏向的财政行为：观察与解释［J］．经济学（季刊），2009（3）.
[131] 巴曙松，高文宁，王建茹．城商行：艰难寻求突围［J］．资

本市场，2005（12）.

[132] 罗云毅. 财政赤字率和债务率：《马约》标准与国际安全线[J]. 经济研究参考，2003（3）.

[133] 许涤龙，何达之. 财政风险指数预警系统的构建与分析[J]. 财政研究，2007（11）.

[134] 周天勇. 中国政治体制改革[M]. 北京：中国水利水电出版社，2004.

[135] 平新乔. 改进地方政府绩效[J]. 改革内参，2007（8）.

[136] 席斯，汪雷. 财政部半年收支账非税收入难保财政增收目标[J]. 经济观察报，2009-8-3.

[137] 周天勇. 攻坚：十七大后中国政治体制改革研究报告[M]. 乌鲁木齐：新疆生产建设兵团出版社，2007.

[138]《财政预算体制改革研究》课题组. 国家财政预算十年改革的框架性安排[J]. 课题主持人：韩永文、周天勇，纲要执笔人：周天勇，2007.

[139] 佚名. 深化中央国有企业改革的总体思路和对策（一）[EB/OL]. 中宏数据库，2008-8-20.

[140] 佚名. 中国国有企业改革三十年：重大进展、基本经验和攻坚展望[EB/OL]. 中宏数据库，2008-8-22.

[141] 佚名. 宏观经济管理需要防范金融风险[EB/OL]. 中宏数据库，2008-11-13。

后　记

《解析财政风险》是在我的博士论文《转轨时期我国财政风险成因及控制研究》基础上简单修改而成的，为保持博士论文的原汁原味，全书的章节和主体内容都没有动，仅仅将有关数据更新到2017年，对个别观点进行简要补充。

我先后在湖南师范大学物理系、政治系读本科，在中央党校研究生院读硕士研究生，在北京科技大学经济管理学院读博士研究生，感谢这些母校和老师们对我的培养和教育。

感谢我的导师周天勇教授为本书作序和推荐，感谢刘尚希教授、郭庆旺教授同意引用他们对我博士论文的评语作为封底文字进行推荐。感谢恒大集团给我提供的工作机会和研究出版支持。感谢我的同事王欢协助我完成了本书更新数据的整理工作。感谢社会科学文献出版社任文武老师、丁凡老师对本书出版的帮助和付出，他们提出了很好的修改建议，并对全书进行认真校对。

感谢我夫人龙慧玲女士和女儿源源对我的理解和支持。

胡　锋

2018 年 11 月 27 日于深圳南山

图书在版编目（CIP）数据

解析财政风险 / 胡锋著. -- 北京：社会科学文献出版社，2018.12
ISBN 978 - 7 - 5201 - 3646 - 4

Ⅰ.①解… Ⅱ.①胡… Ⅲ.①财政管理 - 风险管理 - 研究 - 中国 Ⅳ.①F812.2

中国版本图书馆 CIP 数据核字（2018）第 233031 号

解析财政风险

著　　者 / 胡　锋

出 版 人 / 谢寿光
项目统筹 / 任文武
责任编辑 / 丁　凡

出　　版 / 社会科学文献出版社 · 区域发展出版中心（010）59367143
地址：北京市北三环中路甲 29 号院华龙大厦　邮编：100029
网址：www. ssap. com. cn
发　　行 / 市场营销中心（010）59367081　59367083
印　　装 / 天津千鹤文化传播有限公司

规　　格 / 开　本：787mm × 1092mm　1/16
印　张：18　字　数：230 千字
版　　次 / 2018 年 12 月第 1 版　2018 年 12 月第 1 次印刷
书　　号 / ISBN 978 - 7 - 5201 - 3646 - 4
定　　价 / 78.00 元